2023年版全国一级建造师
建设工程项目管理专题聚焦

龙炎飞　主编
张　楠　副主编

中国建筑工业出版社

图书在版编目（CIP）数据

2023年版全国一级建造师建设工程项目管理专题聚焦 / 龙炎飞主编；张楠副主编. —北京：中国建筑工业出版社，2023.3
ISBN 978-7-112-28517-4

Ⅰ. ①2… Ⅱ. ①龙… ②张… Ⅲ. ①基本建设项目—项目管理—资格考试—自学参考资料 Ⅳ. ①F284

中国国家版本馆CIP数据核字（2023）第049827号

《2023年版全国一级建造师建设工程项目管理专题聚焦》针对考试用书内容分考点进行讲解，每个考点包括三部分：一是采用表格形式回顾近6年的考试情况，让考生对此考点的重要性一目了然。二是以图表的形式对知识点进行讲解，方便考生复习知识点有的放矢。三是甄选出一批既能反映考点又能代表真题出题思路的典型题目，帮助考生进一步加强和巩固知识点。

责任编辑：李笑然　牛　松
责任校对：张惠雯

2023年版全国一级建造师
建设工程项目管理专题聚焦
龙炎飞　主编
张　楠　副主编

*

中国建筑工业出版社出版、发行（北京海淀三里河路9号）
各地新华书店、建筑书店经销
北京鸿文瀚海文化传媒有限公司制版
北京市密东印刷有限公司印刷

*

开本：787毫米×1092毫米　1/16　印张：21¾　字数：537千字
2023年4月第一版　2023年4月第一次印刷
定价：**76.00元**（含增值服务）
ISBN 978-7-112-28517-4
（40847）

版权所有　翻印必究
如有印装质量问题，可寄本社图书出版中心退换
（邮政编码100037）

前言

自2004年首次举办全国一级建造师考试以来，题目难度逐年增加，考查的综合性、灵活性越来越强。"建设工程项目管理"这门公共科目，真题在文字游戏的使用上，让很多考生栽了跟头。目前市面上关于一级建造师考试的辅导用书种类繁多，质量参差不齐，内容大多千篇一律，而本书真正站在考生的视角，结合笔者十多年的授课经验来编写，急考生之所急，解考试之难点，凝练科目核心知识，分析和梳理历年考试真题。本书呈现出以下几个特点：

1. 展现近六年考试情况

公共科目的考点基本固定，所以历年真题考试频次及分数多少即可客观反映出本考点在2023年度的出题概率。本书在具体知识点讲解之前，采用表格形式回顾近6年的考试情况，包括该考点每年单选题和多选题出题的频次，让考生对此考点在今年复习备考过程中的重要性一目了然。

2. 总结归纳性强

笔者结合十多年的授课经验，对教材零散的知识点，融入了自身的理解和归纳，更多地以图表的形式展现出来，方便考生把握重点知识和关键词，复习知识点有的放矢。

3. 甄选历年真题进行巩固和加强

知识点的掌握情况，通过历年真题来检验是最好的。真题的选择并不是简单地罗列，笔者通过对十多年真题的筛选，挑选出一批既能反映考点又能代表真题出题思路的题目，帮助考生进一步加强和巩固知识点。

本书得以面世，要感谢西安建筑科技大学绿色建筑专业博士们的帮助，感谢各位同仁为本书的编写和出版提供的支持，感谢胡宗强老师的中肯意见，感谢中国建筑工业出版社各位编辑的悉心审校。本书内容虽经反复推敲，但不免有疏漏和不妥之处，恳请广大读者提出宝贵意见或建议，欢迎批评指正。

愿我的努力能够帮助广大考生顺利通过"建设工程项目管理"科目的考试。

龙炎飞
2023年1月

1Z201000　建设工程项目的组织与管理

1Z201010　建设工程管理的内涵和任务　/　003

　　考点一：建设工程管理的内涵　/　004

　　考点二：建设工程管理的任务　/　005

1Z201020　建设工程项目管理的目标和任务　/　007

　　考点一：项目管理内涵和类型　/　008

　　考点二：五方项目管理的目标和任务　/　010

　　考点三：项目管理的发展趋势（历程）　/　012

1Z201030　建设工程项目的组织　/　014

　　考点一：系统目标与系统组织的关系　/　015

　　考点二：组织论与组织工具　/　016

　　考点三：项目结构分析　/　017

　　考点四：组织结构模式　/　019

　　考点五：工作任务分工表　/　022

　　考点六：管理职能分工表　/　024

　　考点七：工作流程组织　/　026

1Z201040　建设工程项目策划　/　029

　　考点：建设工程项目策划　/　030

1Z201050　建设工程项目采购的模式　/　032

　　考点一：项目总承包模式　/　033

　　考点二：施工总承包　/　034

　　考点三：施工总承包管理　/　036

考点四：施工总承包管理和施工总承包的对比 / 037

考点五：采购管理程序 / 039

1Z201060 建设工程项目管理规划的内容和编制方法 / 041

考点一：建设工程项目管理规划的基本概念 / 042

考点二：项目管理规划大纲和项目管理实施规划 / 043

1Z201070 施工组织设计的内容和编制方法 / 044

考点一：施工组织设计的基本内容 / 045

考点二：施工组织设计的分类及内容 / 046

考点三：施工组织设计的编制和审批 / 047

考点四：施工组织设计的动态管理 / 048

1Z201080 建设工程项目目标的动态控制 / 050

考点一：动态控制的工作程序 / 051

考点二：动态控制的纠偏措施 / 052

考点三：动态控制在投资控制中的应用 / 053

1Z201090 施工企业项目经理的工作性质、任务和责任 / 054

考点一：项目经理的工作性质 / 055

考点二：《建设工程施工合同（示范文本）》GF—2017—0201 涉及项目经理的相关条款 / 056

考点三：项目管理目标责任书 / 057

考点四：项目管理机构负责人的职责和权限 / 058

考点五：项目各参与方之间的沟通方法 / 059

考点六：劳动用工管理 / 061

考点七：工资支付管理 / 062

1Z201100 建设工程项目的风险和风险管理的工作流程 / 063

考点一：风险、风险量和风险等级 / 064

考点二：建设工程项目的风险类型 / 065

考点三：项目风险管理的工作流程 / 066

1Z201110 建设工程监理的工作性质、工作任务和工作方法 / 068

考点一：《建设工程质量管理条例》和《建设工程安全生产管理条例》关于

监理的有关规定　/　069

　考点二：项目实施各阶段建设监理工作的主要任务　/　070

　考点三：监理的工作方法　/　071

　考点四：监理规划和监理细则　/　072

1Z202000　建设工程项目成本管理

1Z202010　成本管理的任务、程序和措施　/　077

　考点一：施工成本分类及成本管理基础工作　/　078

　考点二：成本管理的任务　/　079

　考点三：成本管理的程序　/　081

　考点四：成本管理的措施　/　082

1Z202020　成本计划　/　085

　考点一：成本计划类型　/　086

　考点二：施工预算　/　087

　考点三：成本计划的编制依据和编制程序　/　089

　考点四：按成本组成编制成本计划的方法　/　090

　考点五：按项目结构编制成本计划的方法　/　091

　考点六：按工程实施阶段编制成本计划的方法　/　092

1Z202030　成本控制　/　096

　考点一：成本控制的依据　/　097

　考点二：成本控制的程序　/　097

　考点三：成本的过程控制方法　/　098

　考点四：赢得值（挣值）法　/　100

　考点五：偏差分析的表达方法　/　103

　考点六：偏差原因分析与纠偏措施　/　105

1Z202040　成本核算　/　107

　考点一：成本核算原则　/　108

　考点二：成本核算范围　/　109

考点三：成本核算的方法 / 110

1Z202050　成本分析和成本考核 / 112

考点一：成本分析的依据 / 113

考点二：成本分析的内容和步骤 / 114

考点三：成本分析的基本方法 / 115

考点四：综合成本的分析方法 / 117

考点五：专项成本分析方法 / 119

考点六：成本考核的依据 / 120

1Z203000　建设工程项目进度控制

1Z203010　建设工程项目进度控制与进度计划系统 / 125

考点一：项目进度控制的目的和动态管理过程 / 126

考点二：项目进度控制的任务 / 127

考点三：项目进度计划系统 / 128

1Z203020　建设工程项目总进度目标的论证 / 130

考点一：项目总进度目标构成 / 131

考点二：项目总进度目标论证的工作内容 / 132

考点三：项目总进度目标论证的工作步骤 / 133

1Z203030　建设工程项目进度计划的编制和调整方法 / 136

考点一：横道图 / 137

考点二：双代号网络图基本概念 / 138

考点三：双代号网络图绘图规则 / 141

考点四：双代号网络图六时间参数计算 / 144

考点五：单代号网络计划 / 148

考点六：单代号搭接网络计划 / 152

考点七：关键工作和关键线路 / 154

考点八：实际进度前锋线 / 156

考点九：进度计划的调整 / 158

1Z203040　建设工程项目进度控制的措施　/　160

　　考点：进度控制的措施　/　161

1Z204000　建设工程项目质量控制

1Z204010　建设工程项目质量控制的内涵　/　165

　　考点一：项目质量控制的基本概念　/　166

　　考点二：项目质量控制的责任和义务　/　167

　　考点三：项目质量的影响因素　/　168

　　考点四：质量风险识别　/　170

　　考点五：质量风险响应　/　171

1Z204020　建设工程项目质量控制体系　/　173

　　考点一：全面质量管理思想　/　174

　　考点二：质量管理的 PDCA 循环　/　175

　　考点三：项目质量控制体系的特点和构成　/　176

　　考点四：项目质量控制体系的建立与运行　/　177

　　考点五：质量管理原则　/　179

　　考点六：企业质量管理体系文件的构成　/　180

　　考点七：企业质量管理体系的认证与监督　/　181

1Z204030　建设工程项目施工质量控制　/　184

　　考点一：施工质量控制的依据与基本环节　/　185

　　考点二：施工质量计划　/　186

　　考点三：施工质量控制点的设置与管理　/　187

　　考点四：施工生产要素的质量控制　/　189

　　考点五：施工技术准备和现场施工准备　/　190

　　考点六：工程质量检查验收的项目划分　/　192

　　考点七：施工作业质量的自控与监控　/　193

　　考点八：施工质量与设计质量的协调　/　195

1Z204040　建设工程项目施工质量验收　/　197

 考点一：施工过程质量验收　/　198

 考点二：装配式混凝土建筑的施工质量验收　/　200

 考点三：住宅工程分户验收　/　201

 考点四：竣工验收　/　202

1Z204050　施工质量不合格的处理　/　205

 考点一：工程质量不合格　/　206

 考点二：工程质量事故　/　206

 考点三：施工质量事故发生的原因　/　208

 考点四：施工质量事故报告和调查处理程序　/　209

 考点五：施工质量缺陷处理的基本方法　/　211

1Z204060　数理统计方法在工程质量管理中的应用　/　213

 考点一：因果分析图法　/　214

 考点二：排列图法　/　215

 考点三：直方图法　/　216

1Z204070　建设工程项目质量的政府监督　/　219

 考点一：政府对工程项目质量监督的职能与权限　/　220

 考点二：质量监督的实施程序　/　221

1Z205000　建设工程职业健康安全与环境管理

1Z205010　职业健康安全管理体系与环境管理体系　/　225

 考点一：职业健康安全与环境管理的要求　/　226

 考点二：职业健康安全管理体系与环境管理体系的建立和运行　/　227

1Z205020　建设工程安全生产管理　/　229

 考点一：安全生产管理制度　/　230

 考点二：安全生产管理预警体系的要素　/　234

 考点三：预警体系实现的建立和运行　/　235

 考点四：施工安全技术措施　/　236

考点五：安全技术交底 / 238

考点六：安全生产检查监督的主要类型 / 239

考点七：安全事故隐患治理原则 / 240

1Z205030　建设工程生产安全事故应急预案和事故处理 / 242

考点一：应急预案体系的构成 / 243

考点二：应急预案的管理 / 244

考点三：职业伤害事故的分类 / 245

考点四：安全事故报告 / 247

考点五：安全事故调查 / 248

1Z205040　建设工程施工现场职业健康安全与环境管理的要求 / 250

考点一：文明施工 / 251

考点二：大气污染的防治 / 252

考点三：水污染的防治 / 254

考点四：噪声污染的防治 / 255

考点五：固体废物的处理 / 256

考点六：建设工程现场职业健康安全卫生的措施 / 257

1Z206000　建设工程合同与合同管理

1Z206010　建设工程施工招标与投标 / 261

考点一：招标条件及招标方式 / 262

考点二：招标信息的发布与修正 / 263

考点三：资格预审 / 265

考点四：评标 / 266

考点五：施工投标 / 267

考点六：合同谈判与签约 / 269

1Z206020　建设工程合同的内容 / 271

考点一：发包人和承包人的责任与义务 / 272

考点二：竣工日期、缺陷责任期、保修期 / 273

考点三：施工承包合同中的其他考点 / 274

考点四：建筑材料采购合同 / 276

考点五：施工专业分包合同 / 279

考点六：施工劳务分包合同 / 281

考点七：工程总承包合同 / 283

考点八：工程监理合同 / 284

考点九：工程咨询合同 / 285

1Z206030　合同计价方式 / 287

考点一：单价合同 / 288

考点二：总价合同 / 289

考点三：成本加酬金合同 / 291

考点四：工程咨询合同计价方式 / 293

1Z206040　建设工程施工合同风险管理、工程保险和工程担保 / 296

考点一：施工合同风险 / 297

考点二：工程保险 / 298

考点三：履约担保 / 301

考点四：其他担保（除履约担保） / 302

1Z206050　建设工程施工合同实施 / 304

考点一：施工合同分析 / 305

考点二：施工合同跟踪 / 306

考点三：施工合同实施的偏差处理 / 308

考点四：工程变更管理 / 309

考点五：诚信自律 / 310

1Z206060　建设工程索赔 / 312

考点一：索赔成立的前提条件 / 313

考点二：索赔方法 / 314

考点三：索赔费用 / 315

考点四：索赔工期 / 317

1Z206070　国际建设工程施工承包合同 / 319

考点一：FIDIC 系列合同条件 / 320

考点二：美国 AIA 系列合同条件 / 321

考点三：施工承包合同争议的解决方式 / 322

1Z207000　建设工程项目信息管理

考点一：项目信息管理的任务 / 327

考点二：项目信息分类 / 328

考点三：项目信息编码的方法 / 329

考点四：项目信息门户 / 330

考点五：工程项目管理信息系统的功能 / 332

1Z201000 建设工程项目的组织与管理

1Z201010 建设工程管理的内涵和任务

考点目录
- 考点一　建设工程管理的内涵　004
- 考点二　建设工程管理的任务　005

考点一：建设工程管理的内涵

历年考情分析

年份	2017	2018	2019	2020	2021	2022
单选		√				√
多选						

【核心考点】

一、全寿命周期与建设工程管理

工程项目管理是建设工程管理的一个组成部分，工程项目管理仅限于项目实施期的工作，而建设工程管理涉及项目全寿命周期。

二、设施管理（国际设施管理协会定义）

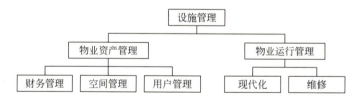

注：设施管理与我国物业管理概念有差异。

三、建设工程管理的内涵

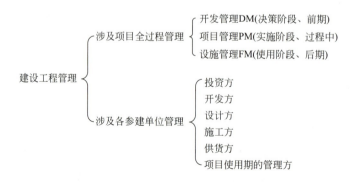

【经典例题】

1.【2022】建设工程项目决策阶段的管理主体是（　　）。
A．投资方和设计方　　　　B．投资方和开发方
C．开发方和设计方　　　　D．开发方和供货方

2.【2018/2016】根据国际设施管理协会的界定，下列设施管理的内容中，属于物业运行管理的是（　　）。
A．财务管理　　　　　　　B．空间管理
C．用户管理　　　　　　　D．维修管理

3．关于建设工程管理内涵的说法，正确的是（　　）。
A．建设工程项目管理和设施管理即为建设工程管理
B．建设工程管理不涉及项目使用期的管理方对工程的管理
C．建设工程管理是对建设工程的行政事务管理
D．建设工程管理涉及投资方对工程的管理

答案：1．B；2．D；3．D

笔记区

考点二：建设工程管理的任务

历年考情分析

年份	2017	2018	2019	2020	2021	2022
单选	√		√	√	√	
多选						

【核心考点】

建设工程管理是一种增值服务工作，核心任务是为工程的建设和使用增值。

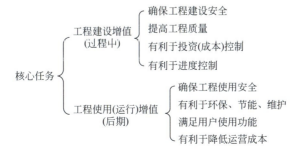

注：项目管理的核心任务是目标控制。

1Z201000　建设工程项目的组织与管理

【经典例题】

1.【2021】建设工程管理的核心任务是（　　）。
A．项目的目标控制
B．为工程建设和使用增值
C．实现项目建设阶段的目标
D．为项目建设的决策或实施提供依据

2.【2019】下列建设工程管理的任务中，属于为工程使用增值的是（　　）。
A．有利于环保　　　　　　　B．提高工程质量
C．有利于投资控制　　　　　D．有利于进度控制

3.【2017】建设工程管理工作是一种增值服务工作，下列属于为工程建设增值的是（　　）。
A．确保工程使用安全　　　　B．提高工程质量
C．满足最终用户的使用功能　D．有利于工程维护

答案：1．B；2．A；3．B

笔记区

1Z201020 建设工程项目管理的目标和任务

考点目录
- 考点一　项目管理内涵和类型　008
- 考点二　五方项目管理的目标和任务　010
- 考点三　项目管理的发展趋势(历程)　012

考点一：项目管理内涵和类型

历年考情分析

年份	2017	2018	2019	2020	2021	2022
单选						
多选						

【核心考点】

一、实施阶段的组成

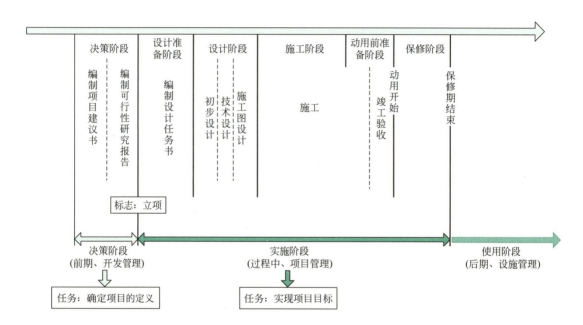

二、项目管理的内涵

自项目开始至项目完成，通过项目策划和项目控制，以使项目的费用目标、进度目标和质量目标得以实现。

一时间	实施阶段（项目开始至项目完成）
二工作	（1）项目策划：目标控制前的筹划和准备工作。 （2）项目控制
三目标	（1）费用目标：投资目标（业主方）、成本目标（施工方）。 （2）进度目标。 （3）质量目标

如果一个项目没有明确的投资目标、进度目标和质量目标，就没必要进行项目管理，也无法进行目标控制。

三、项目管理的类型

类型	备注（说明）
业主方	（1）包括：投资方、开发方和咨询公司（代表业主方利益）。 （2）建设项目实施（生产）过程总集成者、总组织者、项目管理核心
设计方	—
施工方	包括：施工总承包方、施工总承包管理方、分包方
供货方	包括：材料供应商、设备供应商
项目（工程）总承包	包括：设计施工总承包（D-B）、设计采购施工总承包（EPC）

【经典例题】

1.【2017】编制设计任务书是项目（　　）阶段的工作。
　A．设计准备　　　　　　B．决策
　C．设计　　　　　　　　D．施工

2.【2016】关于建设工程项目管理的说法，正确的有（　　）。
　A．业主方是建设工程项目生产过程的总组织者
　B．建设工程项目各参与方的工作性质和工作任务不尽相同
　C．建设工程项目管理的核心任务是项目的费用控制
　D．施工方的项目管理是项目管理的核心
　E．实施建设工程项目管理需要有明确的投资、进度和质量目标

3.【2010】建设工程项目管理就是自项目开始到项目完成，通过（　　）使项目目标得以实现。
　A．项目策划和项目组织　　B．项目控制和项目协调
　C．项目组织和项目控制　　D．项目策划和项目控制

4.【2009】按照建设工程项目不同参与方的工作性质和组织特征划分的项目管理类型，施工方的项目管理不包括（　　）的项目管理。
　A．施工总承包方　　　　　B．建设项目总承包方
　C．施工总承包管理方　　　D．施工分包方

5.【2007】建设工程项目管理的核心任务是项目的（　　）。
　A．目标规划　　　　　　　B．目标比选
　C．目标论证　　　　　　　D．目标控制

答案：1．A；2．A、B、E；3．D；4．B；5．D

【笔记区】

考点二：五方项目管理的目标和任务

历年考情分析

年份	2017	2018	2019	2020	2021	2022
单选		√	√	√	√	√
多选						

【核心考点】

项目管理类型 （利益）	目标（三控）				任务	涉及阶段 （实施阶段）
业主方 （业主）	—	投资	进度	质量	三控、三管 一协调	实施阶段全过程
设计方 （设计、整体）	—	设计成本 项目投资				主要在设计阶段 也涉及其他阶段
供货方 （供货、整体）	—	成本				主要在施工阶段 也涉及其他阶段
施工方 （施工、整体）	安全管理	成本				主要在施工阶段，也涉及设计、动用前准备和保修阶段
项目总承包方 （项目总包、整体）		项目总投资 总承包方成本			三控、三管 风险、资源	实施阶段全过程

（1）业主方是建设项目生产过程的总集成者和总组织者，是项目管理的核心。
（2）工程总承包方项目管理工作涉及：设计、采购、施工、试运行和收尾管理。
（3）施工方项目管理涉及实施阶段（√），涉及实施阶段全过程（×）

补充：
（1）项目的质量目标不仅涉及施工的质量，还包括设计质量、材料质量、设备质量和影响项目运行或运营的环境质量等。
（2）施工方成本目标由施工企业根据生产和经营情况自行确定。
（3）施工方本身利益和项目的整体利益是对立统一的关系。
（4）当工程采用指定分包商时，不论指定分包商与哪方签合同，施工总承包方或者施工总承包管理方应对分包合同规定的工期目标和质量目标向业主负责。

【经典例题】

1.【2022】由施工方自行确定的项目管理目标是（　　）。
A．环保　　　　　　　B．安全
C．质量　　　　　　　D．成本

2.【2021】关于施工方项目管理目标的说法，正确的是（　　）。
A．分包方的成本目标由施工总承包方确定
B．施工总承包方的工期目标和质量目标必须符合合同的要求

C. 施工总承包方的成本目标由施工企业根据合同确定
D. 与业主方签订分包合同的工程，其工期目标和质量目标由分包方负责

3.【2020】根据《建设项目工程总承包管理规范》，项目总承包方项目管理工作涉及（　　）。
A. 项目决策管理、设计管理、施工管理和试运行管理
B. 项目设计管理、施工管理、试运行管理和项目收尾
C. 项目决策管理、设计管理、施工管理、试运行管理和项目收尾
D. 项目设计管理、采购管理、施工管理、试运行管理和项目收尾

4.【2019】业主方项目管理的目标中，进度目标是指（　　）的时间目标。
A. 项目动用　　　　　　B. 竣工验收
C. 联动试车　　　　　　D. 保修期结束

5.【2018】关于施工方项目管理的说法，正确的是（　　）。
A. 可以采用工程施工总承包管理模式
B. 项目的整体利益和施工方本身的利益是对立关系
C. 施工方项目管理工作涉及项目实施阶段的全过程
D. 施工方项目管理的目标应根据其生产和经营的情况确定

6.【2016】关于业主方项目管理目标和任务的说法，正确的是（　　）。
A. 业主方的投资目标指项目的施工成本目标
B. 业主方的进度目标指项目交付使用的时间目标
C. 投资控制是业主方项目管理任务中最重要的任务
D. 业主方项目管理任务不包括设计阶段的信息管理

7.【2015】关于业主方项目管理目标和任务的说法中，正确的有（　　）。
A. 业主方项目管理是建设工程项目管理的核心
B. 业主方项目管理工作不涉及施工阶段的安全管理工作
C. 业主方项目管理目标包括项目的投资目标、进度目标和质量目标
D. 业主方项目管理目标不包括影响项目运行的环境质量
E. 业主方项目管理工作涉及项目实施阶段的全过程

8.【2014】建设工程项目总承包方项目管理工作涉及（　　）的全过程。
A. 决策阶段　　　　　　B. 实施阶段
C. 使用阶段　　　　　　D. 全寿命周期

9.【2011】作为工程项目建设的参与方之一，供货方的项目管理工作主要是在（　　）进行。
A. 设计阶段　　　　　　B. 施工阶段
C. 保修阶段　　　　　　D. 动用前准备阶段

10.【2010】建设项目工程总承包方的项目管理目标包括（　　）。
A. 施工方的质量目标　　B. 工程建设的安全管理目标
C. 项目的总投资目标　　D. 工程总承包方的成本目标
E. 工程总承包方的进度目标

答案：1. D；2. B；3. D；4. A；5. A；6. B；7. A、C、E；8. B；9. B；10. B、C、D、E

笔记区

考点三：项目管理的发展趋势（历程）

历年考情分析

年份	2017	2018	2019	2020	2021	2022
单选		√	√			
多选						

【核心考点】

一、项目管理的发展历程

项目管理学科发展历程：
- 第一代：传统项目管理
- 第二代：项目集管理
  项目集指一组相互关联且被协调管理的项目，可能包括各单个项目之外的相关工作。
- 第三代：项目组合管理
  项目组合指为有效管理、实现项目战略目标而组合在一起的项目、项目集和其他工作。其中的项目和项目集不一定彼此依赖或有直接关系。
  项目组合管理指一个或多个项目组合进行管理，包括识别、排序、管理和控制项目、项目集和其他有关工作。
- 第四代：变更管理

二、项目经理应具备的技能

根据项目管理知识体系指南（PMBOK 指南），项目经理应具备四项技能：项目管理技术、领导力、商业管理技能和战略管理技能。

【经典例题】

1.【2019】根据《项目管理知识体系指南（PMBOK 指南）》，项目经理应具备的技能包括（　　）。

　　A．决策能力、领导能力和组织协调能力
　　B．项目管理技术、应变能力和生产管理技能
　　C．管理能力、应变能力、社交与谈判能力和项目管理经验
　　D．项目管理技术、领导力、商业管理技能和战略管理技能

2.【2018】关于《项目管理知识体系指南（PMBOK 指南）》中项目集和项目组合的说法，正确的是（　　）。

A. 项目组合的管理包括识别、排序、管理和控制项目等
B. 项目组合中的项目一定彼此依赖或有直接关系
C. 项目集指的是为有效管理、实现战略业务目标而组合在一起的项目
D. 项目集中不包括各单个项目范围之外的相关工作

答案：1. D；2. A

笔记区

1Z201030 建设工程项目的组织

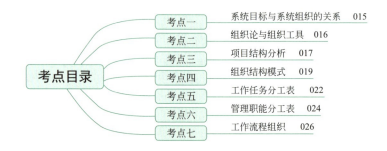

考点一：系统目标与系统组织的关系

历年考情分析

年份	2017	2018	2019	2020	2021	2022
单选						
多选						

【核心考点】

1. 影响项目目标实现的因素
（1）组织（决定性因素）。
（2）人。
（3）方法与工具。
结论：目标决定组织，组织是目标实现的决定性因素。

2. 控制项目目标的主要措施
（1）组织措施（最重要）。
（2）管理措施。
（3）经济措施。
（4）技术措施。

【经典例题】

1.【2015】关于影响系统目标实现因素的说法，正确的是（　　）。
A. 组织是影响系统目标实现的决定性因素
B. 系统组织决定了系统目标
C. 增加人员数量一定会有助于系统目标的实现
D. 生产方法与工具的选择与系统目标实现无关

2.【2013】下列影响建设工程项目管理目标实现的因素中，起决定性作用的是（　　）。
A. 人　　　　　　　　B. 方法
C. 工具　　　　　　　D. 组织

答案：1. A；2. D

笔记区

考点二：组织论与组织工具

历年考情分析

年份	2017	2018	2019	2020	2021	2022
单选			√			
多选						

【核心考点】

一、组织论

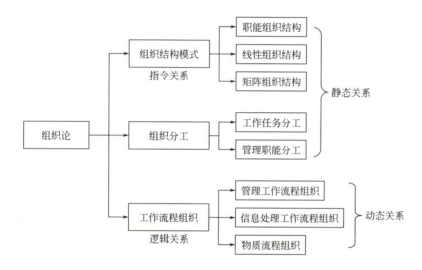

二、组织工具

是组织论的应用手段，用图或表的形式表示各种组织关系。

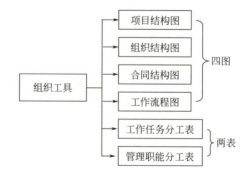

【经典例题】

1.【2019】关于组织论及组织工具的说法，正确的是（   ）。

A．管理职能分工反映的是一种动态组织关系

B．工作流程图是反映工作间静态逻辑关系的工具

C．组织结构模式和组织分工都是一种相对的静态组织关系

D．组织结构模式反映一个组织系统中的工作任务分工和管理职能分工

2．【2016】下列组织论基本内容中，属于相对静态的组织关系的有（　　）。

A．组织分工　　　　　　　B．物质流程组织

C．信息处理工作流程组织　D．管理工作流程组织

E．组织结构模式

3．【2015】关于组织结构模式、组织分工和工作流程组织的说法，正确的有（　　）。

A．组织结构模式反映指令关系

B．工作流程组织反映工作间逻辑关系

C．组织分工是指工作任务分工

D．组织分工和工作流程组织都是动态组织关系

E．组织结构模式是一种相对静态的组织关系

答案：1．C；2．A、E；3．A、B、E

笔记区

考点三：项目结构分析

历年考情分析

年份	2017	2018	2019	2020	2021	2022
单选		√				
多选						

【核心考点】

一、项目结构图

项目结构图通过树状图的方式对一个项目的结构进行逐层分解，以反映组成该项目的所有工作任务。矩形框表示工作任务，矩形框之间的连接用连线表示。

同一个建设工程项目可以有不同的项目结构的分解方法，项目结构的分解应和整个工程实施的部署相结合，并和将采用的合同结构相结合。分解时需参考以下原则：

（1）考虑项目进展的总体部署。

（2）考虑项目的组成。

（3）有利于项目实施任务（设计、施工和物资采购）的发包和进行，并结合合同结构的特点。

（4）有利于项目目标的控制。

（5）结合项目管理的组织结构等。

群体工程应进行项目结构的分解；某些第二层次的项目组成部分还可分解；单体工程如有必要也应进行项目结构的分解。

二、项目结构的编码

建设工程项目有不同类型和不同用途的信息，为了有组织地存储信息、方便信息的检索和信息的加工整理，必须对项目的信息进行编码。

项目结构编码依据项目结构图，对项目结构的每一个组成部分进行编码。

项目结构编码和用于投资控制、进度控制、质量控制、合同管理和信息管理等管理工作的编码有紧密的联系，但又有区别。项目结构图和项目结构的编码是编制上述其他管理工作编码的基础。

小结：

基本程序：项目结构分解，编制项目结构图→项目结构编码→项目各管理工作编码。

结论：（1）项目结构编码依据项目结构图。

（2）项目管理工作编码依据项目结构图和项目结构编码。

【经典例题】

1.【2018】关于项目结构分解的说法，正确的是（　　）。

A．同一个建设工程项目只有一个项目结构的分解方法

B．居住建筑开发项目可根据建设的时间对项目结构进行逐层分解

C．群体项目最多可进行到第二层次的分解

D．单体工程不应再进行项目结构分解

2.【2017】某住宅小区施工前，施工项目管理机构对项目分析后形成结果如下图所示，该图是（　　）。

A．组织结构图　　　　　　B．项目结构图

C．工作流程图　　　　　　D．合同结构图

3．编制项目合同编码的基础是（　　）。

A．项目合同文本和项目结构图

B．项目结构图和项目结构编码

C．项目结构编码和项目组织结构图

D．项目合同文本和项目组织结构图

4．关于建设工程项目结构分解的说法，正确的有（　　）。

A. 项目结构分解应结合项目进展的总体部署
B. 项目结构分解应结合项目合同结构的特点
C. 每一个项目只能有一种项目结构分解方法
D. 项目结构分解应结合项目组织结构的特点
E. 单体项目也可进行项目结构分解

答案：1. B；2. B；3. B；4. A、B、D、E

笔记区

考点四：组织结构模式

历年考情分析

年份	2017	2018	2019	2020	2021	2022
单选						√
多选						

【核心考点】

一、项目结构图、组织结构图、合同结构图和工作流程图

组织工具	表达含义	矩形框	连接
项目结构图	对一个项目的结构进行逐层分解，以反映组成该项目的所有工作任务	工作任务	直线
组织结构图	反映一个组织系统中各组成部门（组成元素）之间组织关系（指令关系）	工作部门	单向箭线
合同结构图	反映一个建设项目参与单位之间的合同关系	参与单位	双向箭线
工作流程图	反映一个组织系统中各项工作间的逻辑关系	工作（任务）	单向箭线

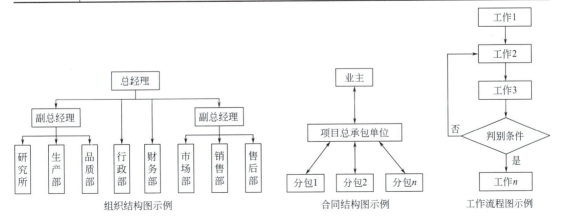

组织结构图示例　　　　合同结构图示例　　　　工作流程图示例

二、基本的组织结构模式

1. 职能组织结构

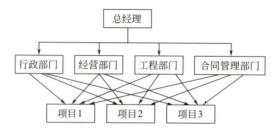

（1）传统的组织结构模式。
（2）多个矛盾的指令源。
（3）我国多数的企业、学校、事业单位还沿用。

2. 线性组织结构

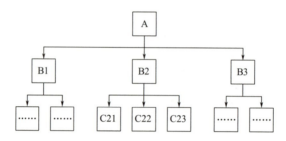

（1）军事组织系统。
（2）唯一指令源。
（3）缺点：指令路径过长（不允许跨部门下指令）。

3. 矩阵组织结构

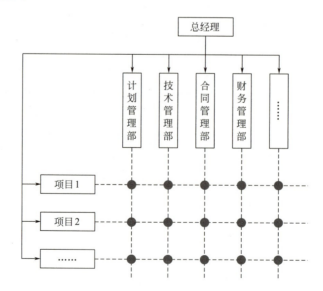

（1）较新型的组织结构模式。
（2）适宜用于较大的组织系统（如：地铁）。
（3）两个指令源（纵向、横向）；纵向指令为集团公司职能部门，横向指令为项目部。
（4）矛盾指令由最高指挥者协调或决策（可以实线为主）。

矩阵组织结构模式三种形式：

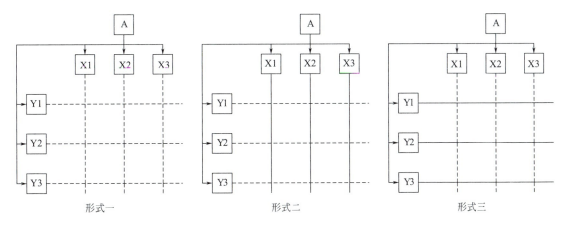

形式一：矩阵组织结构，矛盾指令应找最高指挥者A协调或决策。
形式二：以纵向工作部门指令为主的矩阵组织结构。
形式三：以横向工作部门指令为主的矩阵组织结构。

【经典例题】

1.【2022】下列组织工具中，采用双向箭线表达连接对象之间关系的是（　　）。
A．项目结构图　　　　　B．合同结构图
C．工作流程图　　　　　D．组织结构图

2.【2015】用来表示组织系统中各子系统或元素间指令关系的工具是（　　）。
A．项目结构图　　　　　B．工作流程图
C．组织结构图　　　　　D．管理职能分工表

3.【2011】关于项目管理组织结构模式的说法，正确的有（　　）。
A．矩阵组织结构适用于大型组织系统
B．矩阵组织系统中有横向和纵向两个指令源
C．职能组织结构中每一个工作部门只有一个指令源
D．大型线性组织系统中的指令路径太长
E．线性组织结构中可以跨部门下达指令

4.【2009】某建设工程项目的规模不大，参与单位不多，为提高管理效率，避免出现矛盾指令，宜采用（　　）模式。
A．线性组织结构　　　　B．混合组织结构
C．矩阵组织结构　　　　D．职能组织结构

5．某施工企业采用矩阵组织结构模式，其横向工作部门可以是（　　）。
A．合同管理部　　　　　B．计划管理部
C．财务管理部　　　　　D．项目管理部

6. 关于线性组织结构的说法,错误的是（　　）。
A. 每个工作部门的指令源是唯一的
B. 高组织层次部门可以向任何低组织层次下达指令
C. 在特大组织系统中,指令路径会很长
D. 可以避免相互矛盾的指令影响系统运行

7. 某施工单位采用下图所示的组织结构模式,则关于该组织结构的说法,正确的有（　　）。

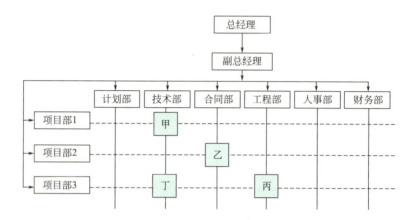

A. 甲工作涉及的指令源有2个,即项目部1和技术部
B. 该组织结构属于矩阵式
C. 技术部可以对甲、乙、丙、丁直接下达指令
D. 当乙工作来自项目部2和合同部的指令矛盾时,必须以合同部指令为主
E. 工程部不可以对甲、乙、丙、丁直接下达指令

答案：1. B；2. C；3. A、B、D；4. A；5. D；6. B；7. A、B

笔记区

考点五：工作任务分工表

历年考情分析

年份	2017	2018	2019	2020	2021	2022
单选	√					
多选						

【核心考点】
1. 工作任务分工
（1）每一个建设项目都应编制项目管理任务分工表，这是项目组织设计文件的一部分。
（2）在编制项目管理任务分工表前，应对项目实施各阶段的管理任务进行详细分解。
（3）在项目管理任务分解的基础上，明确项目经理和主管工作部门或主管人员的工作任务，从而编制工作任务分工表。

总结：编制项目管理任务分工表程序：分解→分配→编制。

2. 工作任务分工表
（1）任务分工表主要明确各项工作任务的主办、协办和配合部门，在表中分别用不同的符号表示。

注：☆—主办部门；△—协办部门；○—配合部门。

（2）每一个工作任务，都有至少一个主办工作部门。

考法：给定工作任务分工表，指出错误之处在哪里。

（3）运营部和物业开发部参与整个项目实施过程，而不是在工程竣工前才介入工作。

【经典例题】

1.【2017】施工单位编制项目管理任务分工表前，应完成的工作是（　　）。
A. 明确各项管理工作的流程
B. 详细分解项目实施各阶段的工作
C. 落实各工作部门的具体人员
D. 检查各项管理工作的执行情况

2.【2014】施工单位的项目管理任务分工表可用于确定（　　）的任务分工。
A. 项目各参与方　　　　B. 项目经理
C. 企业内部各部门　　　D. 企业内部各工作人员
E. 项目各职能主管工作部门

3. 项目管理任务分工表是（　　）的一部分。
A. 项目组织设计文件　　B. 项目结构分解
C. 项目工作流程图　　　D. 项目管理职能分工

4. 关于项目管理工作任务分工表特点的说法，正确的是（　　）。
A. 每一个任务只能有一个主办部门
B. 每一个任务只能有一个协办部门和一个配合部门
C. 项目运营部应在项目竣工后介入工作
D. 项目管理工作任务分工表应作为组织设计文件的一部分

答案：1. B；2. B、E；3. A；4. D

笔记区

考点六：管理职能分工表

历年考情分析

年份	2017	2018	2019	2020	2021	2022
单选				√		
多选			√		√	

【核心考点】

（1）管理职能：由多个环节组成的过程。

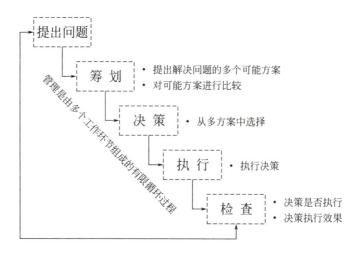

注：不同的管理职能可由不同的职能部门承担。

（2）项目参与方都应编制各自的项目管理职能分工表。

注：管理职能分工表也能区分业主方和代表业主方利益的项目管理方、监理方的管理职能。

（3）管理职能分工表可反映项目部内部项目经理、各工作部门和各工作岗位对各项工作任务的项目管理职能分工，也可用于企业管理。

注：管理职能分工表主要用于项目管理，但也可用于企业管理。

（4）我国习惯用岗位责任描述书描述每一个工作部门的工作任务，工业发达国家广泛用管理职能分工表（分工更加清晰和严谨），可暴露岗位责任描述书所掩盖的矛盾。

注：如果用管理职能分工表还不能明确每个工作部门的管理职能，可辅以使用管理职能分工描述书。

总结：岗位责任描述书→管理职能分工表→管理职能分工描述书。

【经典例题】

1.【2021/2019】关于工作任务分工和管理职能分工的说法，正确的有（　　）。

A．管理职能是由管理过程的多个工作环节组成

B．在一个项目实施的全过程中，应视具体情况对工作任务分工进行调整

C．项目管理职能分工表既可用于项目管理，也可用于企业管理

D. 项目各参与方应编制统一的工作任务分工表和管理职能分工表

E. 编制任务分工表前应对项目实施各阶段的具体管理工作进行详细分解

2.【2020】关于项目管理职能分工表的说法，正确的是（   ）。

A. 业主方和项目各参与方应编制统一的项目管理职能分工表

B. 管理职能分工表不适用于企业管理

C. 可以用管理职能分工描述书代替管理职能分工表

D. 管理职能分工表可以表示项目各参与方的管理职能分工

3.【2016】关于管理职能分工表的说法，错误的是（   ）。

A. 是用表的形式反映项目管理班子内部项目经理、各工作部门和各工作岗位对各项工作任务的项目管理职能分工

B. 可辅以管理职能分工描述书来明确每个工作部门的管理职能

C. 管理职能分工表无法暴露仅用岗位责任描述书时所掩盖的矛盾

D. 可以用管理职能分工表来区分业主方和代表业主利益的项目管理方和工程建设监理方等的管理职能

4. 项目技术组针对施工进度滞后的情况，提出了增加夜班作业、改变施工方法两种加快进度的方案，项目经理通过比较，确定采用增加夜班作业以加快速度，物资组落实了夜间施工照明等条件，安全组对夜间施工安全条件进行了复查，上述管理工作体现在管理职能中"筹划"环节的有（   ）。

A. 提出两种可能加快进度的方案

B. 确定采用夜间施工加快进度的方案

C. 复查夜间施工安全条件

D. 落实夜间施工照明条件

E. 两者方案的比较分析

5. 某施工项目技术负责人从项目技术部提出的两个土方开挖方案中选定了拟实施的方案，并要求技术部对该方案进行深化。该项目技术负责人在施工管理中履行的管理职能是（   ）。

A. 检查　　　　B. 执行　　　　C. 决策　　　　D. 计划

6. 施工方项目管理职能分工表是以表的形式反映项目管理班子内部（   ）对各项工作的管理职能分工。

A. 项目经理　　　　　　　　B. 各工作部门

C. 各工作岗位　　　　　　　D. 主管工作部门

E. 主管人员

答案：1. A、B、E；2. D；3. C；4. A、E；5. C；6. A、B、C

考点七：工作流程组织

历年考情分析

年份	2017	2018	2019	2020	2021	2022
单选					√	
多选		√		√		√

【核心考点】

一、工作流程组织的分类

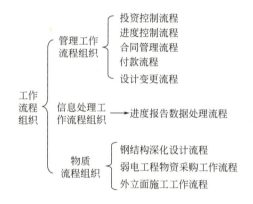

二、工作流程组织的任务

（1）建设项目主要的工作流程组织包括：
① 设计准备工作的流程。
② 设计工作的流程。
③ 施工招标工作的流程。
④ 物资采购工作的流程。
⑤ 施工作业的流程。
⑥ 各管理工作的流程（投资控制、进度控制、质量控制、合同管理、信息管理等）。
⑦ 信息处理流程。
（2）工作流程组织的任务：定义工作的流程。
（3）项目各参与方有各自的工作流程组织的任务。

三、工作流程图

（1）用图的形式反映一个组织系统中各项工作之间的逻辑关系，用来描述工作流程组织。
（2）矩形框表示工作，箭线表示工作之间的逻辑关系，菱形框表示判别条件。

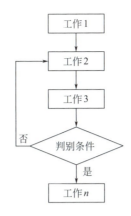

【经典例题】

1.【2022】下列属于物质工作流程的是（　　）。
A. 钢结构深化设计工作流程　B. 合同管理工作流程
C. 外立面施工工作流程　　　D. 投资控制工作流程
E. 弱电工程物资采购工作流程

2.【2021】下列组织工具中，反映一个组织系统各项工作之间逻辑关系的是（　　）。
A. 项目结构图　　　　B. 组织分工图
C. 工作流程图　　　　D. 组织结构图

3.【2020】下列工作流程组织中，属于管理工作流程组织的有（　　）。
A. 基坑开挖施工流程　　B. 设计变更工作流程
C. 投资控制工作流程　　D. 房屋装修施工流程
E. 装配式构件深化设计流程

4.【2018】每个建设项目根据其特点，应确定的工作流程有（　　）。
A. 设计准备工作的流程　　B. 工作任务分工的流程
C. 施工招标工作的流程　　D. 施工作业的流程
E. 信息处理的流程

5.【2015】承包商就已完工、经检验合格的工程提出支付申请，监理工程师复核后，业主批准支付申请，此工作程序属于（　　）流程。
A. 物资采购工作　　　B. 信息处理工作
C. 设计工作　　　　　D. 管理工作

6. 根据工作流程图的绘制要求，下列工作流程图中，表达错误的有（　　）。

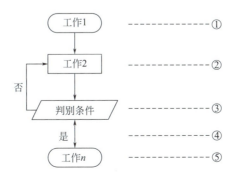

A. ①　　　　B. ②　　　　C. ③　　　　D. ④　　　　E. ⑤

7. 关于工作流程组织与工作流程图的说法，正确的是（　　）。

A. 业主方与项目各参与方的工作流程任务是一致的

B. 工作流程组织的任务就是编制组织结构图

C. 工作流程图可以用来描述工作流程组织

D. 工作流程图中用双向箭线表示工作间的逻辑关系

答案：1. A、C、E；2. C；3. B、C；4. A、C、D、E；5. D；6. A、C、D、E；7. C

笔记区

1Z201040 建设工程项目策划

考点目录 — 考点 — 建设工程项目策划　030

考点：建设工程项目策划

历年考情分析

年份	2017	2018	2019	2020	2021	2022
单选	√	√	√	√	√	√
多选						

【核心考点】

（1）建设工程项目策划旨在为项目建设的决策和实施增值。

（2）工程项目策划的过程是专家知识的组织和集成，以及信息的组织和集成的过程，其实质是知识管理的过程。

（3）工程项目策划是一个开放性的工作过程，需要整合多方面专家的知识。

（4）项目决策阶段策划与实施阶段策划内容对比：

内容	决策阶段策划	实施阶段策划
主要任务	定义项目开发或建设的任务和意义	确定如何组织项目的开发或建设
	项目定义和目标论证	项目目标分析和再论证
组织策划	（1）~（4）决策期×××× （5）实施期组织总体方案 （6）项目编码体系分析	（1）~（3）×××× （4）建立编码体系
管理策划	××××管理总体方案	项目风险管理与工程保险方案
合同策划	（1）~（2）决策期×××× （3）实施期合同结构总体方案	××××合同结构方案

注：实施阶段策划内容涉及的范围和深度，没有统一规定，视项目特点而定。

【经典例题】

1．【2022】建设工程项目决策阶段策划工作内容中，项目编码体系分析属于（　　）。
   A．组织策划　　　　　　　　B．管理策划
   C．合同策划　　　　　　　　D．技术策划

2．【2021】建设工程项目决策阶段策划的主要任务是（　　）。
   A．确定项目建设的指导思想　　B．定义建设项目的建设目标
   C．定义项目开发或建设的任务和意义　D．确定项目的开发或建设模式

3．【2021/2019/2018】下列工程项目策划工作中，属于实施阶段管理策划的是（　　）。
   A．项目实施期管理总体方案　　B．生产运营期设施管理总体方案
   C．生产运营期经营管理总体方案　D．项目风险管理与工程保险方案

4．【2020】下列工程项目决策阶段策划工作内容中，属于组织策划的是（　　）。
   A．设计项目管理组织结构　　B．制定项目管理工作流程
   C．确定项目实施期组织总体方案　D．进行项目管理职能分工总体方案

5.【2020】下列工程项目策划工作中,属于实施阶段策划的是(   )。
A. 项目实施期管理总体方案策划　　B. 项目实施的风险策划
C. 实施期合同结构总体方案策划　　D. 生产运营期经营管理总体方案策划

6.【2019】下列工程项目策划工作中,属于决策阶段经济策划的是(   )。
A. 项目总投资规划　　B. 项目总投资目标的分解
C. 项目建设成本分析　　D. 技术方案分析和论证

7.【2018】下列项目策划的工作内容中,属于项目决策阶段合同策划的是(   )。
A. 项目管理委托的合同结构方案　　B. 方案设计竞赛的组织
C. 实施期合同结构总体方案　　D. 项目物资采购的合同结构方案

8. 关于项目实施阶段策划的说法,正确的是(   )。
A. 策划是一个封闭性的、专业性较强的工作过程
B. 项目目标的分析和再论证是基本内容之一
C. 项目实施阶段策划的主要任务是进行项目实施的管理策划
D. 实施阶段策划的范围和深度有明确的统一规定

答案:1. A;2. C;3. D;4. C;5. B;6. C;7. C;8. B

笔记区

1Z201050 建设工程项目采购的模式

考点目录
- 考点一 项目总承包模式 033
- 考点二 施工总承包 034
- 考点三 施工总承包管理 036
- 考点四 施工总承包管理和施工总承包的对比 037
- 考点五 采购管理程序 039

考点一：项目总承包模式

历年考情分析

年份	2017	2018	2019	2020	2021	2022
单选			√	√	√	
多选				√		

【核心考点】

一、项目总承包的内涵

（1）工程总承包企业受业主委托，对项目勘察、设计、采购、施工、试运行等实行全过程或若干阶段的承包。

注：前期决策、后期运行不承包。

（2）工程项目的质量、工期和造价等，由工程总承包企业对业主负责，各分包企业对工程总承包企业负责。

（3）建设项目工程总承包方式。

工程总承包方式 { (1)设计-施工总承包(DB模式) (2)设计-采购-施工总承包(EPC模式) }

① 基本出发点：实现建设生产过程的组织集成化，以克服由于设计与施工的分离致使投资增加，以及克服由于设计和施工的不协调而影响建设进度等弊病。

② 核心：通过设计与施工过程的组织集成，促进设计与施工的紧密结合，以达到为项目建设增值的目的。

二、项目总承包的工作程序

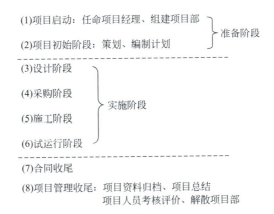

【经典例题】

1.【2021/2014】建设工程项目总承包的基本出发点是借鉴工业生产组织的经验，实现建设生产过程的（　　）。
A．组织扁平化　　　　　B．组织标准化
C．组织柔性化　　　　　D．组织集成化

2．【2020】根据《建设项目工程总承包管理规范》GB/T 50358—2017，工程总承包方在项目管理收尾阶段的工作有（　　）。
A．办理项目资料归档　　B．办理决算手续
C．清理各种债权债务　　D．进行项目总结
E．考核评价项目部人员

3．【2019】施工单位任命项目经理在（　　）完成。
A．项目计划阶段　　　　B．项目启动阶段
C．项目实施阶段　　　　D．项目收尾阶段

4．【2012】根据《建设项目工程总承包管理规范》，工程总承包单位可以受业主委托，按合同规定对工程建设项目的（　　）等实行全过程或若干阶段的承包。
A．决策、设计、施工
B．勘察、设计、施工、采购、试运行
C．决策、设计、施工、采购
D．设计、施工、采购、试运行、运行管理

5．根据《建设项目工程总承包管理规范》GB/T 50358—2017，下列项目总承包方的工作中，首先应进行的是（　　）。
A．进行项目策划　　　　B．召开开工会议
C．任命项目经理　　　　D．施工开工准备

答案：1．D；2．A、D、E；3．B；4．B；5．C

考点二：施工总承包

历年考情分析

年份	2017	2018	2019	2020	2021	2022
单选	√					
多选		√			√	

【核心考点】

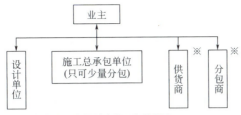

※：此为业主自行采购和分包的部分。

施工总承包特点	投资控制	（1）投标人的投标报价较有依据（以施工图设计为依据）。 （2）有利于业主的总投资控制（开工前有明确合同价）。 （3）施工过程中发生设计变更，可能会索赔
	进度控制	开工日期迟，建设周期长，是总承包模式的最大缺点（要等施工图设计全部结束才能进行施工总承包的招标）
	质量控制	很大程度取决于施工总承包单位的管理和技术水平
	合同管理	（1）招标及合同管理工作量减少。 （2）采用费率招标（未完成施工图就招标）确定总承包单位，属于开口合同，对业主的合同管理和投资控制不利
	组织与协调	业主只负责对施工总承包单位的管理及组织协调，工作量大大减少，对业主有利

【经典例题】

1.【2021】关于项目施工总承包模式特点的说法，正确的有（　　）。
A．合同总价不明确，不利于业主的投资控制
B．业主选择承包方的招标及合同管理工作量小
C．与平行发包模式相比，组织协调工作量大
D．开工日期不可能太早，建设周期会较长
E．工程质量在很大程度上取决于总承包方的管理水平和技术水平

2.【2018】关于项目施工总承包模式特点的说法，正确的有（　　）。
A．项目质量好坏取决于总承包单位的管理水平和技术水平
B．开工日期不可能太早，建设周期会较长
C．有利于业主方的总投资控制
D．与平行发包模式相比，业主组织与管理的工作量大大减少
E．业主择优选择承包方范围小

3.【2017】关于施工总承包模式特点的说法，正确的是（　　）。
A．招标和合同管理工作量大　　B．业主组织与协调的工作量大
C．分包合同价对业主是透明的　　D．开工前就有较明确的合同价

答案：1．B、D、E；2．A、B、C、D；3．D

考点三：施工总承包管理

历年考情分析

年份	2017	2018	2019	2020	2021	2022
单选						
多选			√			√

【核心考点】

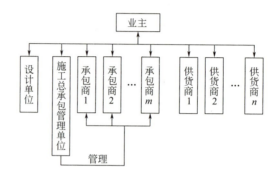

施工总承包管理模式特点	投资控制	（1）分包合同的投标报价和合同价有依据。 （2）施工总承包管理单位招标时，只能确定管理费，不能确定合同总造价，可能成为业主控制总投资的风险。 （3）业主与分包直接签约，加大业主风险
	进度控制	（1）施工总承包管理单位招标可提前（不依赖施工图）。 （2）分包单位招标可提前。 （3）整个项目可以提前开工，缩短建设周期
	质量控制	（1）由施工总承包管理单位负责，也有各分包单位的"他人控制"，对质量控制有利。 （2）分包关系由施工总承包管理单位负责，减轻业主工作量
	合同管理	分包合同的招标投标、谈判、签约由业主负责，招标及合同管理工作量大
	组织与协调	施工总承包管理单位负责分包人的管理及组织协调，减轻业主工作量，这是采用施工总承包管理模式的基本出发点

【经典例题】

1.【2022】下列关于施工总承包管理模式的说法，正确的是（　　）。

A．业主合同管理工作量大

B．对分包人质量的控制由施工总承包管理单位负责

C．有利于总投资控制

D．项目质量的优劣取决于施工总承包管理单位

E．施工过程发生设计变更，可能引发索赔

2.【2019】关于施工总承包管理模式的说法，正确的有（　　）。

A．施工总承包管理模式下，分包合同价对业主是透明的

B. 施工总承包管理单位的招标可以不依赖完整的施工图
C. 施工总承包管理单位负责对分包单位的质量、进度进行控制
D. 施工总承包管理单位应自行完成主体结构工程的施工
E. 一般情况下，由施工总承包管理单位与分包单位签订分包合同

3.【2015】关于建设工程项目施工总承包管理模式的说法，正确的是（　　）。
A. 施工总承包管理单位应参与全部具体工程的施工
B. 业主进行施工总承包管理单位招标时，应先确定工程总造价
C. 施工总承包管理单位负责所有分包合同的招标投标工作
D. 业主不需要等待施工图设计完成后再进行施工总承包管理单位的招标

4.【2013】采用施工总承包管理模式时，对各分包单位的质量控制由（　　）进行。
A. 施工总承包单位　　　　B. 施工总承包管理单位
C. 业主方　　　　　　　　D. 监理方

答案：1. A、B；2. A、B、C；3. D；4. B

笔记区

考点四：施工总承包管理和施工总承包的对比

历年考情分析

年份	2017	2018	2019	2020	2021	2022
单选	√	√		√		√
多选						

【核心考点】
1. 相同点和不同点

对比		施工总承包管理模式	施工总承包模式
不同点	工作开展程序	不依赖完整图纸	依赖完整图纸
	合同关系	（1）业主与分包单位签。 （2）施工总承包管理单位与分包单位签	施工总承包单位与分包单位签
	分包单位的选择和认可	业主选择，施工总承包管理单位认可	施工总承包单位选择，业主认可
	对分包单位付款	（1）施工总承包管理单位支付。 （2）业主支付（需施工总承包管理单位认可）	施工总承包单位支付
	合同价格	只确定施工总承包管理费用，不确定工程总造价	确定工程总造价

对比		施工总承包管理模式	施工总承包模式
相同点	对分包单位管理和服务	（1）负责对现场施工的总体管理和协调。 （2）负责对分包人提供相应的服务	

2. 施工总承包管理模式合同价优点（相对于施工总承包模式）

（1）整个项目合同总额的确定较有依据（合同总价不是一次确定）。
（2）对业主节约投资有利（所有分包合同都能通过招标获得有竞争力的报价）。
（3）分包合同对业主方是透明的。

【经典例题】

1.【2022】建设工程项目的施工任务采用施工总承包模式，对各个分包单位的工程款项，由（　　）负责支付。
　　A. 施工总承包单位　　　　B. 施工总承包管理单位
　　C. 业主方　　　　　　　　D. 业主方委托的第三方机构

2.【2020】与施工总承包模式相比，施工总承包管理模式在合同价格方面的特点是（　　）。
　　A. 合同总价一次性确定，对业主投资控制有利
　　B. 施工总承包管理合同中确定总承包管理费和建安工程造价
　　C. 所有分包工程都需要再次进行发包，不利于业主节约投资
　　D. 分包合同价对业主是透明的

3.【2018】施工总承包管理模式与施工总承包模式相比，在合同价方面的特点是（　　）。
　　A. 合同总价可以一次确定
　　B. 分包合同价对业主透明
　　C. 不利于业主节约投资
　　D. 确定建设项目合同总额的依据不足

4.【2017】与施工总承包模式相比，施工总承包管理模式的优点有（　　）。
　　A. 整个建设项目合同总额的确定较有依据
　　B. 能为分包单位提供更好的管理和服务
　　C. 对业主节约投资较为有利
　　D. 施工现场的总体管理与协调较为有利
　　E. 缩短建设周期，进度控制较为有利

5.【2014】关于施工总承包模式与施工总承包管理模式相同之处的说法，正确的是（　　）。
　　A. 与分包单位的合同关系相同
　　B. 对分包单位的付款方式相同
　　C. 业主对分包单位的选择和认可权限相同
　　D. 对分包单位的管理责任和服务相同

6.【2012】关于施工总承包和施工总承包管理的说法，正确的是（　　）。

A. 施工总承包招标和施工总承包管理招标均可以不依赖完整的施工图
B. 施工总承包管理模式下，分包合同价对业主是透明的
C. 业主在施工总承包和施工总承包管理模式下，对分包单位的选择和认可权限是相同的
D. 施工总承包管理单位负责施工现场的总体管理和协调，对项目目标控制不承担责任

答案：1. A；2. D；3. B；4. A、C、E；5. D；6. B

笔记区

考点五：采购管理程序

历年考情分析

年份	2017	2018	2019	2020	2021	2022
单选	√					
多选						

【核心考点】

建筑材料、建筑构配件和设备由工程承包单位采购的，发包单位不得指定承包单位购入用于工程的建筑材料、建筑构配件和设备或者指定生产厂、供应商。

物资采购工作应符合合同和设计文件所规定的数量、技术要求和质量标准，并符合工程进度、安全、环境和成本管理等要求。

程序	关键词
（1）明确采购产品或服务的基本要求、采购分工及有关责任	明确要求
（2）进行采购策划，编制采购计划	编制计划
（3）进行市场调查，选择合格的产品供应或服务单位，建立名录	市场调查
（4）采用招标或协商等方式实施评审工作，确定供应或服务单位	确定单位
（5）签订采购合同	签订合同
（6）运输、验证、移交采购产品或服务	移交产品
（7）处置不合格产品或不符合要求的服务	处置不合格品
（8）采购资料归档	资料归档

【经典例题】

1.【2017】物资采购管理程序中，完成编制采购计划后下一步应进行的工作是（　　）。

A．进行采购合同谈判，签订采购合同
B．选择材料设备的采购单位
C．进行市场调查，选择合格的产品供应单位并建立名录
D．明确采购产品的基本要求、采购分工和有关责任

2.【2016】关于建设工程物资采购管理的说法，正确的有（　　）。
A．物资采购结束后应将采购资料归档
B．物资采购应符合工程进度、安全和成本管理等要求
C．工程建设物资由工程承包单位采购的，发包单位可以指定生产厂家或供应商
D．物资采购应明确采购产品或服务的基本要求、采购分工及有关责任
E．物资采购应符合有关合同和设计文件规定的数量、技术要求和质量标准

3.【2014】根据物资采购管理程序，物资采购首先应（　　）。
A．进行采购策划，编制采购计划
B．明确采购产品或服务的基本要求
C．进行市场调查，选择合格的产品供应单位
D．采用招标或协商等方式确定供应单位

答案：1．C；2．A、B、D、E；3．B

> 笔 记 区

1Z201060　建设工程项目管理规划的内容和编制方法

考点目录
- 考点一　建设工程项目管理规划的基本概念　042
- 考点二　项目管理规划大纲和项目管理实施规划　043

考点一：建设工程项目管理规划的基本概念

历年考情分析

年份	2017	2018	2019	2020	2021	2022
单选		√		√		√
多选						

【核心考点】

（1）是指导项目管理工作的纲领性文件，涉及项目整个实施阶段，属于业主方项目管理的范畴。

① 工程总承包模式下，业主方可委托工程总承包方编制建设工程项目管理规划。

② 项目各参与方，需编制各自的项目管理规划。

③ 包括项目管理规划大纲和项目管理实施规划。

（2）内容涉及的范围和深度，在理论和工程实践中没有统一的规定，应视项目的特点而定，但必须随着情况的变化动态调整。

【经典例题】

1.【2022】项目管理规划可分为项目管理规划大纲和（　　）。

　A．实施规划　　　　　　B．决策规划

　C．规划策划　　　　　　D．配套策划

2.【2020】根据《建设工程项目管理规范》GB/T 50326—2017，项目管理实施规划应由（　　）组织编制。

　A．项目技术负责人　　　B．项目经理

　C．企业技术负责人　　　D．企业负责人

3.【2018】建设工程项目管理规划属于（　　）项目管理的范畴。

　A．工程总承包方　　　　B．工程总承包管理方

　C．业主方　　　　　　　D．工程咨询方

4.【2012】关于建设工程项目管理规划的说法，正确的有（　　）。

　A．建设工程项目管理规划仅涉及项目的施工阶段和保修期

　B．建设工程项目管理规划完成以后不需要调整

　C．除业主方以外，建设项目的其他参与单位也需要编制项目管理规划

　D．如果采用工程总承包模式，业主方可以委托工程总承包方编制建设工程项目管理规划

　E．建设工程项目管理规划内容涉及的范围和深度，应视项目的特点而定

答案：1. A；2. B；3. C；4. C、D、E

【笔记区】

考点二：项目管理规划大纲和项目管理实施规划

历年考情分析

年份	2017	2018	2019	2020	2021	2022
单选	√		√		√	
多选						

【核心考点】

编制工作程序如下：

项目管理规划大纲编制程序	项目管理实施规划编制程序
（1）明确项目需求和项目管理范围。 （2）确定项目管理目标。 （3）分析项目实施条件，进行项目工作结构分解。 （4）确定项目管理组织模式、组织结构和职责分工。 （5）规定项目管理措施。 （6）编制项目资源计划。 （7）报送审批	（1）了解相关方的要求。 （2）分析项目具体特点和环境条件。 （3）熟悉相关法规和文件。 （4）实施编制。 （5）履行报批手续

【经典例题】

【2021/2019】项目管理实施规划的编制工作包括：①分析项目具体特点和环境条件；②熟悉相关的法规和文件；③了解相关方的要求；④履行报批手续；⑤实施编制活动。正确的工作程序是（   ）。

　　A．③①②⑤④ 　　　　　B．①②③④⑤
　　C．①③②⑤④ 　　　　　D．③②①④⑤

答案：A

1Z201070 施工组织设计的内容和编制方法

考点一：施工组织设计的基本内容

历年考情分析

年份	2017	2018	2019	2020	2021	2022
单选	√					
多选						

【核心考点】

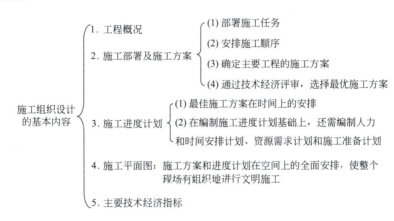

【经典例题】

1.【2017】根据《建筑施工组织设计规范》GB/T 50502—2009，"合理安排施工顺序"属于施工组织设计中（　　）的内容。

A．施工部署和施工方案　　B．施工进度计划

C．施工平面图　　　　　　D．施工准备工作计划

2.【2015】关于施工组织设计中施工平面图的说法，正确的有（　　）。

A．反映了最佳施工方案在时间上的安排

B．反映了施工机具等资源的供应情况

C．反映了施工方案在空间上的全面安排

D．反映了施工进度计划在空间上的全面安排

E．使整个现场能有组织地进行文明施工

3．下列施工组织设计的基本内容中，可以反映现场文明施工组织的是（　　）。

A．工程概况　　　　　B．施工部署

C．施工平面图　　　　D．技术经济指标

答案：1．A；2．C、D、E；3．C

【笔记区】

考点二：施工组织设计的分类及内容

历年考情分析

年份	2017	2018	2019	2020	2021	2022
单选						
多选			√		√	

【核心考点】

1. 三类施工组织设计的编制对象及内容

分类	施工组织总设计	单位工程施工组织设计	施工方案
编制对象	群体工程或特大型项目	（子）单位工程	分部分项或专项工程
主要内容	（1）工程概况。 （2）总体施工部署。 （3）施工总进度计划。 （4）总体施工准备与主要资源配置计划。 （5）主要施工方法。 （6）施工总平面图布置	（1）工程概况。 （2）施工部署。 （3）施工进度计划。 （4）施工准备与资源配置计划。 （5）主要施工方案。 （6）施工现场平面布置	（1）工程概况。 （2）施工安排。 （3）施工进度计划。 （4）施工准备与资源配置计划。 （5）施工方法与工艺要求

2. 施工管理计划

施工管理计划
- （1）进度管理计划
- （2）质量管理计划
- （3）安全管理计划
- （4）环境管理计划
- （5）成本管理计划
- （6）其他管理计划

【经典例题】

1.【2021/2016】根据《建筑施工组织设计规范》GB/T 50502—2009，施工方案的主要内容包括（　　）。

　　A．工程概况　　　　　　B．施工方法及工艺要求
　　C．施工部署　　　　　　D．施工现场平面布置
　　E．施工准备与资源配置计划

2.【2019】根据《建筑施工组织设计规范》GB/T 50502—2009，施工管理计划包括（　　）。

　　A．进度管理计划　　　　B．质量管理计划
　　C．安全管理计划　　　　D．运营管理计划
　　E．环境管理计划

3.【2013改】单位工程施工组织设计和施工方案均应包括的内容有（　　）。

　　A．施工部署　　　　　　B．工程概况

C. 施工现场平面布置　　　　D. 施工准备与资源配置计划
E. 主要技术经济指标

4.【2012】某施工企业承接了某住宅小区中10号楼的土建施工任务，项目经理部针对该10号楼编制的施工组织设计属于（　　）。

A. 施工组织总设计　　　　B. 单项工程施工组织设计
C. 单位工程施工组织设计　　D. 分部工程施工组织设计

答案：1. A、B、E；2. A、B、C、E；3. B、D；4. C

笔记区

考点三：施工组织设计的编制和审批

历年考情分析

年份	2017	2018	2019	2020	2021	2022
单选		√		√	√	√
多选						

【核心考点】

（1）编制：项目负责人主持编制；可根据需要分阶段编制。

（2）审批：

① 施工组织总设计：总承包单位技术负责人。

② 单位工程施工组织设计：施工单位技术负责人或授权的技术人员。

③ 施工方案：项目技术负责人。

④ 重难点分部分项工程和专项工程施工方案：施工单位技术部门组织专家评审，施工单位技术负责人审批。

（3）需编制专项施工方案和专家论证的分部分项工程：

编制专项施工方案	组织专家论证
（1）基坑工程（支护、降水、土方开挖）。 （2）模板工程。 （3）起重吊装工程。 （4）脚手架工程。 （5）拆除爆破工程。	（1）深基坑。 （2）地下暗挖工程。 （3）高大模板工程。

（4）由专业承包单位施工的分部（分项）工程或专项工程施工方案，由专业承包单位技术负责人审批，总承包单位项目技术负责人核准备案。

（5）规模较大的分部（分项）工程和专项工程施工方案按单位工程施工组织设计编制和审批，如主体结构为钢结构的大型建筑工程。

【经典例题】

1.【2022】根据《建筑施工组织设计规范》GB/T 50502—2009，单位工程施工组织设计由（　　）审批。

  A．施工项目负责人　　　　　　B．总承包单位负责人
  C．施工单位技术负责人　　　　D．施工项目技术负责人

2.【2021/2014】根据《建筑施工组织设计规范》GB/T 50502—2009，主持编制施工组织设计的应是（　　）。

  A．施工单位技术负责人　　　　B．项目负责人
  C．项目总监理工程师　　　　　D．项目技术负责人

3.【2020】根据《建筑施工组织设计规范》GB/T 50502—2009，关于施工组织设计审批的说法，正确的是（　　）。

  A．专项施工方案应由项目技术负责人审批
  B．施工方案应由项目总监理工程师审批
  C．施工组织总设计应由建设单位技术负责人审批
  D．单位工程施工组织设计应由承包单位技术负责人审批

4.【2016】根据施工组织设计的管理要求，重点、难点分部（分项）工程施工方案的批准人是（　　）。

  A．项目技术负责人　　　　　　B．项目负责人
  C．施工单位技术负责人　　　　D．总监理工程师

答案：1．C；2．B；3．D；4．C

【笔记区】

考点四：施工组织设计的动态管理

历年考情分析

年份	2017	2018	2019	2020	2021	2022
单选						
多选	√	√				√

【核心考点】

（1）需修改和补充的情形：

① 工程设计有重大修改。
② 有关法律、法规、规范和标准实施、修订和废止。
③ 主要施工方法有重大调整。
④ 主要施工资源配置有重大调整。
⑤ 施工环境有重大改变。

四重大+法律法规变化

设资法环

（2）经修改和补充后，需重新审批才能实施。
（3）施工前应逐级交底。

【经典例题】

1.【2018】下列具体情况中，施工组织设计应及时进行修改或补充的有（　　）。
A. 由于施工规范发生变更导致需要调整预应力钢筋施工工艺
B. 由于国际钢材市场价格大涨导致进口钢材无法及时供料，严重影响工程施工
C. 由于自然灾害导致工期严重滞后
D. 施工单位发现设计图纸存在严重错误，无法继续施工
E. 设计单位应业主要求对工程设计图纸进行了细微修改

2.【2017】项目施工过程中，对施工组织设计进行修改或补充的情形有（　　）。
A. 设计单位应业主要求对楼梯部分进行局部修改
B. 某桥梁工程由于新规范的实施而需要重新调整施工工艺
C. 由于自然灾害导致施工资源的配置有重大变更
D. 施工单位发现设计图纸存在重大错误需要修改工程设计
E. 某钢结构工程施工期间，钢材价格上涨

答案：1. A、B、C、D；2. B、C、D

1Z201080　建设工程项目目标的动态控制

考点目录
- 考点一　动态控制的工作程序　051
- 考点二　动态控制的纠偏措施　052
- 考点三　动态控制在投资控制中的应用　053

考点一：动态控制的工作程序

历年考情分析

年份	2017	2018	2019	2020	2021	2022
单选			√			
多选						

【核心考点】

动态控制的工作程序

准备工作	项目目标分解，确定目标控制的计划值
实施过程	（1）收集项目目标的实际值。 （2）定期进行目标计划值和实际值比较。 （3）比较如有偏差，则采取措施纠偏。 ｝核心 （4）如有必要（原定的项目目标不合理或原定的项目目标无法实现），调整项目的目标

【经典例题】

1.【2019】项目目标动态控制工作包括：①确定目标控制的计划值，②分解项目目标，③收集项目目标的实际值，④定期比较计划值和实际值，⑤纠正偏差，正确的工作流程是（　　）。

A．①③②⑤④　　　　　B．②①③④⑤
C．③②①④⑤　　　　　D．①②③④⑤

2.【2016】根据动态控制原理，项目目标动态控制的第一步工作是（　　）。

A．调整项目目标　　　B．制定纠偏措施
C．收集项目目标实际值　　D．分解项目目标

3．某建设工程项目经理部根据目标动态控制原理，将项目目标进行了分解。那么在项目目标实施过程中，首先应进行的工作是（　　）。

A．确定目标控制的计划值　　B．定期比较目标计划值与实际值
C．分析比较结果，采取纠偏措施　　D．收集目标的实际值

答案：1．B；2．D；3．D

【笔记区】

考点二：动态控制的纠偏措施

历年考情分析

年份	2017	2018	2019	2020	2021	2022
单选					√	√
多选						

【核心考点】

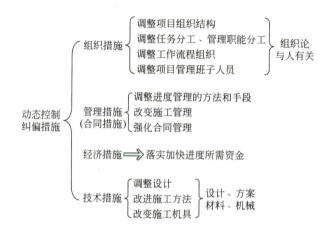

【经典例题】

1.【2021】下列项目目标动态控制的纠偏措施中，属于技术措施的是（　　）。
   A. 优化项目管理任务分工　　B. 选用高效的施工机具
   C. 调整项目管理职能分工　　D. 改变控制的方法和手段

2.【2014】下列项目目标动态控制的纠偏措施中，属于技术措施的有（　　）。
   A. 调整工作流程组织　　　　B. 调整进度管理的方法和手段
   C. 改变施工机具　　　　　　D. 改变施工方法
   E. 调整项目管理职能分工

3.【2013】某项目专业性强且技术复杂，开工后，由于专业原因该项目的项目经理不能胜任该项目，为了保证项目目标的实现，企业更换了项目经理。企业的此项行为属于项目目标动态控制的（　　）。
   A. 管理措施　　　　　　　　B. 经济措施
   C. 技术措施　　　　　　　　D. 组织措施

答案：1. B；2. C、D；3. D

【笔记区】

考点三：动态控制在投资控制中的应用

历年考情分析

年份	2017	2018	2019	2020	2021	2022
单选	√	√		√		
多选						

【核心考点】

投资的计划值和实际值比较

1. 设计过程中投资计划值和实际值比较形式

（1）工程概算⇔投资规划

（2）工程预算⇔工程概算

2. 施工过程中投资计划值和实际值比较形式

比较形式：
③→①；③→②
④→①；④→②；④→③
⑤→①；⑤→②；⑤→③

【经典例题】

1.【2020】施工过程中投资的计划值和实际值进行比较时，相对于工程合同价，可作为投资计划值的是（　　）。

A．投资估算　　　　　　B．工程结算

C．施工图预算　　　　　D．竣工决算

2.【2018】应用动态控制原理控制项目投资时，属于设计过程中投资的计划值与实际值比较的是（　　）。

A．工程概算与工程合同价　　B．工程预算与工程合同价

C．工程预算与工程概算　　　D．工程概算与工程决算

3．应用动态控制原理进行建设工程项目投资控制时，相对于工程合同价，投资的实际值是（　　）。

A．工程预算　　　　　　B．施工预算

C．工程进度款　　　　　D．工程决算

E．工程结算

答案：1．C；2．C；3．C、D

1Z201090　施工企业项目经理的工作性质、任务和责任

考点目录
- 考点一　项目经理的工作性质　055
- 考点二　《建设工程施工合同（示范文本）》GF—2017—0201涉及项目经理的相关条款　056
- 考点三　项目管理目标责任书　057
- 考点四　项目管理机构负责人的职责和权限　058
- 考点五　项目各参与方之间的沟通方法　059
- 考点六　劳动用工管理　061
- 考点七　工资支付管理　062

考点一：项目经理的工作性质

历年考情分析

年份	2017	2018	2019	2020	2021	2022
单选				√		
多选						

【核心考点】

（1）大、中型工程项目施工的项目经理必须由取得建造师注册证书的人员担任。取得建造师注册证书的人员是否担任工程项目施工的项目经理，由企业自主决定。

（2）建筑施工企业项目经理，是指受企业法定代表人委托对工程项目施工过程全面负责的项目管理者，是建筑施工企业法定代表人在工程项目上的代表人。

（3）在全面实施建造师执业资格制度后仍然要坚持落实项目经理岗位责任制。

（4）建造师是一种专业人士的名称，而项目经理是一个工作岗位的名称。

【经典例题】

1.【2020】取得建造师注册证书的人员是否担任工程项目施工的项目经理，取决于（ ）。

A．建设行政主管部门　　　　B．建筑业企业

C．建设单位　　　　　　　　D．建设监督部门

2．关于建造师与施工项目经理的说法，正确的是（   ）。

A．取得建造师注册证书的人员就是施工项目经理

B．建造师是管理岗位，施工项目经理是技术岗位

C．大、中型工程项目施工项目经理必须由取得建造师注册证书的人员担任

D．建造师执业资格制度可以替代施工项目经理岗位责任制

答案：1．B；2．C

笔记区

考点二：《建设工程施工合同（示范文本）》GF—2017—0201涉及项目经理的相关条款

历年考情分析

年份	2017	2018	2019	2020	2021	2022
单选						
多选						

【核心考点】

（1）专用合同条款中应明确项目经理的姓名、职称、注册执业证书编号、联系方式及授权范围等事项，项目经理经承包人授权后代表承包人负责履行合同。

（2）项目经理应是承包人正式聘用的员工，承包人应向发包人提交项目经理与承包人之间的劳动合同，以及承包人为项目经理缴纳社会保险的有效证明。

（3）项目经理应常驻施工现场，且每月在施工现场的时间不得少于专用合同条款约定的天数。项目经理不得同时担任其他项目的项目经理。项目经理确需离开施工现场时，应事先通知监理人，并取得发包人的书面同意。

（4）在紧急情况下为确保施工安全和人员安全，在无法与发包人代表和总监理工程师及时取得联系时，项目经理有权采取必要的措施保证与工程有关的人身、财产和工程的安全，但应在48小时内向发包人代表和总监理工程师提交书面报告。

（5）承包人需要更换项目经理的，应提前14天书面通知发包人和监理人，并征得发包人书面同意。未经发包人同意，承包人不得擅自更换项目经理。

（6）发包人有权书面通知承包人更换其认为不称职的项目经理。承包人应在接到更换通知后14天内提出书面改进报告。发包人收到改进报告后仍要求更换的，承包人应在接到第二次更换通知的28天内进行更换。

（7）项目经理因特殊情况授权下属人员履行工作职责的，应提前7天将人员的姓名和授权范围书面通知监理人，并征得发包人书面同意。

> 总结：承包人更换项目经理：14天
> 　　　发包人要求承包人更换项目经理：14+28天
> 　　　项目经理授权下属人员履职：7天

【经典例题】

1.【2016】根据《建设工程施工合同（示范文本）》GF—2017—0201，除在专用合同条款中明确的事项外，承包人必须向发包人提交（　　），项目经理才能履行职责。

A．项目经理与承包人之间的劳动合同

B．项目经理工作履历

C．项目经理持有的建造师执业资格证书

D．承包人为项目经理缴纳社会保险的有效证明

E. 项目经理的专业技术职称证书

2.【2015】根据《建设工程施工合同（示范文本）》GF—2017—0201，承包人应在首次收到发包人要求更换项目经理的书面通知后（　　）天内向发包人提出书面改进报告。

A. 28　　　　　　　　　　B. 21
C. 14　　　　　　　　　　D. 7

3. 根据《建设工程施工合同（示范文本）》GF—2017—0201，关于发包人书面通知更换不称职项目经理的说法，正确的有（　　）。

A. 承包人应在接到第二次更换通知后42天内更换项目经理
B. 承包人应在接到更换通知后14天内向发包人提出书面改进报告
C. 发包人要求更换项目经理的，承包人无需提供继任项目经理的证明文件
D. 承包人无正当理由拒绝更换项目经理的，应按专用合同条款的约定承担违约责任
E. 发包人接受承包人提出的书面改进报告后，可不更换项目经理

答案：1. A、D；2. C；3. B、D、E

笔记区

考点三：项目管理目标责任书

历年考情分析

年份	2017	2018	2019	2020	2021	2022
单选						
多选						

【核心考点】

在项目实施之前，由组织法定代表人或其授权人与项目管理机构负责人协商制定。编制依据有：

（1）项目合同文件。
（2）组织的管理制度。
（3）项目管理规划大纲（项目管理实施规划×）。
（4）组织的经营方针和目标。
（5）项目特点和实施条件与环境。

【经典例题】

1. 根据《建设工程项目管理规范》GB/T 50326—2017，项目管理目标责任书应在项目实施之前，由（　　）制定。

A. 项目技术负责人　　　　B. 法定代表人

C．项目经理与项目承包人协商　　D．法定代表人与项目管理机构负责人协商

2．项目管理目标责任书的编制依据有（　　）。

A．项目合同文件　　　　　　　B．组织的管理制度

C．项目管理规划大纲　　　　　D．项目管理实施规划

E．组织的经营方针和目标

答案：1．D；2．A、B、C、E

笔记区

考点四：项目管理机构负责人的职责和权限

历年考情分析

年份	2017	2018	2019	2020	2021	2022
单选			√			
多选	√					

【核心考点】

1. 项目管理机构负责人的职责

（1）组编或参编项目管理规划大纲、项目管理实施规划。

（2）主持制定并落实质量、安全技术措施和专项方案。

（3）对资源进行质量监控和动态管理。

（4）对机械、设备、工器具进行监控。

（5）组织或参与评价项目管理绩效。

（6）进行授权范围内的任务分解和利益分配。

（7）参与竣工验收。

（8）协助和配合组织进行项目检查、鉴定和评奖申报。

（9）……

2. 项目管理机构负责人的权限

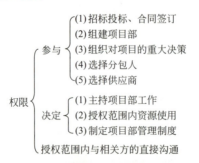

【经典例题】

1.【2019】根据《建设工程项目管理规范》GB/T 50326—2017，项目管理机构负责人的职责包括（　　）。
　　A．参与组建项目管理机构　　B．对各类资源进行质量监控和动态管理
　　C．主持编制项目管理目标责任书　D．确定项目管理实施目标

2．根据《建设工程项目管理规范》GB/T 50326—2017，项目管理机构负责人的权限有（　　）。
　　A．签订工程施工承包合同　　B．进行授权范围内的任务分解和利益分配
　　C．参与组建项目管理机构　　D．参与选择资源的供应单位
　　E．参与工程竣工验收

3．根据《建设工程项目管理规范》GB/T 50326—2017，施工项目经理的职责有（　　）。
　　A．进行授权范围内的任务分解和利益分配
　　B．对各类资源进行质量监控和动态管理
　　C．参与工程竣工验收
　　D．确保项目建设资金的落实到位
　　E．与建设单位签订承包合同

答案：1．B；2．C、D；3．A、B、C

> 笔记区

考点五：项目各参与方之间的沟通方法

历年考情分析

年份	2017	2018	2019	2020	2021	2022
单选				√	√	
多选						

【核心考点】

1. 沟通相关概念

沟通过程要素	五要素：主体（主导地位）、客体、介体、环境、渠道
沟通能力	包括：表达、争辩、倾听、设计能力
沟通要素	两要素：思维、表达
沟通层次	思维的交流、语言的交流

2. 沟通障碍

沟通障碍
- 三个方面：
  - (1) 发送者障碍：表达能力不佳、信息传递不全或不及时、知识经验局限、过滤信息
  - (2) 接受者障碍：译码不准确、筛选信息、信息承受力、心理障碍、过早评价情绪
  - (3) 通道障碍：媒介不当(口说无凭、随便说说)、媒介冲突、沟通渠道过长(组织机构庞大)、外部干扰(物理噪声、机械故障)
- 两种形式：
  - (1) 组织的沟通障碍(问题在组织)
  - (2) 个人的沟通障碍(问题在个人)

【经典例题】

1.【2021】下列沟通过程的要素中，处于主导地位的是（　　）。
A．沟通环境　　　　　　B．沟通渠道
C．沟通主体　　　　　　D．沟通客体

2.【2020】项目各参与方沟通过程的五个要素是指沟通主体、沟通客体、沟通介体以及（　　）。
A．沟通环境和沟通渠道　　B．沟通内容和沟通渠道
C．沟通环境和沟通方法　　D．沟通内容和沟通方法

3.【2016】沟通的两个层面是指（　　）。
A．思维交流和语言交流　　B．信息发送者和接受者
C．沟通内容和沟通方法　　D．信息传递和交换

4.【2015】关于沟通障碍的说法，正确的有（　　）。
A．从信息发送者的角度看，影响信息沟通的因素可能是信息译码不准确
B．沟通障碍来自发送者的障碍、接受者的障碍和沟通通道的障碍
C．沟通障碍包括组织的沟通障碍和能力的沟通障碍两种形式
D．从信息接受者的角度看，影响信息沟通的因素可能是心理上的障碍
E．选择沟通媒介不当是沟通通道障碍的一个方面

5.【2014】一般来说，沟通者的沟通能力包含（　　）。
A．表达能力、争辩能力、倾听能力和设计能力
B．思维能力、争辩能力、倾听能力和设计能力
C．思维能力、表达能力、把控能力和说服能力
D．想象能力、表达能力、说法能力和设计能力

6.【2013】下列项目各参与方的沟通障碍中，属于组织沟通障碍的是（　　）。
A．机构组织庞大，中间层次太多构成的障碍
B．知识、经验水平的差距导致的障碍
C．对信息的看法不同造成的障碍
D．下属对上级的恐惧心理而形成的障碍

答案：1. C；2. A；3. A；4. B、D、E；5. A；6. A

笔记区

考点六：劳动用工管理

历年考情分析

年份	2017	2018	2019	2020	2021	2022
单选		√			√	
多选						

【核心考点】
（1）不得使用零散工，不得允许未签订劳动合同的劳动者在现场施工。
（2）建筑施工企业与劳动者自用工之日起订立书面劳动合同。
（3）劳动合同一式三份，双方各执一份，劳动者所在工地保留一份备查。
（4）人员发生变更后7个工作日内，在建筑业企业信息管理系统中做相应变更。

【经典例题】

1．【2021/2011】关于建筑施工企业劳动用工的说法，错误的是（　　）。
A．建筑施工企业应当按照相关规定办理用工手续，不得使用零散工
B．劳动合同应一式三份，双方当事人各持一份，劳动者所在工地保留一份备查
C．建筑施工企业与劳动者应当自试用期满后，按照有关法规签订书面劳动合同
D．每个工程项目中作业人员的有关情况应按相关规定如实填报

2．【2018】根据政府主管部门有关建设工程劳动用工管理规定，建筑施工企业应将项目作业人员有关情况在当地建筑业企业信息管理系统中如实填报，人员发生变更的，应在变更后（　　）个工作日内做相应变更。
A．30　　　　　　　B．15　　　　　　　C．14　　　　　　　D．7

3．【2017】关于施工企业劳动用工管理的说法，正确的是（　　）。
A．作业人员变更后的14个工作日内，在当地建筑业企业信息管理系统中变更
B．施工企业与劳动者按相关规定可以订立口头劳动合同
C．劳动合同一式两份，双方当事人各持一份
D．施工企业不得允许未与企业签订劳动合同的劳动者从事施工活动

答案：1．C；2．D；3．D

考点七：工资支付管理

历年考情分析

年份	2017	2018	2019	2020	2021	2022
单选	√		√			√
多选						

【核心考点】

（1）施工企业每月对劳动者工资进行核算，由劳动者本人签字。

（2）施工企业至少每月向劳动者支付一次工资，且不低于当地最低工资标准，每季度末结清。

（3）工资直接发放给劳动者本人，不得发放给包工头或其他个人。

（4）企业有困难时可以延期支付工资，但最长不得超过30日，否则属于无故拖欠工资行为。

（5）企业与劳动者终止或者依法解除劳动合同，在办理手续时应一次性付清劳动者工资。

【经典例题】

1.【2022】企业延期支付工资最晚不超过（　　）天。
A．7　　　　　B．14　　　　　C．21　　　　　D．30

2.【2019/2017/2016】建筑施工企业因暂时生产经营困难，无法按劳动合同约定日期支付工资的应当向劳动者说明情况并与工会或职工代表协商一致后，可以延期支付工资最长不得超过（　　）日。
A．45　　　　　B．60　　　　　C．30　　　　　D．90

答案：1．D；2．C

1Z201100 建设工程项目的风险和风险管理的工作流程

考点目录
- 考点一 风险、风险量和风险等级 064
- 考点二 建设工程项目的风险类型 065
- 考点三 项目风险管理的工作流程 066

考点一：风险、风险量和风险等级

历年考情分析

年份	2017	2018	2019	2020	2021	2022
单选			√			
多选						

【核心考点】

（1）风险指的是损失的不确定性。

（2）风险量反映不确定的损失程度和损失发生的概率。事件风险量的区域图如下所示：

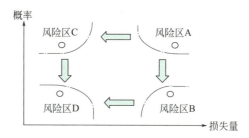

（3）风险等级：由风险发生的概率等级和损失等级来确定。

【经典例题】

1.【2019】关于风险量、风险等级、风险损失程度和损失发生概率之间关系的说法，正确的是（　　）。

A．风险量越大，损失程度越大

B．损失发生的概率越大，风险量越小

C．风险等级与风险损失程度成反比关系

D．损失程度和损失发生的概率越大，风险量越大

2．若某事件经过风险评估，位于事件风险区域图中的风险区A，则应采取适当措施，降低其（　　）。

A．发生概率，使它移位至风险区D

B．损失量，使它移位至风险区C

C．发生概率，使它移位至风险区C

D．损失量，使它移位至风险区B

E．发生概率，使它移位至风险区B

答案：1．D；2．B、E

笔记区

考点二：建设工程项目的风险类型

历年考情分析

年份	2017	2018	2019	2020	2021	2022
单选		√			√	
多选						

【核心考点】

风险类型	总结	示例
组织风险	组织论 与人有关	（1）组织结构模式；工作流程组织；任务分工和管理职能分工。 （2）业主方（包括代表业主利益的项目管理方）人员的构成和能力。 （3）设计人员和监理工程师的能力。 （4）承包方管理人员和一般技工的能力。 （5）施工机械操作人员的能力和经验。 （6）损失控制和安全管理人员的资历和能力
经济与管理风险	合同 防火设施 计划	（1）宏观和微观经济情况。 （2）工程资金供应条件。 （3）合同风险。 （4）现场与公用防火设施的可用性及其数量。 （5）事故防范措施和计划。 （6）人身、信息安全控制计划。 （7）信息安全控制计划
工程环境风险	外部客观存在	（1）自然灾害。 （2）岩土地质条件和水文地质条件。 （3）气象条件。 （4）引起火灾和爆炸的因素
技术风险	设计、方案 材料、机械	（1）工程勘测资料和有关文件。 （2）工程设计文件。 （3）工程施工方案。 （4）工程物资。 （5）工程机械

【经典例题】

1.【2021】建设工程项目风险有多种类型，承包方技术管理人员能力欠缺属于（　　）。
A．组织风险　　　　　　　B．技术风险
C．工程环境风险　　　　　D．经济与管理风险

2.【2018】某施工企业承接了"一带一路"的国际项目,但缺乏具备国际工程施工经验的管理人员和施工人员,这类风险属于建设工程风险类型中的( )。
　　A．经济与管理风险　　　　　　B．组织风险
　　C．工程环境风险　　　　　　　D．技术风险

3.【2016】下列建设工程项目风险中,属于经济与管理风险的有( )。
　　A．事故防范措施和计划　　　　B．工程施工方案
　　C．现场与公用防火设施的可用性　D．承包方管理人员的能力
　　E．引起火灾和爆炸的因素

4.【2014】下列建设工程项目风险中,属于组织风险的有( )。
　　A．人身安全控制计划　　　　　B．工作流程组织
　　C．引起火灾和爆炸的因素　　　D．任务分工和管理职能分工
　　E．设计人员和监理工程师的能力

5.【2013】下列影响建设工程项目实施的风险因素中,属于技术风险的是( )。
　　A．工程勘察资料　　　　　　　B．气象条件
　　C．公用防火设施的数量　　　　D．人身安全控制计划

6.建设项目工程设计文件中如果出现结构图与建筑图不一致等错误,则可能导致项目施工过程的延误,这种风险属于风险类型中的( )。
　　A．工程环境风险　　　　　　　B．组织风险
　　C．技术风险　　　　　　　　　D．经济与管理风险

答案:1. A;2. B;3. A、C;4. B、D、E;5. A;6. C

> 笔 记 区

考点三:项目风险管理的工作流程

历年考情分析

年份	2017	2018	2019	2020	2021	2022
单选						√
多选		√	√	√	√	√

【核心考点】

工作流程	具体内容
风险识别	(1)收集风险信息。 (2)确定风险因素。 (3)编制项目风险识别报告

续表

工作流程	具体内容
风险评估（量化）	（1）分析风险发生概率。 （2）分析风险发生损失量。 （3）确定风险量和风险等级
风险应对	（1）常见风险对策包括风险规避、减轻、自留、转移及其组合。 （2）对难以控制的风险向保险公司投保是风险转移的措施
风险监控	过程中收集和分析风险信息，预测可能风险，对其监控并提出预警

【经典例题】

1.【2022/2013】项目风险管理工作包括：①风险应对；②风险评估；③风险识别；④风险监控。正确的工作程序是（　　）。

A．③-②-④-①　　　　　　　　　B．②-③-④-①
C．③-②-①-④　　　　　　　　　D．①-③-②-④

2.【2022】工程项目风险管理中，常用的风险对策有（　　）。

A．风险规避　　　　　　　　　　B．风险监控
C．风险减轻　　　　　　　　　　D．风险自留
E．风险转移

3.【2021/2019/2018】项目风险评估工作包括（　　）。

A．确定各种风险的风险等级　　　B．分析各种风险的损失量
C．确定风险因素　　　　　　　　D．确定应对各种风险的对策
E．分析各种风险因素的发生概率

4.【2020】项目风险管理过程中，风险识别工作包括（　　）。

A．确定风险因素　　　　　　　　B．分析风险因素发生的概率
C．编制项目风险识别报告　　　　D．分析各风险的损失量
E．收集与项目风险有关的信息

5.【2016】下列项目风险管理工作中，属于风险应对的是（　　）。

A．收集与项目风险有关的信息　　B．监控可能发生的风险并提出预警
C．确定各种风险的风险量和风险等级　D．向保险公司投保难以控制的风险

答案：1．C；2．A、C、D、E；3．A、B、E；4．A、C、E；5．D

笔记区

1Z201110 建设工程监理的工作性质、工作任务和工作方法

考点目录
- 考点一　《建设工程质量管理条例》和《建设工程安全生产管理条例》关于监理的有关规定　069
- 考点二　项目实施各阶段建设监理工作的主要任务　070
- 考点三　监理的工作方法　071
- 考点四　监理规划和监理细则　072

考点一：《建设工程质量管理条例》和《建设工程安全生产管理条例》关于监理的有关规定

历年考情分析

年份	2017	2018	2019	2020	2021	2022
单选		√	√			
多选						

【核心考点】

1.《建设工程质量管理条例》中的有关规定

（1）未经监理工程师签字，建筑材料、建筑构配件和设备不得在工程上使用或者安装，施工单位不得进行下一道工序的施工。未经总监理工程师签字，建设单位不拨付工程款，不进行竣工验收。

（2）监理工程师应当按照工程监理规范的要求，采取旁站、巡视和平行检验等形式，对建设工程实施监理。

2.《建设工程安全生产管理条例》中的有关规定

（1）开工前，审查安全技术措施和专项施工方案是否符合工程建设强制性标准。

（2）实施监理过程中：

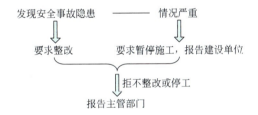

【经典例题】

1.【2019】根据《建设工程质量管理条例》，监理工程师应当按照（　　）的要求，采取旁站、巡视和平行检验等形式，对建设工程实施监理。

A．建设工程强制性标准条文　B．委托监理合同

C．工程监理规范　D．工程技术标准

2.【2018】根据《建设工程质量管理条例》，未经（　　）签字，建设单位不拨付工程款、不得进行竣工验收。

A．专业监理工程师　　B．建设单位现场工程师

C．政府质量管理部门　D．总监理工程师

3．根据《建设工程安全生产管理条例》，关于工程监理单位安全责任的说法，正确的是（　　）。

A．在实施监理过程中发现情况严重的安全事故隐患，应要求施工单位整改

B．在实施监理过程中发现情况严重的安全事故隐患，应及时向有关主管部门报告

C. 对于情节严重的安全事故隐患，施工单位拒不整改时应向建设单位报告

D. 应审查专项施工方案是否符合工程建设强制性标准

答案：1. C；2. D；3. D

> 笔记区

考点二：项目实施各阶段建设监理工作的主要任务

历年考情分析

年份	2017	2018	2019	2020	2021	2022
单选						√
多选	√		√			

【核心考点】

1. 施工准备阶段建设工程监理工作的主要任务

（1）审查施工组织设计中的质量安全技术措施、专项施工方案与强制性标准的符合性。

（2）参与设计交底。

（3）检查工程质量、安全生产管理制度及组织机构和人员资格。

（4）检查专职安全员的配备情况。

（5）审核分包资质。

（6）检查施工单位试验室。

（7）查验施工单位的施工测量放线成果。

（8）审查工程开工条件，签发开工令。

2. 施工阶段建设监理工作的主要任务

（1）质量控制。

（2）进度控制。

（3）投资控制。

（4）安全生产管理。

3. 竣工验收阶段建设监理工作的主要任务

（1）督促和检查施工单位整理竣工文件和验收资料，并提出意见。

（2）审查竣工验收申请，编写工程质量评估报告。

（3）组织工程预验收，参加竣工验收，并签署竣工验收意见。

（4）编制、整理工程监理归档文件并提交给业主。

【经典例题】

1.【2019】下列工作任务中，属于工程施工阶段监理人员工作任务的有（　　）。
A．核验施工测量放线　　　　　　B．验收隐蔽工程
C．参与编写施工招标文件　　　　D．检查施工单位的试验室
E．审查施工进度计划

2.【2017】建设工程项目施工准备阶段，建设监理工作的主要任务有（　　）。
A．审查分包单位资质条件　　　　B．检查施工单位的试验室
C．审查工程开工条件　　　　　　D．签署单位工程质量评定表
E．审查施工单位提交的施工进度计划

答案：1．A、B、E；2．A、B、C

【笔记区】

考点三：监理的工作方法

历年考情分析

年份	2017	2018	2019	2020	2021	2022
单选	√		√	√	√	
多选						

【核心考点】

监理人员认为（或发现）：
（1）施工不符合设计要求、技术标准和合同约定，监理人员有权要求施工企业改正。
（2）设计不符合建筑工程质量标准或者合同约定，监理人员报告建设单位要求设计单位改正。

【经典例题】

1.【2021/2020】工程监理人员在实施监理过程中，发现工程设计不符合工程质量标准或合同约定的质量要求时，应当采取的措施是（　　）。
A．要求施工单位报告设计单位改正　　B．报告建设单位要求设计单位改正
C．直接与设计单位确认修改工程设计　　D．要求设计单位改正并报告建设单位

2.【2011】根据《中华人民共和国建筑法》，工程监理人员认为工程施工不符合（　　）的，有权要求建筑施工企业改正。
A．工程设计要求　　　　　　　　B．合同约定
C．监理规划　　　　　　　　　　D．施工技术标准

E．监理实施细则

答案：1．B；2．A、B、D

笔记区

考点四：监理规划和监理细则

历年考情分析

年份	2017	2018	2019	2020	2021	2022
单选						
多选		√				

【核心考点】

名称	时间	编制者	审批者
监理规划	（1）签订监理合同及收到设计文件后编制。 （2）召开第一次工地会议前报送业主	总监主持 专监参编	监理单位技术负责人
监理细则	相应工程施工开始前编制	专监编制	总监理工程师

名称	编制依据	内容
监理规划	（1）项目相关法律、法规及审批文件。 （2）与项目有关的标准、设计和技术资料。 （3）监理大纲、监理合同及相关合同文件	（1）工程概况。 （2）监理工作范围、内容、目标、依据。 （3）监理机构组织形式、人员配备计划、人员岗位职责。 （4）监理工作程序、方法、措施、制度。 （5）监理设施
监理细则	（1）监理规划。 （2）专业工程的标准、设计和技术资料。 （3）施工组织设计	（1）专业工程特点。 （2）监理工作流程、方法、措施。 （3）监理工作控制要点及目标值

【经典例题】

1．【2018】根据《建设工程监理规范》GB/T 50319—2013，工程建设监理实施细则应包括的内容有（　　）。

　　A．监理的工作范围　　　　B．专业工程的特点
　　C．监理工作的流程　　　　D．监理工作的控制要点
　　E．监理工作的目标值

2.【2016】根据《建设工程监理规范》GB/T 50319—2013，工程建设监理规划应在（　　）后开始编制。
　　A. 第一次工地会议　　　　　B. 建设单位指定日期
　　C. 签订委托监理合同　　　　D. 施工单位进场
　　E. 收到设计文件

3.【2016】根据《建设工程监理规范》GB/T 50319—2013，工程建设监理实施细则必须经（　　）批准。
　　A. 监理单位技术负责人　　　B. 专业监理工程师
　　C. 监理单位法定代表人　　　D. 总监理工程师

4.【2015】根据《建设工程监理规范》GB/T 50319—2013，编制工程建设监理实施细则的依据有（　　）。
　　A. 与项目有关的工程建设标准　B. 监理大纲
　　C. 监理委托合同　　　　　　D. 施工组织设计
　　E. 专业工程设计文件

5.【2011】工程建设监理规划编制完成后，必须经（　　）审核批准。
　　A. 业主　　　　　　　　　　B. 总监理工程师
　　C. 监理单位技术负责人　　　D. 专业监理工程师

　　答案：1. B、C、D、E；2. C、E；3. D；4. D、E；5. C

笔记区

1Z202000 建设工程项目成本管理

1Z202010 成本管理的任务、程序和措施

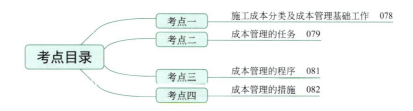

考点一：施工成本分类及成本管理基础工作

历年考情分析

年份	2017	2018	2019	2020	2021	2022
单选			√			
多选		√		√	√	

【核心考点】

1. 施工成本分类

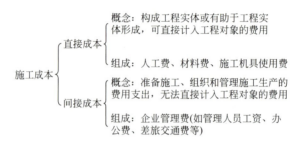

注：周转材料的费用属于材料费，属于直接成本，但必须是算租赁费或者摊销费，不能算购置费。

2. 成本管理

就是在保证工期和质量的前提下，采取相应措施把成本控制在计划范围内，并进一步寻求最大程度的成本节约。

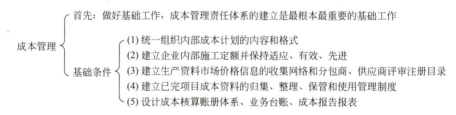

【经典例题】

1.【2021】下列建设工程项目施工成本费用中，属于间接成本的有（　　）。
A. 人工费　　　　　　B. 管理人员工资
C. 办公费　　　　　　D. 差旅交通费
E. 机械费

2.【2020】下列建设工程项目施工生产费用中，属于直接成本的有（　　）。
A. 支付给生产工人的奖金　　B. 周转材料租赁费
C. 管理人员的办公费　　　　D. 施工机具使用费
E. 管理人员的差旅交通费

3.【2019】建设工程项目施工成本管理是指在保证工期和质量要求的情况下，采用相应管理措施（　　）。
A．全面分析实际成本的变动状态　B．严格控制计划成本的变动范围
C．将实际成本控制在计划范围内　D．把计划成本控制在目标范围内
4．【2018】下列施工费用中，可直接计入直接成本的有（　　）。
A．周转材料购置费　　　　　　　B．管理人员差旅交通费
C．人工费　　　　　　　　　　　D．施工机械使用费
E．材料采购保管费
5．工程项目成本管理的基础工作包括（　　）。
A．建立成本管理责任体系　　　　B．建立企业内部施工定额
C．及时进行成本核算　　　　　　D．编制项目成本计划
E．科学设计成本核算账册
答案：1．B、C、D；2．A、B、D；3．C；4．C、D、E；5．A、B、E

> 笔 记 区

考点二：成本管理的任务

历年考情分析

年份	2017	2018	2019	2020	2021	2022
单选		√	√	√	√	√
多选						

【核心考点】

成本管理
(1)成本计划编制
(2)成本控制
(3)成本核算
(4)成本分析
(5)成本考核

1．成本计划

（1）是建立施工项目成本管理责任制、开展成本控制和核算的基础；是项目降低成本的指导文件，是设立目标成本的依据，即成本计划是目标成本的一种形式。

（2）编制依据：

① 从实际情况出发。

② 与其他计划相结合：如施工方案、生产进度计划、财务计划、材料供应及消耗计划等。

③ 采用先进技术经济定额。
④ 统一领导、分级管理。
⑤ 适度弹性：指应留有一定的余地，保持计划的弹性。

2. 成本控制

时间	投标阶段开始，保证金返还结束
分类	事前控制、事中控制（过程）、事后控制

3. 成本核算

（1）两个基本环节：
① 对施工成本进行归集和分配，计算实际发生额。
② 计算施工项目的总成本和单位成本。
（2）对象：单位工程（一般）。
（3）项目管理机构按规定的会计周期进行项目成本核算，编制项目成本报告。
（4）竣工工程成本核算：

竣工工程现场成本	项目管理机构核算，考核项目管理绩效
竣工工程完全成本	企业财务部门核算，考核企业经营效益

4. 成本分析

（1）利用项目成本核算资料（成本信息），与目标成本、预算成本以及类似项目的实际成本等进行比较。
（2）成本偏差的控制，分析是关键，纠偏是核心。

5. 成本管理各环节都是相互联系和相互作用的

（1）成本预测是成本决策的前提。
（2）成本计划是成本决策所确定目标的具体化。
（3）成本控制是对成本计划的实施进行控制和监督，保证决策的成本目标实现。
（4）成本核算是对成本计划是否实现的最后考验。
（5）成本考核是实现成本目标责任制的保证和实现决策目标的重要手段。

【经典例题】

1.【2022】成本管理过程中，检验成本计划是否实现的环节是（　　）。
A．成本控制　　　　　　B．成本核算
C．成本考核　　　　　　D．成本分析

2.【2022】关于成本计划的说法，正确的是（　　）。
A．成本计划是目标成本的一种形式
B．成本计划由建设单位或项目监理机构编制
C．成本计划是成本决策的前提
D．成本计划编制贯穿于项目实施全过程

3.【2021】关于施工成本核算的说法，正确的是（　　）。
A．施工成本核算包括四个基本环节
B．施工成本核算应按规定的会计周期进行
C．施工成本核算对象只能是单位工程

D．竣工工程现场成本应由企业财务部门进行核算

4．【2020】项目管理机构进行成本核算，核算周期按（　　）确定。
A．业主方的具体指示　　　　　　B．合同约定的核算周期
C．规定的会计周期　　　　　　　D．项目实际施工周期

5．【2019】建设工程项目施工成本控制涉及的时间范围是（　　）。
A．从施工准备开始至项目交付使用为止
B．从工程投标开始至项目竣工结算完成为止
C．从施工准备开始至项目竣工结算完成为止
D．从工程投标开始至项目保证金返还为止

6．【2018】对竣工工程进行现场成本、完全成本核算的目的是分别考核（　　）。
A．企业经营效益，企业社会效益　　B．项目管理绩效，项目管理责任
C．项目管理责任，企业经营效益　　D．项目管理绩效，企业经营效益

7．【2016】成本分析是在成本形成过程中，将施工项目的成本核算资料与（　　）进行比较，以了解成本变动情况。
A．类似施工项目的预算成本　　　　B．本施工项目的实际成本
C．本施工项目的目标成本　　　　　D．本施工项目的预算成本
E．类似施工项目的实际成本

8．施工企业建立施工项目成本管理责任制、开展成本控制和核算的基础是（　　）。
A．成本预测　　　　　　　　　　B．成本分析
C．成本考核　　　　　　　　　　D．成本计划

答案：1．B；2．A；3．B；4．C；5．D；6．D；7．C、D、E；8．D

> 笔记区

考点三：成本管理的程序

历年考情分析

年份	2017	2018	2019	2020	2021	2022
单选					√	
多选						

【核心考点】
项目成本管理应遵循下列程序
（1）掌握生产要素的价格信息。

（2）确定项目合同价。
（3）编制成本计划，确定成本实施目标。
（4）进行成本控制。
（5）进行项目过程成本分析。
（6）进行项目过程成本考核。
（7）编制项目成本报告。
（8）项目成本管理资料归档。

【经典例题】

1.【2021】在建设工程项目施工成本管理的程序中，"进行项目过程成本分析"的紧后工作是（　　）。

A．编制成本计划　　　　　　　　B．确定项目合同价
C．编制项目成本报告　　　　　　D．进行项目过程成本考核

2．根据项目成本管理任务，成本考核前需要完成的工作有（　　）。

A．编制成本计划、确定成本实施目标　　B．编制项目成本报告
C．项目成本管理资料归档　　　　　　　D．进行成本控制
E．进行项目过程成本分析

答案：1．D；2．A、D、E

笔 记 区

考点四：成本管理的措施

历年考情分析

年份	2017	2018	2019	2020	2021	2022
单选		√		√		√
多选	√					√

【核心考点】

名称	关键词	示例（来自教材）
组织措施	组织论 与人有关	（1）实行项目经理责任制。 （2）落实成本管理的组织机构和人员。 （3）明确各级成本管理人员的任务和职能分工、权利和责任。 （4）编制施工成本管理工作计划，确定合理的工作流程。 （5）做好施工采购计划，生产要素优化配置、合理使用、动态管理。 （6）加强施工定额管理和施工任务单管理。 （7）加强施工调度，避免窝工损失

续表

名称	关键词	示例（来自教材）
技术措施	设计、方案 材料、机械	（1）进行技术经济分析，确定最佳的施工方案。 （2）通过代用、改变配合比、使用添加剂等方法降低材料消耗的费用。 （3）确定合适的施工机械、设备使用方案。 （4）结合施工组织设计和自然条件，降低材料的库存成本和运输成本。 （5）应用先进的施工技术、新材料和新开发机械设备
经济措施	资金 资源 签证	（1）编制资金使用计划。 （2）对成本管理目标进行风险分析，并制定防范性对策。 （3）严控各项开支，及时记录、收集、整理、核算实际支出。 （4）对于工程变更，及时落实业主签证并结算工程款
合同措施	合同结构 索赔	（1）选用合适的合同结构。 （2）合同条款中考虑影响成本和效益的因素。 （3）索赔

【经典例题】

1.【2022】在下列成本管理措施中，属于经济措施的有（　　）。
   A．项目资金使用计划　　　　B．分解成本管理目标
   C．对成本管理目标进行风险分析　D．对施工方案进行技术经济比较
   E．明确成本管理人员的工作任务

2.【2022】下列成本管理措施中，属于合同措施的是（　　）。
   A．编制科学合理的成本计划　B．在项目实施过程中寻找索赔机会
   C．对成本管理目标进行风险分析　D．对不同的技术方案进行比选

3.【2020】下列施工成本管理措施中，不需要增加额外费用的是（　　）。
   A．组织措施　　　　　　　　B．合同措施
   C．技术措施　　　　　　　　D．优化措施

4.【2018】结合项目的施工组织设计及自然地理条件，降低材料的库存成本和运输成本，属于成本管理的（　　）措施。
   A．组织　　　　　　　　　　B．经济
   C．技术　　　　　　　　　　D．合同

5.【2017】下列成本管理的措施中，属于经济措施的有（　　）。
   A．对各种变更及时落实业主签证并结算工程款
   B．对成本管理目标进行风险分析并制定防范性对策
   C．对施工方案进行经济效果分析论证
   D．通过生产要素的动态管理控制实际成本
   E．抽检进场的工程材料、构配件质量

6.【2014】下列成本管理的措施中，属于组织措施的是（　　）。
   A．选用合适的分包项目合同结构
   B．确定合适的成本控制工作流程
   C．确定合适的施工机械设备使用方案
   D．对成本管理目标进行风险分析，并制定防范性对策

7.【2013】下列成本管理的措施中,属于技术措施的是(　　)。
   A. 加强施工任务单的管理　　　　　B. 编制成本管理工作计划
   C. 寻求施工过程中的索赔机会　　　D. 确定合适的施工机械方案
8. 下列施工成本管理的措施中,属于组织措施的有(　　)。
   A. 进行技术经济分析,确定最佳的施工方案
   B. 对成本目标进行风险分析,并制定防范对策
   C. 编制成本管理工作计划
   D. 确定合理详细的成本控制工作流程
   E. 做好资金使用计划,严格控制各项开支
   答案:1. A、B、C;2. B;3. A;4. C;5. A、B;6. B;7. D;8. C、D

笔记区

1Z202020　成本计划

考点目录
- 考点一　成本计划类型　086
- 考点二　施工预算　087
- 考点三　成本计划的编制依据和编制程序　089
- 考点四　按成本组成编制成本计划的方法　090
- 考点五　按项目结构编制成本计划的方法　091
- 考点六　按工程实施阶段编制成本计划的方法　092

考点一：成本计划类型

历年考情分析

年份	2017	2018	2019	2020	2021	2022
单选	√			√		
多选				√		

【核心考点】

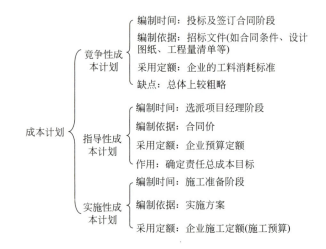

【经典例题】

1.【2020】下列成本计划中，用于确定责任总成本目标的是（　　）。

A. 指导性成本计划　　　　B. 竞争性成本计划

C. 响应性成本计划　　　　D. 实施性成本计划

2.【2020】施工项目竞争性成本计划是（　　）的估算成本计划。

A. 投标阶段　　　　　　　B. 选派项目经理阶段

C. 签订合同阶段　　　　　D. 施工准备阶段

E. 制定企业年度计划阶段

3.【2017】编制实施性成本计划的主要依据是（　　）。

A. 施工图预算　　　　　　B. 投资估算

C. 施工预算　　　　　　　D. 设计概算

4. 选派项目经理阶段的预算成本计划是以（　　）为依据，按照企业的预算定额标准制定的。

A. 技术规程　　　　　　　B. 设计图纸

C. 合同价　　　　　　　　D. 工程量清单

5. 关于竞争性成本计划、指导性成本计划和实施性成本计划三者区别的说法，正确的是（　　）。

A. 指导性成本计划是项目施工准备阶段的施工预算成本计划，比较详细

B．实施性成本计划是选派项目经理阶段的预算成本计划
C．指导性成本计划是以项目实施方案为依据编制的
D．竞争性成本计划是项目投标和签订合同阶段的估算成本计划，比较粗略

答案：1. A；2. A、C；3. C；4. C；5. D

笔记区

考点二：施工预算

历年考情分析

年份	2017	2018	2019	2020	2021	2022
单选		√			√	
多选						

【核心考点】

1. 施工预算内容

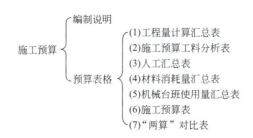

施工预算
- 编制说明
- 预算表格
  - (1)工程量计算汇总表
  - (2)施工预算工料分析表
  - (3)人工汇总表
  - (4)材料消耗量汇总表
  - (5)机械台班使用量汇总表
  - (6)施工预算表
  - (7)"两算"对比表

2. "两算"对比

（1）不同点

不同点	施工预算	施工图预算
编制依据	施工定额	预算定额
适用范围	施工企业内部管理（专用）	既适用建设单位，又适用施工单位（双方）
发挥作用	组织生产、编制施工计划、准备现场材料、签发任务书、考核工效、进行经济核算的依据（对内）	投标报价的依据（对外）

（2）方法

实物对比法、金额对比法。

（3）内容

① 人工量及人工费的对比分析：施工定额的用工量一般都比预算定额低。

② 材料消耗量及材料费的对比分析：施工预算的材料消耗量及材料费一般低于施工图预算。

③ 施工机具费的对比分析。

④ 周转材料使用费的对比分析。

【经典例题】

1.【2021】关于施工预算和施工图预算的说法，正确的是（　　）。

A．施工预算的编制以预算定额为主要依据

B．施工图预算的编制以施工定额为主要依据

C．施工图预算只适用于建设单位，而不适用于施工单位

D．施工预算是施工企业内部管理用的一种文件，与建设单位无直接关系

2.【2020】在编制施工成本计划时通常需要进行"两算"对比，"两算"指的是（　　）。

A．设计概算、施工图预算　　B．施工图预算、施工预算

C．设计概算、投资估算　　D．设计概算、施工预算

3.【2018】将已汇总的人工、材料、机械台班消耗数量分别乘以所在地区的人工工资单价、材料价格、机械台班单价，计算出人料机费的表格是（　　）。

A．施工预算表　　B．工程量计算汇总表

C．施工预算工料分析表　　D．项目造价取费表

4.【2011】关于施工图预算和施工预算的说法，错误的是（　　）。

A．施工预算的材料消耗量一般低于施工图预算的材料消耗量

B．施工预算是施工企业内部管理的一种文件，与建设单位无直接关系

C．施工图预算中的脚手架是根据施工方案确定的搭设方式和材料计算的

D．施工预算的用工量一般比施工图预算的用工量低

5．关于施工预算、施工图预算"两算"对比的说法，正确的是（　　）。

A．施工预算编制以预算定额为依据

B．"两算"对比的方法包括实物对比法

C．一般情况下，施工图预算的人工数量及人工费比施工预算低

D．施工预算的材料消耗及材料费一定比施工图预算低

E．施工单位签发任务书的依据是施工预算

6．施工企业组织生产、编制施工计划、签发任务书的依据是（　　）。

A．施工预算　　B．施工图预算

C．投标报价　　D．项目经理的责任成本

答案：1．D；2．B；3．A；4．C；5．B、E；6．A

考点三：成本计划的编制依据和编制程序

历年考情分析

年份	2017	2018	2019	2020	2021	2022
单选						
多选						

【核心考点】

1. 编制依据

（1）合同文件。

（2）项目管理实施规划（项目管理规划大纲 ×）。

（3）相关设计文件。

（4）价格信息（如人、材、机的市场价）。

（5）相关定额（施工定额√ 预算定额 ×）。

（6）类似项目的成本资料（本项目成本资料 ×）。

2. 编制程序

（1）预测项目成本。

（2）确定项目总体成本目标。

（3）编制项目总体成本计划。

（4）项目管理机构和组织的职能部门编制相应（各自）的成本计划。

（5）针对成本计划制定相应的控制措施。

（6）审批成本计划。

【经典例题】

成本计划编制依据应包括（　　）。

A．合同文件　　　　　　B．项目管理规划大纲

C．价格信息　　　　　　D．相关定额

E．本项目的成本资料

答案：A、C、D

笔记区

考点四：按成本组成编制成本计划的方法

历年考情分析

年份	2017	2018	2019	2020	2021	2022
单选			√			√
多选					√	

【核心考点】

1. 成本计划编制方法

（1）按成本组成编制成本计划。

（2）按项目结构编制成本计划。

（3）按工程实施阶段编制成本计划。

2. 按成本组成编制成本计划的方法

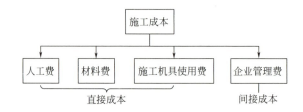

3. 企业管理费

包括：管理人员工资、办公费、差旅交通费、固定资产使用费、工具用具使用费、劳动保险和职工福利费、劳动保护费、检验试验费、工会经费、职工教育经费、财产保险费、财务费、税金、城市维护建设税、教育费附加、地方教育附加等。

【经典例题】

1.【2022】建筑安装工程费按构成要素划分，属于企业管理费的是（　　）。

　　A．社会保险费　　　　　　　B．住房公积金

　　C．工伤保险　　　　　　　　D．劳动保护费

2.【2021】按施工成本构成要素分类，应计入企业管理费用的有（　　）。

　　A．固定资产使用费　　　　　B．管理人员工资

　　C．工具用具使用费　　　　　D．材料采购及保管费

　　E．规费

3.【2019】建设工程项目施工成本按成本构成可分解为（　　）。

　　A．直接费、间接费、利润、税金等

　　B．单位工程施工成本、分部工程施工成本、分项工程施工成本等

　　C．人工费、材料费、施工机具使用费、措施项目费等

　　D．人工费、材料费、施工机具使用费、企业管理费等

4.【2018】下列建筑安装工程费用中，属于企业管理费的有（　　）。

　　A．检验试验费　　　　　　　B．劳动保护费

C．城市维护建设税　　　　D．教育费附加
E．增值税

5．施工成本计划的编制方式有（　　）。
A．按实施阶段编制施工成本计划　B．按成本组成编制施工成本计划
C．按施工质量编制施工成本计划　D．按施工合同编制施工成本计划
E．按项目结构编制施工成本计划

答案：1．D；2．A、B、C；3．D；4．A、B、C、D；5．A、B、E

考点五：按项目结构编制成本计划的方法

历年考情分析

年份	2017	2018	2019	2020	2021	2022
单选						
多选						

【核心考点】

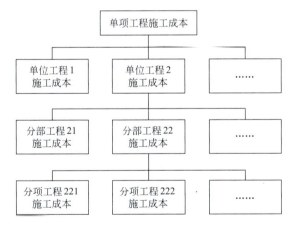

（1）首先将项目总成本分解到单项工程和单位工程中，再进一步分解到分部工程和分项工程中。

（2）编制成本支出计划时，在项目总体层面考虑总的预备费，也要在主要的分项工程中安排适当的不可预见费。

【经典例题】

1．某施工承包企业将其承接的高速公路项目的目标总成本分解为桥梁、隧道、道路

工程成本等子项，并编制相应的成本计划，这是按（　　）分解的。

    A．成本组成　　　　　　　　B．项目结构

    C．工程类别　　　　　　　　D．工程性质

2．关于编制施工项目成本计划时考虑预备费的说法，正确的是（　　）。

    A．只针对整个项目考虑总的预备费，以便灵活调用

    B．在分析各分项工程风险的基础上，只针对部分分项工程考虑预备费

    C．既要针对项目考虑总的预备费，也要在主要分项工程中安排适当的不可预见费

    D．不考虑整个项目预备费，由施工企业统一考虑

答案：1．B；2．C

考点六：按工程实施阶段编制成本计划的方法

历年考情分析

年份	2017	2018	2019	2020	2021	2022
单选	√	√	√		√	√
多选			√			√

【核心考点】

（1）通常在网络图的基础上进一步扩充得到。

（2）表示方式有两种：

① 在时标网络计划上按月编制的成本计划直方图；

② 时间-成本累积曲线（S形曲线）。

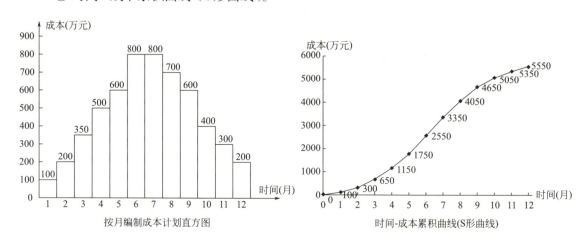

按月编制成本计划直方图　　　　　　时间-成本累积曲线(S形曲线)

（3）时间-成本累积曲线（S形曲线）的编制步骤

① 确定项目进度计划，编制横道图。
② 计算单位时间成本，按时间编制成本支出计划（即成本计划直方图）。
③ 计算各单位时间的累计支出成本。
④ 绘制S形曲线。

（4）S形曲线，水平段代表停工。

（5）S形曲线必然包络在由全部工作都按最早开始时间开始和最迟开始时间开始的曲线组成的"香蕉图"内。

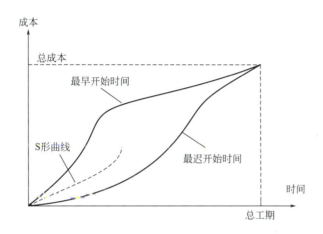

（6）项目经理可根据成本支出计划来合理安排资金，也可根据筹措的资金来调整S形曲线，即调整非关键路线上的工序项目的最早或最迟开工时间，力争将实际的成本支出控制在计划的范围内。

（7）所有工作都按最迟开始时间开始，对节约资金贷款利息是有利的，但同时也降低了项目按期竣工的保证率。

【经典例题】

1.【2022】成本计划编制过程中，可按（　　）编制"时间-成本累积曲线"成本计划。

A．工程实施阶段　　　　B．成本组成
C．项目结构　　　　　　D．工程量清单

2.【2021】绘制时间-成本累积曲线的步骤中，紧接"计算规定时间 t 内计划累计支出的成本额"之后的工作是（　　）。

A．在时标网络图上，按时间编制成本支出计划
B．确定工程项目进度计划，编制进度计划的横道图
C．绘制S形曲线
D．计算单位时间的成本

3.【2019】某工程施工成本计划采用时间-成本累积曲线（S形曲线）表示，因进度计划中存在有时差的工作，S形曲线必然被包络在由全部工作都按（　　）的曲线所组成的"香蕉图"内。

A. 最早开始和最迟开始　　B. 最早完成和最迟完成
C. 最迟开始和最迟完成　　D. 最早完成和最迟开始

4.【2019】关于按工程实施阶段编制施工成本计划的说法，正确的有（　　）。
A. 可在网络图的基础上进一步扩充得到
B. 可以用成本计划直方图的方式表示
C. 可以用时间–成本累积曲线表示
D. 可根据资金筹措情况在"香蕉图"内调整S形曲线
E. 按最早时间安排工作可节约资金贷款利息

5.【2018】某项目施工成本计划如下图所示，则5月末计划累计成本支出为（　　）万元。

项目名称	成本(万元/月)	工程进度(月)				
		1	2	3	4	5
A	10	■	■	■	■	■
B	20		■	■	■	■
C	15			■	■	■
D	30				■	■
E	25					■

A. 325　　B. 270　　C. 180　　D. 75

6.【2015】按最早开始时间编制的施工计划及各工作每月成本强度（单位：万元/月）如下图所示，D工作可以按最早开始时间或最迟开始时间进行安排。则4月份的施工成本计划值可以是（　　）万元。

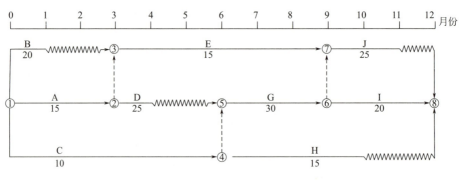

A. 60　　B. 50　　C. 25　　D. 15　　E. 10

7.【2015】某项目按工程实施阶段编制的施工成本计划如下图所示，则4月份计划成本是（　　）万元。
A. 300　　B. 400　　C. 750　　D. 1150

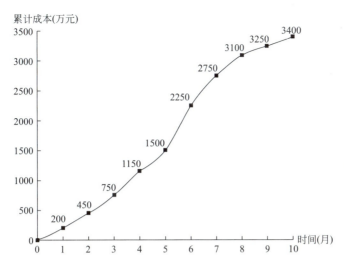

8.【2013】某项目实施过程中,绘制了下图所示的时间-成本累积曲线,该图反映的项目进度正确的信息有(　　)。

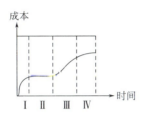

A．Ⅱ阶段进度慢　　　　　　B．Ⅰ阶段进度慢
C．Ⅲ阶段进度慢　　　　　　D．Ⅵ阶段进度慢
E．工程施工连续

9.【2012】按工程实施阶段编制成本计划时,若所有工作均按照最早开始时间安排,则对项目目标控制的影响有(　　)。

A．工程按期竣工的保证效率　　B．工程质量会更好
C．不利于节约资金贷款利息　　D．有利于降低投资
E．不能保证工程质量

1Z202030　成本控制

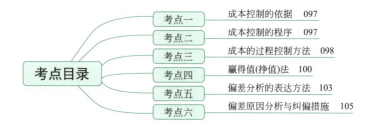

考点目录
- 考点一　成本控制的依据　097
- 考点二　成本控制的程序　097
- 考点三　成本的过程控制方法　098
- 考点四　赢得值(挣值)法　100
- 考点五　偏差分析的表达方法　103
- 考点六　偏差原因分析与纠偏措施　105

考点一：成本控制的依据

历年考情分析

年份	2017	2018	2019	2020	2021	2022
单选						
多选	√					

【核心考点】

成本控制依据：
(1) 合同文件
(2) 成本计划 —— 包括：成本控制目标和实现控制目标的措施和规划；成本控制的指导文件。
(3) 进度报告
(4) 工程变更与索赔资料 ⇨ 一旦变更，工程量、工期、成本都有可能变化。
(5) 各种资源的市场信息

【经典例题】

【2017】成本控制的主要依据包括（　　）。
A．工程承包合同　　　　B．成本计划
C．施工图预算　　　　　D．进度报告
E．工程变更

答案：A、B、D、E

【笔记区】

考点二：成本控制的程序

历年考情分析

年份	2017	2018	2019	2020	2021	2022
单选		√			√	
多选	√					

【核心考点】

1. 成本的过程控制有两类控制程序
（1）管理行为控制程序 → 成本全过程控制的基础。

（2）指标控制程序 → 成本过程控制的重点。

两个程序既相对独立又相互联系，既相互补充又相互制约。

2．管理行为控制程序

成本管理体系建立是企业自身生存发展的需要，没有社会组织来评审和认证。

3．指标控制程序

（1）确定成本管理分层次目标 { 项目成本管理目标：依据《项目承包合同》确定。
月度成本计划目标：依据工程进度计划确定。

（2）采集成本数据、监测成本形成过程。

（3）找出偏差，分析原因。

（4）制定对策，纠正偏差。

（5）调整改进成本管理的方法：成本指标考核管理行为，管理行为保证成本指标。

【经典例题】

1．【2018】项目成本指标控制的工作包括：①采集成本数据，监测成本形成过程；②制定对策，纠正偏差；③找出偏差，分析原因；④确定成本管理分层次目标。其正确的工作程序是（　　）。

　　A．④—①—③—②　　　　B．①—②—③—④
　　C．①—③—②—④　　　　D．②—④—③—①

2．【2017】关于成本控制程序的说法，正确的是（　　）。

　　A．管理行为控制程序是成本全过程控制的重点
　　B．成本管理体系需要经过社会组织评审和认证
　　C．管理行为控制程序和指标控制程序在实施过程中相互补充又相互制约
　　D．管理行为控制程序是项目施工成本结果控制的主要内容

答案：1．A；2．C

【笔记区】

考点三：成本的过程控制方法

历年考情分析

年份	2017	2018	2019	2020	2021	2022
单选	√					√
多选				√		

【核心考点】
1. 人工费的控制

实行"量价分离"的方法，通过专业作业分包合同进行控制。控制人工费的具体方法有：

（1）制定先进合理的企业内部劳动定额，并严格执行。
（2）提高生产工人的技术水平和作业队的组织管理水平。
（3）加快自有建筑工人队伍建设。
（4）完善职业技能培训体系。
（5）建立技能导向的激励机制。
（6）规范劳动用工制度。

2. 材料费的控制

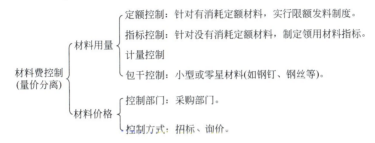

3. 施工机械使用费的控制

（1）台班数量
① 制定设备需求计划，充分利用现有机械设备，加强内部调配，提高利用率。
② 保证施工机械设备的作业时间，安排好生产工序的衔接。
③ 核定设备台班产量定额，实行超产奖励办法。
④ 加强设备租赁计划管理。

（2）台班单价
① 加强现场设备的维修、保养工作。
② 加强机械操作人员的培训工作。
③ 加强配件的管理。
④ 降低材料成本。
⑤ 成立设备管理领导小组，负责设备调度、检查、维修、评估等具体事宜。

4. 施工分包费用的控制

主要是要做好：
（1）分包工程的询价。
（2）订立平等互利的分包合同。
（3）建立稳定的分包关系网络。
（4）加强施工验收和分包结算。

【经典例题】
1.【2022】施工成本过程控制中，控制人工费通常采用的方法是（　　）。
A．弹性管理　　　　　　　B．量价分离

C．指标包干　　　　　　　D．计量控制

2．【2020】下列施工机械使用费控制措施中，属于控制台班数量的有（　　）。
A．加强施工机械设备内部调配　　B．加强机械设备配件管理
C．加强设备租赁计划管理　　　　D．提高机械设备利用率
E．按油料消耗定额控制油料消耗

3．【2017】在施工成本的过程控制中，需进行包干控制的材料是（　　）。
A．钢钉　　　　　　　　　　B．水泥
C．钢筋　　　　　　　　　　D．石子

4．【2015】某施工项目部根据以往项目的材料实际耗用情况，结合具体施工项目要求，制定领用材料标准控制发料，这种材料用量控制方法是（　　）。
A．定额控制　　　　　　　　B．计量控制
C．指标控制　　　　　　　　D．包干控制

5．关于施工过程中材料费控制的说法，正确的是（　　）。
A．没有消耗定额的材料必须包干使用
B．有消耗定额的材料采用限额发料制度
C．零星材料应实行计划管理并按指标控制
D．有消耗定额的材料均不能调整领料限额

6．施工成本的过程控制中，对于人工费和材料费都可以采用的控制方法是（　　）。
A．量价分离　　　　　　　　B．包干控制
C．预算控制　　　　　　　　D．跟踪检查

答案：1．B；2．A、C、D；3．A；4．C；5．B；6．A

考点四：赢得值（挣值）法

历年考情分析

年份	2017	2018	2019	2020	2021	2022
单选	√	√	√	√	√	√
多选			√			√

【核心考点】

1．三个基本参数

已完工作预算费用（BCWP）=已完成工作量 × 预算单价

计划工作预算费用（BCWS）=计划工作量×预算单价
已完工作实际费用（ACWP）=已完成工作量×实际单价

2. 四个评价指标

（1）费用偏差（CV）=已完工作预算费用BCWP−已完工作实际费用ACWP

CV＞0，表示费用节支；CV＜0，表示费用超支。

（2）进度偏差（SV）=已完工作预算费用BCWP−计划工作预算费用BCWS

SV＞0，表示进度提前；SV＜0，表示进度滞后。

（3）费用绩效指数（CPI）=已完工作预算费用（BCWP）÷已完工作实际费用（ACWP）

CPI＞1，表示费用节支；CPI＜1，表示费用超支。

（4）进度绩效指数（SPI）=已完工作预算费用（BCWP）÷计划工作预算费用（BCWS）

SPI＞1，表示进度提前；SPI＜1，表示进度滞后。

总结：（1）算费用偏差（绩效系数），保证工作量一样。

（2）算进度偏差（绩效系数），保证费用一样。

（3）＞表示"好"；＜表示"差"。"好"表示费用节支、进度提前；"差"表示费用超支、进度滞后。

3. 相关说明

（1）费用（进度）偏差反映绝对偏差，仅适合于对同一项目做偏差分析；费用（进度）绩效系数反映相对偏差，在同一项目和不同项目比较中均可采用。

（2）在项目的费用、进度综合控制中引入赢得值法，可以克服进度、费用分开控制的缺点，定量地判断进度、费用的执行效果。

【经典例题】

1.【2022】计划工程量5000m³，计划成本500元/m³；实际完成工程量4500m³，实际成本520元/m³。采用赢得值法计算其费用偏差为（　　）万元。

A．−10　　　　　　　　B．−9
C．−16　　　　　　　　D．−35

2.【2022】赢得值法评价指标中，适用于不同项目之间偏差分析的有（　　）。

A．费用偏差　　　　　　B．进度偏差
C．综合绩效指数　　　　D．费用绩效指数
E．进度绩效指数

3.【2021】某分项工程某月计划工程量为3200m²，计划单价为15元/m²。月末核定实际完成工程量为2800m²，实际单价为20元/m²。则该分项工程的已完工作预算费用（BCWP）是（　　）元。

A．48000　　　　　　　B．42000
C．56000　　　　　　　D．64000

4.【2020】某混凝土工程施工情况如下图所示，清单综合单价为1000元/m³，按月结算，根据赢得值法，该工程6月末进度偏差（SV）是（　　）万元。

A．−215　　　　　　　B．−200
C．−125　　　　　　　D．60

项目名称	计划施工 (m³/月)	实际施工 (m³/月)	工程进度(月)								
			1	2	3	4	5	6	7	8	9
A	2500	2300			▨▨▨▨▨▨▨						
B	2600	2500		▨▨▨▨	■■■■						
C	3100	2900							▨▨▨		
D	1000	1000						▨▨			
E	1200	1250					▨▨▨▨▨				

图例：▨ 计划进度　■ 实际进度

5.【2019】某分项工程月计划完成工程量为3200m²，计划单价为15元/m²，月底承包商实际完成工程量为2800m²，实际单价为20元/m²，则该工程当月的计划工作预算费用（BCWS）为（　　）元。

A. 42000　　　　　　B. 48000
C. 56000　　　　　　D. 64000

6.【2019】某分项工程采用赢得值法分析得到：已完工作预算费用（BCWP）>计划工作预算费用（BCWS）>已完工作实际费用（ACWP），则该工程（　　）。

A. 费用节余　　　　B. 进度提前
C. 费用超支　　　　D. 进度延误
E. 费用绩效指数大于1

7.【2018】某混凝土工程的清单综合单价为1000元/m³，按月结算，进度数据见下表。按赢得值法计算，3月末已完工作实际费用（ACWP）是9790千元。该工程3月末参数或指标正确的有（　　）。

工作名称	计划工程量 (m³/月)	实际工程量 (m³/月)	工程进度(月)			
			1	2	3	4
工作A	4500	4500	■■▨			
工作B	2500	2300		■■■	▨▨▨	
工作C	1200	1250			■■▨	▨▨
图例	实际进度				计划进度	

A. 已完工预算费用（BCWP）是9100千元
B. 进度偏差（SV）是-1600千元
C. 费用绩效指数（CPI）是0.93
D. 计划工作预算费用（BCWS）是10700千元
E. 费用偏差（CV）是690千元

8.【2017】某工程项目截至8月末的有关费用数据为：BCWP为980万元，BCWS为820万元，ACWP为1050万元，则其SV为（　　）万元。

A. -160　　　　　　B. 160
C. 70　　　　　　　D. -70

9.【2016】某分项工程某月计划工程量为3200m²，计划单价为15元/m²；月底核定承包商实际完成工程量为2800m²，实际单价为20元/m²，则该工程的已完工作实际费用（ACWP）为（　　）元。

A. 42000
B. 56000
C. 48000
D. 64000

10.【2015】某工程每月所需混凝土量相同，混凝土用量3200m³，计划4个月完成，混凝土综合价格为1000元/m³；实际混凝土用量为5000m³，用时5个月，从第1个月至第5个月各月混凝土价格指数（%）为100、115、110、105、115。则根据赢得值法，前3个月的费用偏差为（　　）万元。

A. –30
B. –25
C. –22
D. –20

答案：1. B；2. D、E；3. B；4. A；5. B；6. A、B、E；7. A、B、C、D；8. B；9. B；10. B

笔记区

考点五：偏差分析的表达方法

历年考情分析

年份	2017	2018	2019	2020	2021	2022
单选		√	√			
多选					√	

【核心考点】

1. 横道图法

优点：形象、直观、一目了然；准确表达费用的绝对偏差。

缺点：反映信息量少，在项目较高管理层应用。

2. 表格法

优点如下：

（1）灵活、适用性强。

（2）信息量大。

（3）表格处理可借助计算机。

3. 曲线法

BAC：项目完工预算，编计划时预计的项目完工费用。

EAC：项目完工估算，计划执行过程中预测的项目完工费用。

ACV：预测项目完工时的费用偏差。

$$ACV=BAC-EAC$$

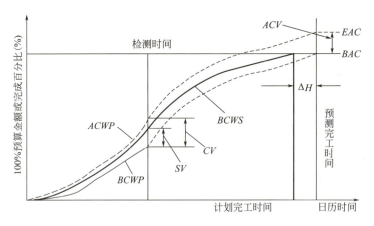

【经典例题】

1.【2021】关于施工成本偏差分析表达方法的说法，正确的有（　　）。
　A．横道图法形象、直观、一目了然　　B．表格法反映的信息量大
　C．横道图法是最常用的一种方法　　　D．表格法具有灵活、适用性强的优点
　E．曲线法能够直接用于定量分析

2.【2019】应用曲线法进行施工成本偏差分析时，已完工作实际成本曲线与已完工作预算成本曲线的竖向距离表示（　　）。
　A．成本累计偏差　　　　　　　　　　B．进度累计偏差
　C．进度局部偏差　　　　　　　　　　D．成本局部偏差

3.【2018】某项目地面铺贴的清单工程量为1000m²，预算费用单价为60元／m²，计划每天施工100m²。第6天检查时发现实际完成800m²，实际费用为5万元。根据上述情况预计项目完工时的费用偏差（ACV）是（　　）元。
　A．2500　　　　　　　　　　　　　　B．2000
　C．−2500　　　　　　　　　　　　　D．−2000

4.【2007】施工成本偏差分析可采用不同的表达方法，常用的有（　　）。
　A．横道图法、表格法和曲线法
　B．网络图法、横道图法和表格法
　C．比较法、因素分析法和差额计算法
　D．网络图法、表格法和曲线法

5．某工程的赢得值曲线如下图所示，关于 t_1 时点成本和进度状态的说法，正确的是（　　）。

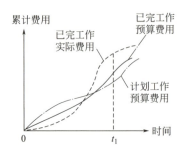

A．费用节约、进度提前　　　　B．费用超支、进度拖延
C．费用节约、进度拖延　　　　D．费用超支、进度提前

答案：1．A、B、D；2．A；3．C；4．A；5．D

笔记区

考点六：偏差原因分析与纠偏措施

历年考情分析

年份	2017	2018	2019	2020	2021	2022
单选				√		
多选						

【核心考点】

三参数关系	分析	措施
$ACWP > BCWS > BCWP$ $SV<0$；$CV<0$	效率低进度较慢	用工作效率高的人员更换一批工作效率低的人员
$BCWP > BCWS > ACWP$ $SV>0$；$CV>0$	效率高进度较快	若偏离不大，维持现状
$BCWP > ACWP > BCWS$ $SV>0$；$CV>0$	效率较高进度快	抽出部分人员，放慢进度
$ACWP > BCWP > BCWS$ $SV>0$；$CV<0$	效率较低进度较快	抽出部分人员，增加少量骨干人员
$BCWS > ACWP > BCWP$ $SV<0$；$CV>0$	效率较低进度慢	增加高效人员投入
$BCWS > BCWP > ACWP$ $SV<0$；$CV>0$	效率较高进度较慢	迅速增加人员投入

总结：（1）效率高低看费用偏差，进度快慢看进度偏差。
（2）哪个离 $BCWP$ 近，哪个加"较"字

【经典例题】

【2020】某工程第三个月末时的已完工作实际费用（$ACWP$）为1200万元、已完工作预算费用（$BCWP$）为1000万元、计划工作预算费用（$BCWS$）为1500万元，根据赢得值法判断分析应采取的措施是（　　）。

A．迅速增加人员投入
B．增加高效人员投入

C. 抽出部分人员，增加少量骨干人员
D. 用工作效率高的人员更换一批工作效率低的人员

答案：B

笔记区

1Z202040　成本核算

考点目录
- 考点一　成本核算原则　108
- 考点二　成本核算范围　109
- 考点三　成本核算的方法　110

考点一：成本核算原则

历年考情分析

年份	2017	2018	2019	2020	2021	2022
单选	教材无此知识点				√	
多选						

【核心考点】

成本核算应遵循的主要原则有：

（1）分期核算原则。

（2）相关性原则：会计信息既要符合国家宏观经济管理的要求，又要满足企业加强内部经营管理的需要。

（3）一贯性原则：成本核算所采用的方法应该前后一致。

（4）实际成本核算原则。

（5）及时性原则。

（6）配比原则：营业收入与其对应的成本、费用应该相互配合。

（7）权责发生制原则。

（8）谨慎原则：对可能发生的损失和费用做出合理预计，以增强抵御风险的能力。

（9）划分收益性支出与资本性支出原则。

（10）重要性原则。

【经典例题】

【2021】在成本核算中，应当对可能发生的损失和费用做出合理预计，以增强抵御风险的能力。这体现了成本核算原则的（　　）。

A．相关性原则　　　　　　B．谨慎原则

C．一贯性原则　　　　　　D．配比原则

答案：B

考点二：成本核算范围

历年考情分析

年份	2017	2018	2019	2020	2021	2022
单选	教材无此知识点	√	√	√	√	√
多选		√	√			

【核心考点】

1. 《企业会计准则第15号——建造合同》

（1）工程成本包括从建造合同签订开始至合同完成为止的直接费用和间接费用。

（2）直接费用包括：①耗用的材料费用；②耗用的人工费用；③耗用的机械使用费；④其他直接费用。

（3）间接费用：企业下属的施工单位或生产单位为组织和管理施工生产活动所发生的费用。

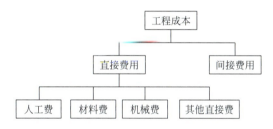

2. 《财政部关于印发〈企业产品成本核算制度（试行）〉的通知》（财会〔2013〕17号）成本项目分为以下类别：

其他直接费用包括材料搬运费、材料装卸保管费、燃料动力费、临时设施摊销、生产工具用具使用费、检验试验费、工程定位复测费、工程点交费、场地清理费，以及能够单独区分和可靠计量的为订立建造合同而发生的差旅费、投标费等费用。

【经典例题】

1.【2021】某施工单位于2020年6月为订立某项目建造合同共发生差旅费、投标费50万元，该项目于2021年6月完成，工程完工时共发生人工费700万元、差旅费5万元、项目管理人员工资98万元、材料采购及保管费15万元。根据《财政部关于印发〈企业产品成本核算制度（试行）〉的通知》（财会〔2013〕17号），应计入直接费用的是（　　）万元。

A．770　　　　B．765　　　　C．798　　　　D．813

2.【2020】根据《财政部关于印发〈企业产品成本核算制度（试行）〉的通知》（财会〔2013〕17号），下列工程成本费用中，属于其他直接费用的是（　　）。
   A．有助于工程形成的其他材料费　　B．为管理工程施工所发生的费用
   C．工程定位复测费　　　　　　　　D．企业管理人员的差旅交通费

3.【2019】某施工单位为订立某工程项目建造合同共发生差旅费、投标费50万元。该项目工程完工时共发生人工费600万元、差旅费5万元、管理人员工资98万元、材料采购及保管费15万元，根据《企业会计准则第15号——建造合同》，间接费用是（　　）万元。
   A．50　　　　　　　　　　　　　　B．103
   C．55　　　　　　　　　　　　　　D．70

4.【2019】下列建设工程项目施工费用中，属于直接费用的有（　　）。
   A．人工费　　　　　　　　　　　　B．材料费
   C．管理人员工资　　　　　　　　　D．机械费
   E．差旅交通费

5.【2018】工程成本应当包括（　　）所发生的，与执行合同有关的直接费用和间接费用。
   A．从工程投标开始至工程验收为止　　B．从场地移交开始至项目移交为止
   C．从合同签订开始至合同完成为止　　D．从项目设计开始至竣工投产为止

6.【2018】根据《财政部关于印发〈企业产品成本核算制度（试行）〉的通知》（财会〔2013〕17号），建筑业企业可设置的成本项目有（　　）。
   A．直接人工　　　　　　　　　　　B．借款费用
   C．相关税费　　　　　　　　　　　D．其他直接费用
   E．分包成本

　　答案：1. B；2. C；3. B；4. A、B、D；5. C；6. A、D、E

笔记区

考点三：成本核算的方法

历年考情分析

年份	2017	2018	2019	2020	2021	2022
单选	教材无此知识点	√		√		
多选			√		√	√

【核心考点】

	表格核算法	会计核算法
基础	项目内部各环节成本核算	会计对项目的全面核算
优点	简便易懂，方便操作，实用性较好	科学严密，人为控制因素小，覆盖面大
缺点	难以实现科学严密的审核制度，精度不高，覆盖面小	对人员的专业水平和工作经验都要求较高
应用	工程项目施工各岗位成本核算	（1）企业生产经营成本。（2）项目成本、债权债务等
总结	业余、岗位	专业、企业和项目

【经典例题】

1.【2022】关于成本核算中表格核算法的说法，正确的是（　　）。
A．方便操作　　　　　　　B．科学严密
C．实用性好　　　　　　　D．对专业人员专业水平和工作经验要求较高
E．覆盖面小

2.【2021】关于成本核算方法的说法，正确的有（　　）。
A．表格核算法简单易懂，方便操作
B．表格核算法精度不高，实用性较差
C．项目财务部门一般采用表格核算法
D．会计核算法对工程项目内各岗位成本的责任核算比较适用
E．会计核算法科学严密，覆盖面较大

3.【2020】关于施工项目成本表格核算法的说法，正确的是（　　）。
A．人为控制因素少、精度高　　B．项目财务部门比较常用
C．方便操作，但覆盖面较小　　D．对核算工作人员的专业水平要求较高

4.【2019】关于成本核算方法的说法，正确的有（　　）。
A．表格核算法的基础是施工项目内部各环节的成本核算
B．会计核算法科学严密，覆盖面较大
C．项目财务部门一般采用表格法进行成本核算
D．会计核算法适用于工程项目内各岗位成本的责任核算
E．表格核算法精度不高，覆盖面较小

5.【2018】关于施工项目成本核算方法的说法，正确的是（　　）。
A．表格核算法的优点是覆盖面较大
B．会计核算法不核算工程项目在施工过程中出现的债权债务
C．表格核算法可用于工程项目施工各岗位成本的责任核算
D．会计核算法不能用于整个企业的生产经营核算

答案：1．A、C、E；2．A、E；3．C；4．A、B、E；5．C

【笔记区】

1Z202050 成本分析和成本考核

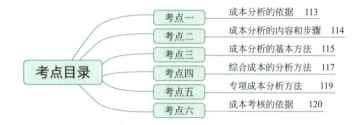

考点目录
- 考点一　成本分析的依据　113
- 考点二　成本分析的内容和步骤　114
- 考点三　成本分析的基本方法　115
- 考点四　综合成本的分析方法　117
- 考点五　专项成本分析方法　119
- 考点六　成本考核的依据　120

考点一:成本分析的依据

历年考情分析

年份	2017	2018	2019	2020	2021	2022
单选	√		√	√		
多选						

【核心考点】

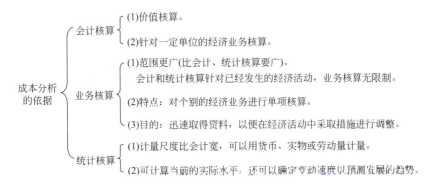

【经典例题】

1.【2020】下列项目成本分析所依据的资料中,可以计算项目当前实际成本,并可以确定变动速度和预测成本发展趋势的是( )。
    A. 统计核算   B. 表格核算
    C. 会计核算   D. 业务核算

2.【2019】在项目成本分析的依据中,既可对已经发生的经济活动进行核算,又可对尚未发生的经济活动进行核算的方式是( )。
    A. 会计核算   B. 成本核算
    C. 业务核算   D. 统计核算

3.【2017】关于成本分析依据的说法,正确的是( )。
    A. 统计核算可以用货币计算
    B. 业务核算主要是价值核算
    C. 统计核算的计量尺度比会计核算窄
    D. 会计核算可以对尚未发生的经济活动进行核算

4.【2009】业务核算是成本分析的依据之一,其目的是( )。
    A. 预测成本变化发展的趋势
    B. 迅速取得资料,及时采取措施调整经济活动
    C. 计算当前的实际成本水平
    D. 记录企业的一切生产经营活动

答案:1. A;2. C;3. A;4. B

笔记区

考点二：成本分析的内容和步骤

历年考情分析

年份	2017	2018	2019	2020	2021	2022
单选						√
多选						

【核心考点】

1. 成本分析的内容

（1）时间节点成本分析。

（2）工作任务分解单元成本分析。

（3）组织单元成本分析。

（4）单项指标成本分析。

（5）综合项目成本分析。

2. 成本分析的步骤

（1）选择成本分析方法。

（2）收集成本信息。

（3）进行成本数据处理。

（4）分析成本形成原因。

（5）确定成本结果。

【经典例题】

【2022】成本分析的步骤包括：①收集成本信息；②选择成本分析方法；③进行成本数据处理；④分析成本形成原因；⑤确定成本结果。正确的编制程序是（　　）。

　　A．①②④③⑤　　　　　　B．①②⑤③④
　　C．②①③④⑤　　　　　　D．②①④⑤③

答案：C

笔记区

考点三：成本分析的基本方法

历年考情分析

年份	2017	2018	2019	2020	2021	2022
单选						√
多选		√				

【核心考点】

成本分析的基本方法包括比较法、因素分析法、差额计算法和比率法。

1. 因素分析法

（1）又称连环置换法，用来分析各种因素对成本的影响程度。

（2）分析时，假定众多因素中的一个因素发生变化，其他因素不变，逐个替换，比较其计算结果，以确定各个因素的变化对成本的影响。

（3）因素的排序规则：先实物量，后价值量；先绝对值，后相对值。

例：商品混凝土目标成本为443040元，实际成本为473697元，比目标成本增加30657元，资料见下表。

项目	单位	目标	实际	差额
产量	m³	600	630	+30
单价	元	710	730	+20
损耗率	%	4	3	-1
成本	元	443040	473697	+30657

解析：以目标成本443040元（600×710×1.04）为分析替代的基础。

第一次替代产量，以630替代600

$$630 \times 710 \times 1.04 = 465192 \text{元}$$

第二次替代单价，以730替代710

$$630 \times 730 \times 1.04 = 478296 \text{元}$$

第三次替代损耗率，以1.03替代1.04

$$630 \times 730 \times 1.03 = 473697 \text{元}$$

结论：产量增加使成本增加了 465192-443040=22152 元

单价提高使成本增加了 478296-465192=13104 元

损耗率降低使成本减少了 478296-473697=4599 元

2. 差额计算法

因素分析法的一种简化形式，利用各因素的目标值与实际值的差额计算其对成本的影响程度。例：某施工项目某月的实际成本降低额比计划提高了2.40万元，见下表。

降低成本计划与实际对比表

项目	单位	计划	实际	差额
预算成本	万元	300	320	+20
成本降低率	%	4	4.5	+0.5
成本降低额	万元	12	14.40	+2.40

根据上表，应用"差额计算法"分析预算成本和成本降低率对成本降低额的影响程度。

解析：

（1）预算成本增加对成本降低额的影响程度

$$（320-300）\times 4\% = 0.80 \text{万元}$$

（2）成本降低率提高对成本降低额的影响程度

$$（4.5\% - 4\%）\times 320 = 1.60 \text{万元}$$

以上两项合计：0.80+1.60=2.40万元

【经典例题】

1.【2018】某工程各门窗安装班组的相关经济指标见下表，按照成本分析的比率法，人均效益最好的班组是（　　）。

项目	班组甲	班组乙	班组丙	班组丁
工程量（m³）	5400	5000	4800	5200
班组人数（人）	50	45	42	43
班组人工费（元）	150000	126000	147000	429000

A．甲　　　　　　B．乙　　　　　　C．丙　　　　　　D．丁

2.【2016】下列建设工程项目成本分析方法中，属于分析各种因素对成本影响程度的是（　　）。

A．连环置换法　　　　　　B．相关比率法
C．比重分析法　　　　　　D．动态比率法

3.【2015】某项目施工成本数据见下表，根据差额计算法，成本降低率提高对成本降低额的影响程度为（　　）万元。

项目	单位	计划	实际	差额
成本	万元	220	240	20
成本降低率	%	3	3.5	0.5
成本降低额	万元	6.6	8.4	1.8

A．0.6　　　　　　B．0.7　　　　　　C．1.1　　　　　　D．1.2

4.【2011】某分项工程的混凝土成本数据见下表，应用因素分析法分析各因素对成本的影响程度，可得到的正确结论是（　　）。

项目	单位	目标	实际
产量	m³	800	850
单价	元/m³	600	640
损耗率	%	5	3

A. 由于产量增加50m³，成本增加21300元
B. 由于单价提高40元/m³，成本增加35020元
C. 实际成本与目标成本的差额为56320元
D. 由于损耗下降2%，成本减少9600元

5.【2010】工程项目施工成本分析的基本方法有（　　）。
A. 统计核算法　　　　　　B. 比较法
C. 因素分析法　　　　　　D. 差额计算法
E. 比率法

6. 某施工项目的商品混凝土目标成本是420000元（目标产量500m³，目标单价800元/m³，预计损耗率为5%），实际成本是511680元（实际产量600m³，实际单价820元/m³，实际损耗率为4%），若采用因素分析法进行成本分析，则由于产量提高增加的成本是（　　）元。
A. 49200　　　　　　　　B. 12600
C. 84000　　　　　　　　D. 91680

答案：1. A；2. A；3. D；4. C；5. B、C、D、E；6. C

笔记区

考点四：综合成本的分析方法

历年考情分析

年份	2017	2018	2019	2020	2021	2022
单选			√		√	
多选				√	√	

【核心考点】

综合成本的分析包括分部分项工程成本分析、月（季）度成本分析、年度成本分析、竣工成本的综合分析。

1. 分部分项工程成本分析

（1）项目成本分析的基础，对象为已完成分部分项工程。

（2）方法："三算"对比（预算成本、目标成本和实际成本），分别计算实际偏差和目标偏差。

三算对比 ｛ 预算成本：投标报价成本
　　　　　 目标成本：施工预算
　　　　　 实际成本：施工任务单的实际工作量、实耗人工和限额领料单的实耗材料

（3）无法也没有必要对每一个分部分项工程都进行成本分析，但是主要的分部分项工程必须进行成本分析，而且要做到从开工到竣工进行系统的成本分析。

2. 月（季）度成本分析

（1）项目定期的、经常性的中间成本分析。

（2）依据：当月（季）的成本报表。

（3）成本中的"政策性"亏损，从控制支出入手，把超支额压缩到最低限度。

3. 年度成本分析

（1）企业成本要求一年结算一次，不得转入下一年度。

（2）项目成本以项目周期为结算期，要求从开工到竣工到保修期结束连续计算。

（3）年度成本分析的依据是年度成本报表。

（4）年度成本分析重点是针对下一年度的施工进展情况规划切实可行的成本管理措施。

4. 竣工成本的综合分析

（1）以各单位工程竣工成本分析资料为基础，可以全面了解单位工程的成本构成和降低成本的来源。

（2）单位工程竣工成本分析，包括以下内容：

① 竣工成本分析。

② 主要资源节超对比分析。

③ 主要技术节约措施及经济效果分析。

【经典例题】

1.【2021/2016】关于分部分项工程成本分析的说法，正确的有（　　）。

A. 分部分项工程成本分析的对象为已完分部分项工程

B. 分部分项工程成本分析是施工项目成本分析的基础

C. 必须对施工项目的所有分部分项工程进行成本分析

D. 主要分部分项工程要做到从开工到竣工进行系统的成本分析

E. 分部分项工程成本分析是定期的中间成本分析

2.【2021/2013】施工项目年度成本分析的内容，除了月（季）度成本分析的六个方面以外，重点是（　　）。

A. 针对下一年度施工进展情况，制定切实可行的成本管理措施

B. 通过对技术组织措施执行效果的分析，寻求更加有效的节约途径

C. 通过实际成本与计划成本的对比，分析成本降低水平

D. 通过实际成本与目标成本的对比，分析目标成本控制措施落实情况

3.【2021】下列施工项目综合成本的分析方法中，可以全面了解单位工程的成本构成和降低成本来源的是（　　）。

A. 分部分项工程成本分析　　B. 月（季）度成本分析

C. 竣工成本的综合分析　　　D. 年度成本分析

4.【2020】下列成本分析工作中，属于综合成本分析的有（　　）。

A. 年度成本分析　　　　　　B. 工期成本分析

C. 资金成本分析　　　　　　D. 月度成本分析

E．分部分项工程成本分析

5．【2019】某工程项目进行月（季）度成本分析时，发现属于预算定额规定的"政策性"亏损，则应采取的措施是（　　）。

A．从控制支出着手，把超支额压缩到最低限度

B．增加变更收入，弥补政策亏损

C．将亏损成本转入下一月（季）度

D．停止施工生产，并报告业主方

6．【2014】单位工程竣工成本分析的内容包括（　　）。

A．专项成本分析　　　　B．竣工成本分析

C．成本总量构成比例分析　　D．主要资源节超对比分析

E．主要技术节约措施及经济效果分析

7．某施工单位已经完成一座消防泵站基础工程的施工，现在需要对该基础工程进行成本分析，其成本分析的资料来源有（　　）。

A．投标报价成本　　　　B．施工预算

C．施工概算　　　　　　D．实际工程量、实耗人工和材料

E．计划工程量、计划人工和材料

答案：1．A、B、D；2．A；3．C；4．A、D、E；5．A；6．B、D、E；7．A、B、D

笔记区

考点五：专项成本分析方法

历年考情分析

年份	2017	2018	2019	2020	2021	2022
单选	√			√		
多选	√		√			

【核心考点】

专项成本分析
(1) 成本盈亏异常分析："三同步"检查，也可用于月度成本检查。
(2) 工期成本分析：首先用比较法，将计划工期成本与实际工期成本比较；然后用因素分析法，分析各因素变动对工期成本差异的影响。
(3) 资金成本分析：指标为成本支出率，此指标可看出资金收入中用于成本支出的比重，可分析资金使用的合理性。

$$成本支出率 = \frac{计算期实际成本支出}{计算期实际工程款收入} \times 100\%$$

【经典例题】

1.【2020】施工项目的专项成本分析中,"成本支出率"指标用于分析（　　）。
A．工期成本　　　　　　B．成本盈亏
C．分部分项工程成本　　D．资金成本

2.【2019】施工项目专项成本分析包括（　　）。
A．月度成本分析　　　　B．年度成本分析
C．成本盈亏异常分析　　D．工期成本分析
E．资金成本分析

3.【2017】某项目在进行资金成本分析时,其计算期实际工程款收入为220万元,计算期实际成本支出为119万元,计划工期成本为150万元,则该项目成本支出率为（　　）。
A．30.69%　　　　　　B．54.09%
C．68.18%　　　　　　D．79.33%

4.【2017】专项成本分析中,工期成本分析一般采取的方法有（　　）。
A．构成比率法　　　　　B．成本盈亏异常分析
C．比较法　　　　　　　D．因素分析法
E．差额计算法

5.【2015】在建设工程项目成本分析中,成本盈亏异常分析属于（　　）方法。
A．因素分析　　　　　　B．综合成本分析
C．专项成本分析　　　　D．成本项目分析

答案：1．D；2．C、D、E；3．B；4．C、D；5．C

【笔记区】

考点六：成本考核的依据

历年考情分析

年份	2017	2018	2019	2020	2021	2022
单选		√				
多选						

【核心考点】

成本考核的依据包括成本计划、成本控制、成本核算和成本分析的资料,主要依据是成本计划确定的各类指标。

（1）数量指标：如计划总成本。（数值）
（2）质量指标：如施工项目总成本降低率。（比值）
（3）效益指标：如工程项目成本降低额。（差值）
公司对项目管理机构成本考核的主要指标：项目成本降低额、项目成本降低率。

【经典例题】

1.【2018】下列成本计划指标中，属于数量指标的有（　　）。
A．工程项目计划总成本指标　　B．设计预算成本计划降低率
C．责任目标成本计划降低率　　D．按主要生产要素划分的计划成本指标
E．各单位工程计划成本指标

2．下列施工成本计划指标中，属于质量指标的是（　　）。
A．设计预算成本计划降低率　　B．单位工程成本计划额
C．设计预算成本计划降低额　　D．材料计划成本额

答案：1．A、D、E；2．A

1Z203000 建设工程项目进度控制

1Z203010　建设工程项目进度控制与进度计划系统

考点目录
- 考点一　项目进度控制的目的和动态管理过程　126
- 考点二　项目进度控制的任务　127
- 考点三　项目进度计划系统　128

考点一：项目进度控制的目的和动态管理过程

历年考情分析

年份	2017	2018	2019	2020	2021	2022
单选					√	
多选						

【核心考点】

1. 进度控制的时间范畴

项目各方的利益不相同，故进度控制的时间范畴也不相同。

2. 进度控制是一个动态管理过程

（1）进度目标分析和论证。

（2）在收集资料和调查研究的基础上编制进度计划。

（3）进度计划的跟踪检查与调整。

图示如下：

论证 → 收集资料/调查研究 → 编制 → 实施 → 跟踪检查 → 有偏差时 → 纠偏 → 纠偏无效时 → 调整进度计划

3. 项目进度控制的目的

（1）进度控制的目的是通过控制以实现工程的进度目标。

（2）施工进度控制不仅关系到施工进度目标的实现，还直接关系到工程的质量和成本。

（3）在工程施工实践中，一个最基本的工程管理原则是：在确保工程质量的前提下，控制工程的进度。

【经典例题】

1.【2021】关于进度控制的说法，正确的是（　　）。

A. 施工方必须在确保工程质量的前提下，控制工程进度

B. 进度控制的目的是实现建设项目的总进度目标

C. 各项目管理方进度控制的目标和时间范畴应相同

D. 施工方对整个工程项目进度目标的实现具有决定性作用

2.【2016】建设工程项目进度控制的过程包括：①收集资料和调查研究；②进度计划的跟踪检查；③编制进度计划；④根据进度偏差情况纠偏或调整进度计划。其正确的工作步骤是（　　）。

A. ①→③→②→④　　B. ①→②→③→④

C. ①→③→④→②　　D. ③→①→②→④

3.【2013】关于建设工程项目进度控制的说法，正确的有（　　）。

A. 进度控制的过程，就是随着项目的进展，进度计划不断调整的过程

B. 施工方进度控制的目的就是尽量缩短工期

C. 项目各参与方进度控制的目标和时间范畴是相同的
D. 施工进度控制直接关系到工程的质量和成本
E. 进度控制的目的是通过控制以实现工程的进度目标

4.【2011】建设工程项目进度控制的主要工作环节包括（　　）。
A. 分析论证进度目标　　B. 跟踪检查进度计划执行情况
C. 确定进度目标　　　　D. 编制进度计划
E. 采取纠偏措施

答案：1. A；2. A；3. A、D、E；4. A、B、D、E

笔记区
_____
_____
_____
_____

考点二：项目进度控制的任务

历年考情分析

年份	2017	2018	2019	2020	2021	2022
单选		√				
多选						

【核心考点】
（1）业主方进度控制的任务是控制整个项目实施阶段的进度。
（2）设计方进度控制的任务是依据设计任务委托合同对设计工作进度的要求控制设计工作进度。
① 设计方尽可能使设计进度与招标、施工和物资采购等工作进度相协调。
② 国际上，设计进度计划主要是确定出图计划。
（3）施工方进度控制的任务是依据施工任务委托合同对施工进度的要求控制施工进度。
（4）供货方进度控制的任务是依据供货合同对供货的要求控制供货进度。
注：供货进度计划包括供货的所有环节，如采购、加工制造、运输等。
总结：进度控制的任务是依据合同对进度的要求控制进度（业主方除外）。

【经典例题】
1.【2018】建设项目供货进度计划应包括的供货环节是（　　）。
A. 采购、制造、安装　　B. 采购、制造、运输
C. 选型、制造、运输　　D. 选型、供货、存储

2.【2012】在项目实施过程中，设计方编制的设计工作进度应尽可能与招标、施工和

（　　）等工作进度相协调。

A．项目选址　　　　　　　　B．可行性研究
C．竣工验收　　　　　　　　D．物资采购

3．【2011】建设项目设计方进度控制的任务是依据（　　）对设计工作进度的要求，控制设计工作进度。

A．可行性研究报告　　　　　B．设计大纲
C．设计总进度纲要　　　　　D．设计任务委托合同

4．下列进度控制工作中，属于业主方任务的是（　　）。

A．控制设计准备阶段的工作进度　　B．编制施工图设计进度计划
C．调整初步设计小组的人员　　　　D．确定设计总说明的编制时间

答案：1．B；2．D；3．D；4．A

笔 记 区

考点三：项目进度计划系统

历年考情分析

年份	2017	2018	2019	2020	2021	2022
单选	√	√	√			√
多选			√	√		

【核心考点】

（1）由多个相互关联的进度计划组成的系统，是项目进度控制的依据。

（2）建立和完善是一个过程，它是逐步完善的。

（3）根据项目进度控制的不同需要和用途，项目各参与方可以编制多个不同的建设工程项目进度计划系统。

按深度不同编制	按功能不同编制	按项目参与方不同编制	按周期不同编制
（1）总进度计划。 （2）项目子系统进度计划。 （3）项目子系统中的单项工程进度计划	（1）控制性进度计划。 （2）指导性进度计划。 （3）实施性（操作性）进度计划	（1）业主方编制整个项目实施的进度计划。 （2）设计进度计划。 （3）施工和设备安装进度计划。 （4）采购和供货进度计划	（1）5年建设进度计划。 （2）年度、季度、月度和旬计划

【经典例题】

1.【2022】下列不属于施工方进度计划的是（　　）。
A. 施工准备工作计划　　　　B. 施工组织进度计划
C. 单位工程进度计划　　　　D. 施工招标进度计划

2.【2020】下列建设工程项目计划中，存在关联关系的进度计划有（　　）。
A. 施工总进度计划和主体工程进度计划
B. 主体钢结构施工进度计划和设备安装进度计划
C. 项目月度计划和周计划
D. 土建施工进度计划和主材供货进度计划
E. 设计进度计划和维修进度计划

3.【2019】关于项目进度计划和进度计划系统的说法，正确的是（　　）。
A. 进度计划系统由多个进度计划组成，是逐步形成的
B. 进度计划是实施性的，进度计划系统是控制性的
C. 业主方编制的进度计划是控制性的，施工方编制的进度计划是实施性的
D. 进度计划是项目参与方编制的，进度计划系统是业主方编制的

4.【2019】下列工程进度计划系统的构成内容中，属于由不同功能进度计划组成的有（　　）。
A. 施工总进度计划、主体工程施工进度计划、钢结构工程施工计划
B. 设计进度计划、物资采购进度计划、施工管理机构的操作性进度计划
C. 业主方的控制性进度计划、项目部的月度进度计划
D. 企业的年度进度计划、项目部的月度进度计划
E. 企业投标的指导性进度计划、项目部的实施性进度计划

5.【2018】某建设工程项目按施工总进度计划、各单位工程进度计划及相应分部工程进度计划组成了计划系统，该计划系统是由多个相互关联的不同（　　）的进度计划组成。
A. 深度　　　　　　　　　　B. 项目参与方
C. 功能　　　　　　　　　　D. 周期

6. 关于建设工程项目进度计划系统的说法，正确的是（　　）。
A. 由多个相互独立的进度计划组成
B. 由项目各参与方共同参与编制
C. 其建立是逐步完善的过程
D. 一个建设工程项目的进度计划是唯一的

答案：1. D；2. A、C；3. A；4. C、E；5. A；6. C

笔记区

1Z203020 建设工程项目总进度目标的论证

考点目录
- 考点一 —— 项目总进度目标构成 131
- 考点二 —— 项目总进度目标论证的工作内容 132
- 考点三 —— 项目总进度目标论证的工作步骤 133

考点一：项目总进度目标构成

历年考情分析

年份	2017	2018	2019	2020	2021	2022
单选						
多选	√		√		√	

【核心考点】

实施阶段的项目总进度包括：
（1）设计前准备阶段的工作进度。
（2）设计工作进度。
（3）招标工作进度。
（4）施工前准备工作进度。
（5）工程施工和设备安装工作进度。
（6）工程物资采购工作进度。
（7）项目动用前的准备工作进度等。

与实施阶段的区别：有"招标"，无"保修"

【经典例题】

1.【2021】在项目的实施阶段，项目总进度应包括（　　）进度。
A．设计前准备阶段的工作　　B．设计工作
C．项目建议书的编制工作　　D．招标工作
E．项目动用后的保修工作

2.【2019】在项目的实施阶段，项目总进度包括（　　）。
A．设计工作进度　　　　　B．可行性研究工作进度
C．招标工作进度　　　　　D．物资采购工作进度
E．用户管理工作进度

3.【2017】在项目实施阶段，项目总进度应包括（　　）。
A．项目建议书编制进度　　B．设计工作进度
C．招标工作进度　　　　　D．项目投产运行工作进度
E．工程施工和设备安装进度

答案：1. A、B、D；2. A、C、D；3. B、C、E

【笔记区】

考点二：项目总进度目标论证的工作内容

历年考情分析

年份	2017	2018	2019	2020	2021	2022
单选		√		√	√	√
多选				√		√

【核心考点】

（1）总进度目标是指整个项目的进度目标，在项目决策阶段项目定义时确定。

（2）总进度目标的控制是业主方项目管理的任务。

注：若采用工程总承包模式，总进度目标的控制也是工程总承包方项目管理的任务。

（3）总进度目标控制前，首先应分析和论证进度目标实现的可能性。

注：总进度目标论证并不是编制总进度规划，它涉及工程实施条件分析和实施策划方面的问题。

（4）大型建设工程项目总进度目标论证的核心工作是通过编制总进度纲要论证总进度目标实现的可能性。总进度纲要的主要内容包括：

① 项目实施的总体部署。
② 总进度规划。
③ 各子系统进度规划。
④ 确定里程碑事件的计划进度目标。
⑤ 总进度目标实现的条件和应采取的措施。

【经典例题】

1.【2022】建设工程项目总进度目标应在（　　）阶段确定。
A．设计准备　　　　　　　　B．设计
C．动用前准备　　　　　　　D．决策

2.【2022】大型建设工程项目总进度纲要的主要内容包括（　　）。
A．项目实施总体部署　　　　B．总进度规划
C．确定里程碑事件的计划进度目标　　D．施工进度资源配置计划
E．总进度目标实现的条件和应采取的措施

3.【2021】关于建设工程项目总进度目标论证的说法，正确的是（　　）。
A．已编制总进度规划的项目，可以不进行总进度目标论证
B．总进度目标论证应涉及工程实施的条件分析及工程实施策划
C．总进度目标论证时，应论证项目动用后的工作进度
D．总进度目标论证就是论证施工进度目标实现的可能性

4.【2020】关于建设工程项目总进度目标论证的说法，正确的有（　　）。
A．总进度目标的论证是项目决策阶段的策划工作
B．总进度目标的论证涉及工程实施条件分析
C．分析论证总进度目标实现的可能性应在项目实施过程中进行

D. 总进度目标的论证应分析实施阶段各项工作之间的逻辑关系
E. 论证前宜收集类似项目的进度资料

5.【2018】某工程采用建设项目工程总承包的模式，则项目总进度目标的控制是（　　）的任务。
A. 业主方与监理方　　B. 业主方与工程总承包方
C. 监理方与工程总承包方　　D. 工程总承包方与设计方

6.【2016】在进行建设工程项目总进度目标控制前，首先应分析和论证（　　）。
A. 进度计划系统的完整性　　B. 进度计划方法的适用性
C. 进度控制方法的合理性　　D. 进度目标实现的可能性

7.【2014】关于项目总进度目标论证的说法，正确的是（　　）。
A. 建设工程项目总进度目标指的是整个工程项目的施工进度目标
B. 建设工程项目总进度目标的论证应分析项目实施阶段各项工作的进度和关系
C. 大型建设工程项目总进度目标论证的核心工作是编制项目进度计划
D. 建设工程项目总进度纲要应包含各子系统中的单项工程进度规划

答案：1. D；2. A、B、C、E；3. B；4. B、E；5. B；6. D；7. B

笔记区

考点三：项目总进度目标论证的工作步骤

历年考情分析

年份	2017	2018	2019	2020	2021	2022
单选	√	√	√	√		
多选		√				

【核心考点】

1. 项目总进度目标论证的工作步骤
（1）调查研究和收集资料。
（2）项目结构分析。
（3）进度计划系统的结构分析。 ｝结构分析（先总后分）
（4）项目的工作编码。
（5）编制各层进度计划。
（6）协调各层进度计划的关系，编制总进度计划。 ｝进度计划（先分后总）
（7）若所编制的总进度计划不符合项目进度目标，则设法调整。

（8）若经过多次调整，进度目标无法实现，则报告项目决策者。

2. 调查研究和收集资料

调查研究和收集资料包括如下工作：

（1）了解和收集决策阶段有关项目进度目标确定的情况和资料。

（2）收集与进度有关的该项目组织、管理、经济和技术资料。

（3）收集类似项目的进度资料。

（4）了解和调查该项目的总体部署。

（5）了解和调查该项目实施的主客观条件。

3. 大型项目的结构分析

大型项目的结构分析是根据编制总进度纲要的需要，将整个项目进行逐层分解，并确立相应工作目录。

【经典例题】

1.【2020】关于建设工程项目总进度目标论证工作顺序的说法，正确的是（　　）。

A. 先进行计划系统结构分析，后进行项目工作编码

B. 先进行项目工作编码，后进行项目结构分析

C. 先编制总进度计划，后编制各层进度计划

D. 先进行项目结构分析，后进行资料收集

2.【2019】根据项目总进度目标论证的工作步骤，进度计划系统结构分析的紧后工作是（　　）。

A. 项目结构分析　　　　B. 编制各层进度计划

C. 项目的工作编码　　　D. 编制总进度计划

3.【2018】建设工程项目总进度目标论证的工作包括：①编制各层进度计划；②项目结构分析；③编制总进度计划；④项目的工作编码。其正确的工作程序是（　　）。

A. ②-④-①-③　　　　B. ④-③-②-①

C. ②-④-③-①　　　　D. ④-②-①-③

4.【2018】项目总进度目标论证时应调研和收集的资料包括（　　）。

A. 项目决策阶段有关项目进度目标确定的情况和资料

B. 与进度有关的该项目组织、管理、经济和技术资料

C. 类似项目的进度资料

D. 该项目施工总承包单位的信用等级

E. 该项目的总体部署

5.【2017】下列建设工程项目总进度目标论证的工作中，属于项目结构分析的是（　　）。

A. 将项目进行逐层分解　　B. 了解和调查项目的总体部署

C. 对每一个工作项进行编码　D. 调查项目实施的主客观条件

6.【2016】建设工程项目总进度目标论证时，在进行项目的工作编码前应完成的工作有（　　）。

A. 编制各层进度计划　　　B. 调查研究和收集资料

C. 进度计划系统的结构分析　D. 项目结构分析

E. 协调各层进度计划的关系

7.【2015】关于大型建设工程项目总进度目标论证的说法，正确的是（　　）。
A. 大型建设工程项目总进度目标论证的核心工作是编制总进度纲要
B. 大型建设工程项目总进度目标论证首先开展的工作是调查研究和收集资料
C. 大型建设工程项目总进度目标的确定应在项目的实施阶段进行
D. 若编制的总进度计划不符合项目的总进度目标，应调整总进度目标

答案：1. A；2. C；3. A；4. A、B、C、E；5. A；6. B、C、D；7. B

1Z203030 建设工程项目进度计划的编制和调整方法

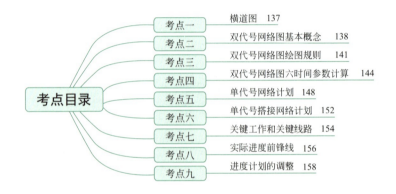

考点目录
- 考点一　横道图　137
- 考点二　双代号网络图基本概念　138
- 考点三　双代号网络图绘图规则　141
- 考点四　双代号网络图六时间参数计算　144
- 考点五　单代号网络计划　148
- 考点六　单代号搭接网络计划　152
- 考点七　关键工作和关键线路　154
- 考点八　实际进度前锋线　156
- 考点九　进度计划的调整　158

考点一：横道图

历年考情分析

年份	2017	2018	2019	2020	2021	2022
单选			√	√	√	√
多选			√			

【核心考点】

（1）最简单、运用最广泛的传统的进度计划方法。

（2）通常横道图的表头为工作及简要说明，项目进展表示在时间表格上。

注：工作简要说明也可直接放在横道上，但会丧失简洁性。

（3）工作可按照时间先后、责任、项目对象和同类资源排序。

（4）横道图表达方式直观，易看懂计划编制的意图。但也存在以下问题：

① 逻辑关系可以设法表达，但不易表达清楚。

② 适用于手工编制计划。

③ 没有通过时间参数计算，不能确定关键工作、关键路线与时差。

④ 计划调整只能手工方式进行，工作量较大。

⑤ 难以适应较大的进度计划系统。（用于小型项目或大型项目的子项目上）

【经典例题】

1.【2021】关于横道图进度计划的说法，正确的是（　　）。

A．横道图中的工作均无机动时间　　B．横道图中工作的时间参数无法计算

C．计划的资源需要量无法计算　　　D．计划的关键工作无法确定

2.【2020】关于横道图进度计划特点的说法，正确的是（　　）。

A．可以识别计划的关键工作　　　　B．不能表达工作逻辑关系

C．调整计划的工作量较大　　　　　D．可以确定工作时差

3.【2020】某项目施工横道图进度计划见下表，如果第二层支设模板需要在第一层浇筑混凝土完成1天后才能开始，则有1天的层间技术间歇，正确的层间间歇是（　　）。

工作名称	施工队伍	时间(天)															
		1	2	3	4	5	6	7	8	9	10	11	12	13	14	15	16
支模	A	Ⅰ-①		Ⅰ-③		Ⅰ-⑤		Ⅱ-①		Ⅱ-③		Ⅱ-⑤					
	B		Ⅰ-②		Ⅰ-④		Ⅰ-⑥		Ⅱ-②		Ⅱ-④		Ⅱ-⑥				
扎钢筋	C			Ⅰ-①		Ⅰ-③		Ⅰ-⑤		Ⅱ-①		Ⅱ-③		Ⅱ-⑤			
	D				Ⅰ-②		Ⅰ-④		Ⅰ-⑥		Ⅱ-②		Ⅱ-④		Ⅱ-⑥		
浇筑混凝土	E					Ⅰ-①	Ⅰ-②	Ⅰ-③	Ⅰ-④	Ⅰ-⑤	Ⅰ-⑥	Ⅱ-①	Ⅱ-②	Ⅱ-③	Ⅱ-④	Ⅱ-⑤	Ⅱ-⑥

Z_1　Z_2　Z_3　Z_4

注：Ⅰ、Ⅱ表示楼层；①②③④⑤⑥表示施工段。

A. Z_1　　　　B. Z_2　　　　C. Z_3　　　　D. Z_4

4.【2019】关于横道图进度计划的说法，正确的有（　　）。

A. 便于进行资源化和调整　　　　B. 能直接显示工作的开始和完成时间

C. 计划调整工作量大　　　　D. 可将工作简要说明直接放在横道上

E. 有严谨的时间参数计算，可使用电脑自动编制

5.【2015】一般情况下，横道图能反映出工作的（　　）。

A. 总时差　　　　B. 最迟开始时间

C. 持续时间　　　　D. 自由时差

答案：1. D；2. C；3. C；4. B、C、D；5. C

> 笔记区

考点二：双代号网络图基本概念

历年考情分析

年份	2017	2018	2019	2020	2021	2022
单选		√	√	√	√	
多选	√		√			

【核心考点】

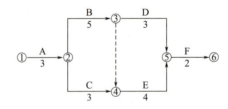

1. 基本概念

以箭线及其两端节点的编号表示工作的网络图（如上图所示）。

2. 箭线

（1）每一条箭线表示一项工作（虚箭线表示虚工作）。

（2）工作名称标注在箭线的上方，完成该项工作所需持续时间标注在箭线的下方（如下图所示）。

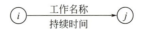

（3）为了正确表达工作间逻辑关系，应用虚箭线。虚箭线具有联系、区分和断路三个作用（如下图所示）。

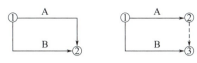

虚箭线的区分作用

（4）箭线可以为直线、折线或斜线，行进方向从左到右。
（5）紧排在本工作之前的工作称为紧前工作，紧排在本工作之后的工作称为紧后工作。

3．节点
（1）网络图中箭线之间的连接点，反映前后工作的交接点。
（2）包括：起点节点、终点节点和中间节点。
（3）一项工作只有唯一的一条箭线和相应的一对节点，且要求箭尾节点的编号小于其箭头节点的编号，即 $i<j$。
（4）节点的编号顺序应从小到大，可不连续，但不允许重复。

4．线路
（1）网络图中从起始节点开始，沿箭头方向顺序最终达到终点节点的通路称为线路。
（2）各条线路中，有一条或几条线路的总时间最长，称为关键线路。

【经典例题】

1．【2021】关于网络计划中箭线的说法，正确的是（　　）。
A．箭线在网络计划中只表示工作
B．箭线都要占用时间，多数要消耗资源
C．箭线的长度表示工作的持续时间
D．箭线的水平投影方向不能从右往左

2．【2021】关于网络计划中节点的说法，正确的是（　　）。
A．节点内可以用工作名称代替编号
B．节点在网络计划中只表示事件，即前后工作的交接点
C．所有节点均既有向内又有向外的箭线
D．所有节点编号不能重复

3．【2020】某双代号网络计划如下图所示，关键线路有（　　）条。

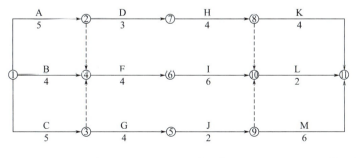

A．1　　　　　　　B．3　　　　　　　C．2　　　　　　　D．4

4.【2020】各工作间逻辑关系表及相应双代号网络图如下图所示,图中虚箭线的作用是（　　）。

工作	A	B	C	D
紧前工作	—	—	A	A、B

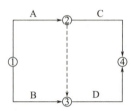

A．联系　　　　　　　　B．区分
C．断路　　　　　　　　D．指向

5.【2019】关于双代号网络计划中线路的说法,正确的有（　　）。

A．长度最短的线路称为非关键线路

B．一个网络图中可能有一条或多条关键线路

C．线路中各项工作持续时间之和就是该线路的长度

D．线路中各节点应从小到大连续编号

E．没有虚工作的线路称为关键线路

6.【2018】双代号网络计划如下图所示,其关键线路有（　　）条。

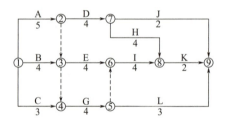

A．4　　　　B．3　　　　C．2　　　　D．1

7.【2017】某工程工作逻辑关系见下表,C 工作的紧后工作有（　　）。

工作	A	B	C	D	E	F	G	H
紧前工作	—	—	A	A、B	C	B、C	D、E	C、F、G

A．工作 H　　　　　　　B．工作 G
C．工作 F　　　　　　　D．工作 E
E．工作 D

8.【2015】某网络计划如下图所示,逻辑关系正确的是（　　）。

A．E 的紧前工作是 B、D

B．A 完成后同时进行 C、F

C．A、B 均完成后进行 E

D．F的紧前工作是D、E

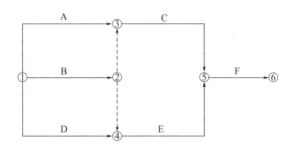

9．【2015】关于虚工作的说法，正确的是（　　）。
A．虚工作只在双代号网络计划中存在
B．虚工作一般不消耗资源但占用时间
C．虚工作可以正确表达工作间逻辑关系
D．双代号时标网络计划中虚工作用波形线表示

答案：1．D；2．D；3．B；4．A；5．B、C；6．B；7．A、C、D；8．A；9．C

笔记区

 考点三：双代号网络图绘图规则

历年考情分析

年份	2017	2018	2019	2020	2021	2022
单选	√				√	√
多选				√		

【核心考点】

双代号网络图绘图规则：

（1）必须正确表达已确定的逻辑关系。

（2）严禁循环回路。

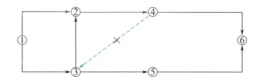

（3）严禁出现双向箭头或无箭头的连线。

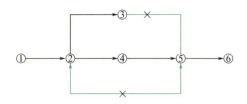

（4）严禁出现无箭头节点或箭尾节点的箭线。

（5）当节点有多条外向和内向箭线时，可使用母线法绘制。

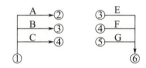

（6）箭线不宜交叉，交叉不可避免时，可用过桥法或指向法。

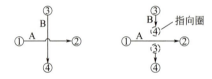

（7）只有一个起点节点和一个终点节点，其他均为中间节点。

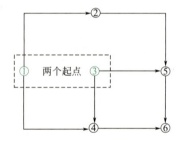

（8）不能出现相同编号的工作。

【经典例题】

1.【2022】下列双代号网络图中，存在的绘图错误是（　　）。

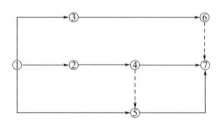

A. 节点编号错误　　　　　B. 存在逆向箭线
C. 存在多余的虚工作　　　D. 存在多个终点节点

2.【2020】下列双代号网络图中，存在的绘图错误有（　　）。

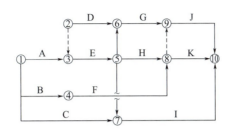

A. 存在多个起点节点　　　B. 箭线交叉的方式错误
C. 存在相同节点编号的工作　D. 存在没有箭尾节点的箭线
E. 存在多余的虚工作

3.【2017】根据《工程网络计划技术规程》JGJ/T 121—2015，网络图存在的绘图错误有（　　）。

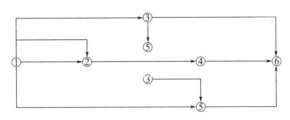

A. 编号相同的工作　　　　B. 多个起点节点
C. 相同的节点编号　　　　D. 无箭尾节点的箭线

4.【2012】根据下列逻辑关系表绘制的双代号网络图如下图所示，其存在的错误是（　　）。

工作名称	A	B	C	D	E	G	H
紧前工作	—	—	A	A	A、B	C	E

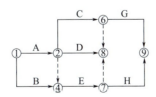

A. 节点编号不对　　　　　B. 逻辑关系不对
C. 有多个终点节点　　　　D. 有多个起点节点

答案：1. C；2. A、B、E；3. A；4. C

> 笔记区

考点四：双代号网络图六时间参数计算

历年考情分析

年份	2017	2018	2019	2020	2021	2022
单选	√	√	√	√	√	√
多选	√					

【核心考点】

1. 工期（T）

（1）计算工期 T_c——根据网络计划时间参数计算出来的工期。

（2）要求工期 T_r——任务委托人所要求的工期。

（3）计划工期 T_p——作为项目实施目标的工期。

2. 六时间参数

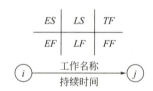

（1）最早时间参数

最早开始时间 ES：指在各紧前工作全部完成后，本工作有可能开始的最早时刻。

最早完成时间 EF：指在各紧前工作全部完成后，本工作有可能完成的最早时刻。

（2）最迟时间参数

最迟开始时间 LS：在不影响整个任务按期完成的前提下，工作必须开始的最迟时刻。

最迟完成时间 LF：在不影响整个任务按期完成的前提下，本工作必须完成的最迟时刻。

（3）时差

总时差 TF：在不影响总工期的前提下，本工作可以利用的机动时间。

自由时差 FF：在不影响其紧后工作最早开始时间的前提下，本工作可以利用的机动时间。

3. 六时间参数计算公式

（1）最早时间参数

最早开始时间=各紧前工作的最早完成时间的最大值

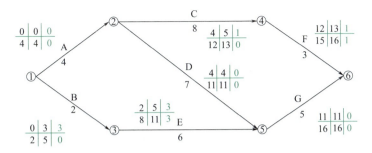

最早完成时间＝最早开始时间＋持续时间

（2）最迟时间参数

最迟完成时间＝各紧后工作的最迟开始时间的最小值

最迟开始时间＝最迟完成时间－持续时间

（3）时差

总时差＝最迟开始时间－最早开始时间＝最迟完成时间－最早完成时间

自由时差＝紧后工作的最早开始时间（最小值）－本工作的最早完成时间

注：末尾工作的自由时差＝计划工期－本工作的最早完成时间

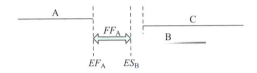

口诀：

最早从前往后取大；

最迟从后往前取小；

总时差最迟减最早；

自由时差紧后最早开始最小值减本项最早完成。

4. 关键工作和关键线路的确定

（1）关键工作

工作总时差最小的工作为关键工作。

当且仅当网络计划的计算工期等于计划工期，关键工作的总时差为零（特例）。

（2）关键线路

由始至终全部由关键工作组成的线路，或线路上总的工作持续时间最长的线路为关键线路。

【经典例题】

1.【2021】某工作有两个紧前工作，最早完成时间分别是第2天和第4天，该工作持续时间是5天，则其最早完成时间是第（　　）天。

A. 9　　　　　　　B. 6　　　　　　　C. 7　　　　　　　D. 11

2.【2020】双代号网络计划中，某工作最早第3天开始，工作持续时间2天，有且仅有2个紧后工作，紧后工作最早开始时间分别是第5天和第6天，对应总时差是4天和2天。该工作的总时差和自由时差分别是（　　）。

A. 3天，0天 B. 0天，0天
C. 4天，1天 D. 2天，2天

3.【2020】某双代号网络计划如下图所示，关于工作时间参数的说法，正确的有（　　）。

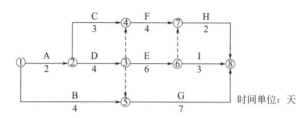

A. 工作B的最迟完成时间是第8天
B. 工作F的自由时差是1天
C. 工作C的最迟开始时间是第7天
D. 工作G的总时差是2天
E. 工作H的最早开始时间是第13天

4.【2019】某工程持续时间2天，有两项紧前工作和三项紧后工作，紧前工作的最早开始时间分别是第3天、第6天（计算坐标系），对应的持续时间分别是5天、1天；紧后工作的最早开始时间分别是第15天、第17天、第19天，对应的总时差分别是3天、2天、0天。该工作的总时差是（　　）天。

A. 9 B. 10 C. 8 D. 13

5.【2019】某工程网络计划如下图所示，工作D的最迟开始时间是第（　　）天。

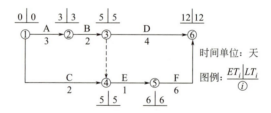

A. 3 B. 5 C. 6 D. 8

6.【2018】某双代号网络计划如下图所示（单位：天），则工作E的自由时差为（　　）天。

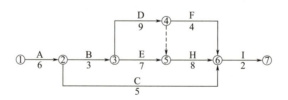

A. 3 B. 2 C. 4 D. 0

7.【2018】某工程网络计划中，工作M的自由时差为2天，总时差为5天。进度检查时发现该工作的持续时间延长了4天，则工作M的实际进度（　　）。

A. 不影响总工期但其紧后工作的最早开始时间推迟2天
B. 既不影响总工期,也不影响其紧后工作的正常进行
C. 将使其紧后工作的开始时间推迟4天,并使总工期延长2天
D. 将使总工期延长4天,但不影响其紧后工作的正常进行

8.【2018】某网络计划中,工作N的持续时间为6天,最迟完成时间为第25天,该工作三项紧前工作的最早完成时间分为第10天,第12天和第13天,则工作N的总时差是( )天。
A. 12 B. 8 C. 6 D. 4

9.【2018】某工作有三项紧后工作,持续时间分别为4天、5天、6天,对应的最迟完成时间分别为第18天、第16天、第14天,则该工作的最迟完成时间是第( )天。
A. 14 B. 12 C. 8 D. 6

10.【2017】某工程双代号网络计划如下图所示,其计算工期是( )天。

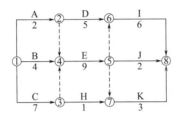

A. 11 B. 13 C. 15 D. 22

11.【2017】某双代号网络计划如下图所示(图中粗实线为关键工作),若计划工期等于计算工期,则自由时差一定等于总时差且不为零的工作有( )。

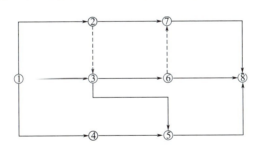

A. 1-2 B. 3-5
C. 2-7 D. 4-5
E. 6-8

12.【2017】某工程网络计划中,工作N的自由时差为5天,计划执行过程中检查发现,工作N的工作时间延后了3天,其他工作均正常,此时( )。
A. 工作N的总时差不变,自由时差减少3天
B. 总工期不会延长
C. 工作N的总时差减少3天
D. 工作N的最早完成时间推迟3天
E. 工作N将会影响紧后工作

13.【2016】某双代号网络计划中,工作M的自由时差3天,总时差5天。在进度计划实施检查中发现工作M实际进度落后,且影响总工期2天。在其他工作均正常的前提下,工作M的实际进度落后(　　)天。

A.7　　　　　　B.5　　　　　　C.6　　　　　　D.8

14.【2016】某双代号网络计划中,工作M的最早开始时间和最迟开始时间分别为第12天和第15天,其持续时间为5天。工作M有3项紧后工作,它们的最早开始时间分别为第21天、第24天和第28天,则工作M的自由时差为(　　)天。

A. 4　　　　　B. 1　　　　　C. 3　　　　　D. 8

15.【2011】已知工作A的紧后工作是B和C,B工作的最迟开始时间为第20天,最早开始时间为第14天,C工作的最迟完成时间为第16天,最早完成时间为第14天,A工作的自由时差为第5天,则A工作的总时差为(　　)天。

A. 0　　　　　B. 7　　　　　C. 5　　　　　D. 9

答案:1. A;2. A;3. A、D;4. C;5. D;6. B;7. A;8. C;9. C;10. D;11. A、D、E;12. B、C、D;13. A;14. A;15. B

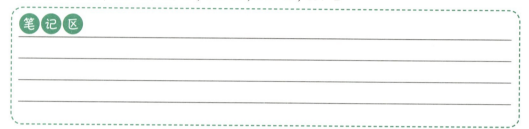

考点五:单代号网络计划

历年考情分析

年份	2017	2018	2019	2020	2021	2022
单选	√		√		√	√
多选						√

【核心考点】

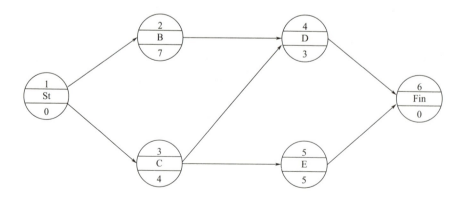

以节点及其编号表示工作，箭线表示工作间的逻辑关系，并在节点中加注工作代号、工程名称和持续时间。

1. 基本概念

（1）节点

一个节点表示一项工作，节点用圆圈或矩形表示，节点中标注工作代号、工作名称、持续时间。节点必须编号，号码可间断，但严禁重复，箭尾节点编号应小于箭头节点编号。

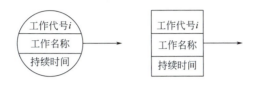

（2）箭线

只表示紧邻工作之间的逻辑关系，既不占时间，也不消耗资源。

（3）线路

以该线路上的节点编号从小到大依次表述。

2. 特点

与双代号网络图相比，具有以下特点：

（1）工作间的逻辑关系容易表达，且不用虚箭线，故绘图简单。

（2）网络图便于检查和修改。

（3）工作持续时间表示在节点之中，没有长度，不够形象直观。

（4）表示工作之间逻辑关系的箭线可能产生较多的纵横交叉现象。

3. 绘图规则

（1）必须正确表达已确定的逻辑关系。

（2）严禁循环回路。

（3）严禁出现双向箭头或无箭头连线。

（4）严禁出现没有箭尾节点与没有箭头节点的箭线。

（5）箭线不宜交叉，交叉不可避免时，采用过桥法或指向法。

（6）只有一个起点节点和一个终点节点，如有多项时，应在网络的两端设置一项虚工作，作为起点节点（St）和终点节点（Fin）。

4. 六时间参数计算

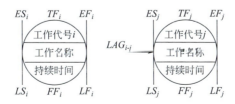

计算过程与双代号一样，仅需掌握相邻两项工作的时间间隔（$LAG_{i\text{-}j}$）。

（1）$LAG_{i\text{-}j}$ = 紧后工作（j）最早开始时间 − 本工作（i）最早完成时间。

（2）工作i的总时差TF_i等于该工作的各个紧后工作j的总时差TF_j加该工作与其紧后

工作之间的时间间隔 LAG_{i-j} 之和的最小值。
$$TF_i=\min\{TF_j+LAG_{i-j}\}$$
（3）工作自由时差 FF：① 无紧后工作：FF = 计划工期 – 该工作的最早完成时间
② 有紧后工作：$FF_i=\min\{LAG_{i-j}\}$

【经典例题】

1.【2022】某工作网络计划中，工作N的持续时间是1天，最早第14天上班时刻开始，工作N的三个紧前工作A、B、C最早完成时间分别是第9天、第11天、第13天下班时刻，则工作B和工作N的时间间隔是（　　）天。

A. 0　　　　　B. 2　　　　　C. 1　　　　　D. 4

2.【2022】单代号网络图如下图所示，下列选项正确的是（　　）。

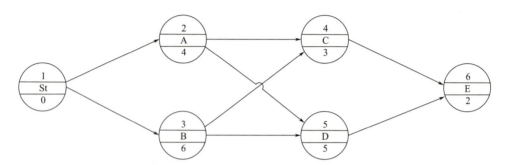

A. $LS_B=0$　　B. $LS_A=0$　　C. $EF_D=11$　　D. $TF_C=0$　　E. $LF_E=13$

3.【2021】某单代号网络计划如下图所示（单位：天），计算工期是（　　）天。

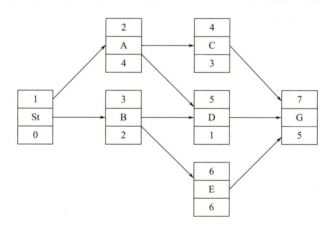

A. 8　　　　　B. 13　　　　　C. 10　　　　　D. 12

4.【2019】关于单代号网络计划绘图规则的说法，正确的是（　　）。

A. 不允许出现虚工作
B. 箭线不能交叉
C. 不能出现双向箭头的连线
D. 只能有一个起点节点，但可以有多个终点节点

5.【2017】某单代号网络计划如下图所示，工作A、D之间的时间间隔是（　　）天。

A. 0　　　　　B. 1　　　　　C. 2　　　　　D. 3

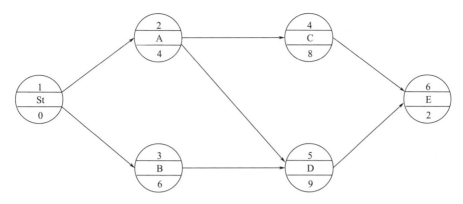

6.【2016】某单代号网络计划中，工作A有两项紧后工作B和C，工作B和工作C的最早开始时间分别为第13天和第15天，最迟开始时间分别为第19天和第21天；工作A与工作B和工作C的间隔时间分别为0天和2天。如果工作A实际进度拖延7天，则（　　）。

A．对工期没有影响　　　　　　　　B．总工期延长2天
C．总工期延长3天　　　　　　　　D．总工期延长1天

7.【2015】已知工作F有且仅有两项并行的紧后工作G和H，G工作的最迟开始时间为第12天，最早开始时间为第8天，H工作的最迟完成时间为第14天，最早完成时间为第12天；工作F与G、H的时间间隔分别为4天和5天，则F工作的总时差为（　　）天。

A．0　　　　　　B．5　　　　　　C．7　　　　　　D．9

8.【2014】某单代号网络图如下图所示，存在的错误有（　　）。

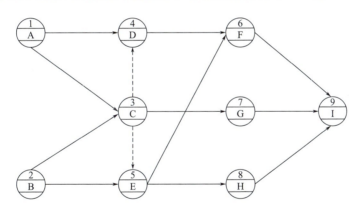

A．多个起点节点　　　　　　　　B．有多余虚箭线
C．出现交叉箭线　　　　　　　　D．没有终点节点
E．出现循环回路

答案：1．B；2．A、C、E；3．B；4．C；5．C；6．D；7．C；8．A、B、C

考点六：单代号搭接网络计划

历年考情分析

年份	2017	2018	2019	2020	2021	2022
单选				√		√
多选					√	

【核心考点】

1. 时距

（1）完成到开始时距 $FTS_{i,j}$

表示紧前工作 i 的完成时间与紧后工作 j 的开始时间之间的时间距离。

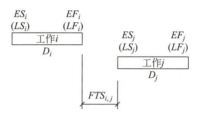

（2）完成到完成时距 $FTF_{i,j}$

表示紧前工作 i 的完成时间与紧后工作 j 的完成时间之间的时间距离。

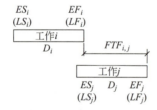

（3）开始到开始时距 $STS_{i,j}$

表示紧前工作 i 的开始时间与紧后工作 j 的开始时间之间的时间距离。

（4）开始到完成时距 $STF_{i,j}$

表示紧前工作 i 的开始时间与紧后工作 j 的完成时间之间的时间距离。

2. 单代号搭接网络计划

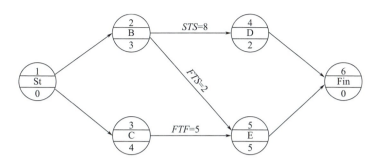

（1）每一个节点表示一项工作，宜用圆圈或矩形表示。节点所表示的工作名称、持续时间和工作代号等应标注在节点内。
（2）箭线及其上方的时距符号表示相邻工作间的逻辑关系。
（3）六时间参数计算可参考单代号网络计划。

【经典例题】

1.【2022】修一条堤坝的护坡时，一定要等土堤自然沉降完成后开始，用单代号搭接网络计划表达堤坝填筑和堤坝护坡的逻辑关系时，应采用的搭接关系是（　　）。
A. FTF　　B. STS　　C. STF　　D. FTS

2.【2021】某单代号搭接网络计划如下图所示（单位：天），其时间参数正确的有（　　）。

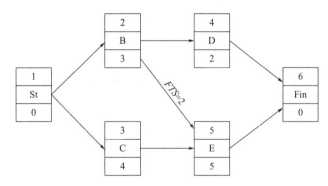

A. $TF_C=1$　　B. $FF_B=2$　　C. $LS_D=8$　　D. $LS_E=5$　　E. $LF_C=5$

3.【2020】单代号搭接网络计划中，某工作持续时间3天，有且仅有一个紧前工作，紧前工作最早第2天开始，工作持续时间5天，该工作与紧前工作间的时距是 $FTF=2$ 天。该工作的最早开始时间是第（　　）天。
A. 0　　B. 6　　C. 3　　D. 5

答案：1. D；2. A、C、D、E；3. B

考点七：关键工作和关键线路

历年考情分析

年份	2017	2018	2019	2020	2021	2022
单选				√		
多选					√	√

【核心考点】

1. 关键工作

（1）关键工作的表达：

① 总时差最小的工作。

② 当计划工期等于计算工期时，总时差为零的工作。

（2）当计算工期不能满足计划工期时，可设法通过压缩关键工作的持续时间，以满足计划工期要求。在选择缩短持续时间的关键工作时，宜考虑下述因素：

① 缩短持续时间而不影响质量和安全的工作。

② 有充足备用资源的工作。

③ 缩短持续时间所需增加的费用相对较少的工作等。

2. 关键线路

（1）线路上总的工作持续时间最长的线路。

（2）自始至终全部由关键工作组成的线路。（双代号网络图、单代号搭接网络计划）

（3）从起点节点开始到终点节点均为关键工作，且所有工作时间间隔均为零的线路。（单代号网络计划）

注：一个网络计划可能有一条，或几条关键线路，在网络计划执行过程中，关键线路有可能转移。

【经典例题】

1.【2022】工程网络计划中，关键线路是指（   ）的线路。

A．双代号时标网络计划中无波形线

B．双代号网络计划中无虚箭线

C．双代号网络计划中由关键节点组成

D．单代号网络计划中工作自由时差均为零

E．单代号网络计划中关键工作之间时间间隔均为零

2.【2022】工程网络计划中，关键工作是指（   ）的工作。

A．最早开始时间与最迟开始时间相差最小

B．总时差最小

C．时标网络计划中无波形线

D．与紧后工作之间的时间间隔为零

E. 双代号网络计划中两端节点均为关键节点

3.【2021】某网络计划执行情况的检查结果分析见下表，对工作M的判断分析，正确的是（　　）。

工作编号	工作名称	尚需工作天数（天）	总时差（天）		自由时差（天）	
			原有	目前尚有	原有	目前尚有
...						
i–j	M	3	5	1	2	0
...						

A. 比计划延迟4天，影响紧后工作2天，不影响工期
B. 比计划提前4天，不影响工期
C. 比计划延迟4天，不影响紧后工作，不影响工期
D. 比计划延迟4天，影响工期1天

4.【2016】关于判别网络计划关键线路的说法，正确的有（　　）。
A. 相邻两工作间的间隔时间均为零的线路
B. 总持续时间最长的线路
C. 双代号网络计划中无虚箭线的线路
D. 时标网络计划中无波形线的线路
E. 双代号网络计划中由关键节点组成的线路

5.【2014】关于关键工作和关键线路的说法，正确的是（　　）。
A. 关键线路上的工作全部是关键工作　　B. 关键工作不能在非关键线路上
C. 关键线路上不允许出现虚工作　　D. 关键线路上的工作总时差均为零

6.【2010】当计算工期超过计划工期时，可压缩关键工作的持续时间以满足要求。在确定缩短持续时间的关键工作时，宜选择（　　）。
A. 有多项紧前工作的工作
B. 缩短持续时间而不影响质量和安全的工作
C. 有充足备用资源的工作
D. 缩短持续时间所增加的费用相对较少的工作
E. 单位时间消耗资源量大的工作

答案：1. A、D、E；2. A、B；3. A；4. B、D；5. A；6. B、C、D

笔记区

考点八：实际进度前锋线

历年考情分析

年份	2017	2018	2019	2020	2021	2022
单选						
多选				√		

【核心考点】

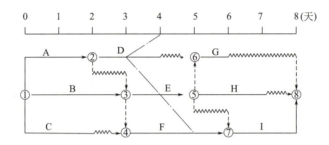

实际进度前锋线是在原时标网络计划上，自上而下从计划检查时刻的时标点出发，用点画线依次将各项工作实际进度达到的前锋点连接而成的折线。

（1）可判断实际进度与计划进度的偏差：
实际进度在检查日期左侧：进度延误。
实际进度在检查日期右侧：进度提前。
实际进度与检查日期重合：进度正常。

提前（延误）时间为实际进度点与检查日期点的水平投影长度。

（2）结论：
D工作实际进度在检查日期左侧，代表D工作延误，延误时间为1天。
F工作实际进度在检查日期右侧，代表F工作提前，提前时间为1天。
E工作实际进度与检查日期重合，代表E工作进度正常，按计划进行。

（3）判断实际进度对总工期及紧后工作的影响：
① 是否影响总工期，只看本项工作的总时差。
② 是否影响紧后工作的最早开始时间，只看本项工作的自由时差。
如：D工作延误1天，总时差为3天，自由时差为1d，不影响总工期，也不影响紧后工作。

【经典例题】

1.【2020】某项目时标网络计划第2、4周末实际进度前锋线如下图所示，关于该项目进度情况的说法，正确的有（　　）。

A．第2周末，工作A拖后2周，但不影响工期
B．第2周末，工作B拖后1周，但不影响工期
C．第4周末，工作D拖后1周，但不影响工期

D. 第4周末，工作F提前1周，工期提前1周
E. 第2周末，工作C提前1周，工期提前1周

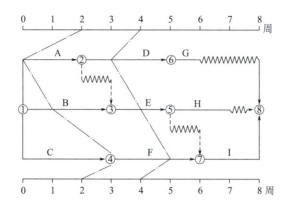

2.【2015】某工程项目的双代号时标网络计划，当计划执行到第4周末及第10周末时，检查得出实际进度前锋线如下图所示，检查结果表明（　　）。

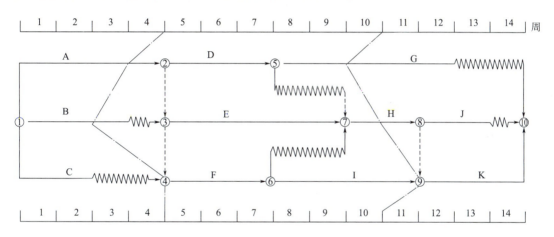

A. 第4周末检查时工作B拖后1周，但不影响总工期
B. 第4周末检查时工作A拖后1周，影响总工期1周
C. 第10周末检查时工作G拖后1周，但不影响总工期
D. 第10周末检查时工作I提前1周，可使总工期提前1周
E. 在第5周到第10周内，工作F和工作I的实际进度正常

3.【2014】某工程双代号时标网络计划，在第5天末进行检查得到的实际进度前锋线如下图所示，正确的有（　　）。

A. H工作还剩1天机动时间　　B. 总工期缩短1天
C. H工作影响总工期1天　　D. E工作提前1天完成
E. G工作进度落后1天

答案：1. A、B、C、D；2. B、C；3. D、E

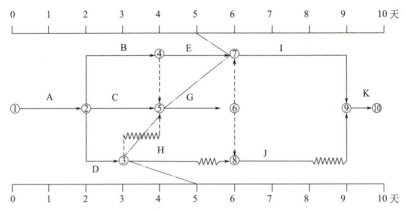

考点九：进度计划的调整

历年考情分析

年份	2017	2018	2019	2020	2021	2022
单选						
多选		√				

【核心考点】

1. 网络计划调整的内容

（1）调整关键线路的长度。

（2）调整非关键工作时差。

（3）增、减工作项目。

（4）调整逻辑关系。

（5）重新估计某些工作的持续时间。

（6）调整资源的投入。

2. 调整关键线路的方法

（1）当关键线路的实际进度比计划进度拖后时，应在尚未完成的关键工作中，选择资源强度小或费用低的工作缩短其持续时间。

（2）当关键线路的实际进度比计划进度提前时，若不拟提前工期，应选用资源占用量大或者直接费用高的后续关键工作，适当延长其持续时间，以降低其资源强度或费用。

【经典例题】

1.【2018】网络进度计划的工期调整可通过（   ）来实现。
A. 缩短非关键工作的持续时间　　B. 增加非关键工作的时差
C. 调整关键工作持续时间　　　　D. 增减工作项目
E. 调整工作间的逻辑关系

2.【2010】当关键线路的实际进度比计划进度拖后时，应在尚未完成的关键工作中，选择（   ）的工作，压缩其作业持续时间。
A. 资源强度小且持续时间短　　B. 资源强度小或费用低
C. 资源强度大或持续时间短　　D. 资源强度大且费用高

3. 当施工项目的实际进度比计划进度提前，但业主不要求提前工期时，适宜采用的进度计划调整方法是（   ）。
A. 在时差范围内调整后续非关键工作的起止时间以降低资源强度
B. 进一步分解后续关键工作以增加工作项目，调整逻辑关系
C. 适当延长后续关键工作的持续时间以降低资源强度
D. 在时差范围内延长后续非关键工作中直接费率大的工作以降低费用

答案：1. B、C、D、E；2. B；3. C

1Z203040 建设工程项目进度控制的措施

考点目录 — **考点** — 进度控制的措施　161

考点：进度控制的措施

历年考情分析

年份	2017	2018	2019	2020	2021	2022
单选	√	√		√	√	√
多选	√	√	√	√	√	√

【核心考点】

1. 组织措施

关键词：组织论、与人有关、会议。

（1）健全项目管理的组织体系。

（2）设专门的工作部门和专人负责进度控制。

（3）编制项目进度控制的工作流程，如：

① 定义项目进度计划系统的组成。

② 进度计划编制程序、审批程序和计划调整程序。

（4）会议。

2. 管理措施

涉及管理的思想、方法、手段等。关键词如下：

（1）工程网络计划。

（2）承发包模式（物资采购模式）。

（3）风险管理措施。

（4）信息技术（如软件（BIM）、局域网、互联网及数据处理设备等）。

3. 经济措施

（1）资源需求计划：包括资金需求计划和其他资源（人力和物力）需求计划。

（2）资金供应条件。

（3）成本计划考虑加快进度所需资金，包括经济激励措施。

4. 技术措施

（1）涉及对实现进度目标有利的设计技术和施工技术的选用。

（2）关键词：设计、方案、材料、机械。

【经典例题】

1.【2022】下列进度措施中，属于组织措施的有（　　）。

A．进度控制会议的组织设计　　B．编制项目进度控制的工作流程

C．分析合同交界面对工程进度的影响　　D．分析影响进度的风险因素

E．明确进度控制职能分工

2.【2021】在进度控制中，缺乏动态控制观念的表现是（　　）。

A．同一项目不同进度计划之间的关联性不够

B．不重视进度计划的比选

C. 不重视进度计划的调整
D. 不注意分析影响进度的风险

3.【2021】下列项目进度控制的措施中，与工程设计技术有关的措施有（　　）。
   A. 组织工程设计方案的评审与选用　　B. 分析施工组织设计对进度的影响
   C. 寻求设计变更加快施工进度的可能　　D. 重视信息技术在进度控制中的应用
   E. 改变施工机械设计，提高机械效率

4.【2020】下列建设工程项目进度控制措施中，属于经济措施的是（　　）。
   A. 增加进度控制的岗位和人员　　B. 编制资源需求计划
   C. 比较分析工程物资的采购模式　　D. 分析施工技术的先进性和经济合理性

5.【2020】下列建设工程项目进度控制措施中，属于技术措施的有（　　）。
   A. 分析装配式混凝土结构和现浇混凝土结构对施工进度的影响
   B. 通过比较钢网架高空散装法和高空滑移法的优缺点选择施工方案
   C. 采用网络计划技术优化工程施工工期
   D. 分析无粘结预应力混凝土结构的技术风险
   E. 通过变更落地钢管脚手架为外爬式脚手架缩短工期

6.【2017】下列建设工程项目进度控制的措施中，属于管理措施的有（　　）。
   A. 采用工程网络计划实现进度控制科学化
   B. 明确进度控制管理职能分工
   C. 选择合理的工程物资采购模式
   D. 编制资源需求计划
   E. 重视信息技术在进度控制中的应用

7.【2017】建设工程项目进度控制的措施中，"定义项目进度计划系统的组成"属于（　　）措施。
   A. 管理　　　　　　　　　　　　B. 经济
   C. 组织　　　　　　　　　　　　D. 技术

8.【2016】下列建设工程项目进度控制的措施中，属于经济措施的是（　　）。
   A. 落实资金供应条件　　　　　　B. 选择发承包模式
   C. 进行工程进度的风险分析　　　D. 优选工程项目的设计、施工方案

9.【2015】为赶上已拖延的施工进度，项目部决定采用混凝土泵代替原来的塔式起重机运输混凝土，该纠偏措施属于（　　）。
   A. 管理措施　　　　　　　　　　B. 组织措施
   C. 经济措施　　　　　　　　　　D. 技术措施

答案：1. A、B、E；2. C；3. A、C；4. B；5. A、B、E；6. A、C、E；7. C；8. A；9. D

1Z204000 建设工程项目质量控制

1Z204010 建设工程项目质量控制的内涵

考点目录
- 考点一 项目质量控制的基本概念 166
- 考点二 项目质量控制的责任和义务 167
- 考点三 项目质量的影响因素 168
- 考点四 质量风险识别 170
- 考点五 质量风险响应 171

考点一：项目质量控制的基本概念

历年考情分析

年份	2017	2018	2019	2020	2021	2022
单选				√		√
多选						

【核心考点】

建设工程项目的质量特性体现在适用性、安全性、耐久性、可靠性、经济性及与环境的协调性六个方面。

质量控制是质量管理的一部分，是致力于满足质量要求的一系列相关活动。这些活动包括：

（1）设定目标：工程项目的质量要求主要是由业主方提出来的。

（2）测量检查。

（3）评价分析。

（4）纠正偏差。

【经典例题】

1.【2020】质量控制活动包括：①设定目标；②纠正偏差；③测量检查；④评价分析。正确的顺序是（   ）。

　　A. ①-②-③-④　　　　　　B. ①-③-④-②

　　C. ③-①-②-④　　　　　　D. ③-④-①-②

2.【2014】根据《质量管理体系 基础和术语》GB/T 19000—2016，质量控制的定义是（   ）。

　　A. 质量管理的一部分，致力于满足质量要求的一系列相关活动

　　B. 工程建设参与者为了保证工作项目质量所从事工作的水平和完善程度

　　C. 对建筑产品具备的满足规定要求能力的程度所做的系统检查

　　D. 来达到工程项目质量要求所采取的作业技术和活动

答案：1. B；2. A

【笔记区】

考点二：项目质量控制的责任和义务

历年考情分析

年份	2017	2018	2019	2020	2021	2022
单选	√					
多选						

【核心考点】

1. 各方常见的质量责任和义务

建设单位	（1）向有关单位提供与建设工程有关的原始资料。 （2）开工前按规定办理工程质量监督手续。 （3）组织竣工验收。 （4）建立健全建设项目档案，并向有关部门移交
勘察、设计单位	参与建设工程质量事故分析
施工单位	（1）对建筑材料、建筑构配件、设备和商品混凝土进行检验。 （2）对涉及结构安全的试块、试件以及相关材料，在监督下现场取样，并送检测机构进行检测

2. 质量终身责任

（1）五方责任主体项目负责人：

五方责任主体项目负责人 { （1）建设单位项目负责人（对工程质量承担全面责任）
（2）勘察单位项目负责人
（3）设计单位项目负责人
（4）施工单位项目经理
（5）监理单位总监理工程师

（2）质量终身责任是指参与新建、扩建、改建的建筑工程项目负责人在工程设计使用年限内对工程质量承担相应责任。

（3）符合下列情况之一，县级以上住房和城乡建设主管部门应追究项目负责人的质量终身责任：

① 发生工程质量事故。

② 发生投诉、举报、群体性事件、媒体报道并造成恶劣社会影响的严重工程质量问题。

③ 由于勘察、设计或施工原因造成尚在设计使用年限内的建筑工程不能正常使用。

（4）工程质量终身责任实行书面承诺和竣工后永久性标牌等制度。

【经典例题】

1.【2017】根据《中华人民共和国建筑法》和《建设工程质量管理条例》，设计单位的质量责任和义务是（　　）。

A. 按设计要求检验商品混凝土质量

B. 将施工图设计文件上报有关部门审查

C. 向施工单位提供设计原始资料
D. 参与建设工程质量事故分析

2.【模拟题】关于质量终身责任的说法，错误的是（　　）。
A. 建筑工程五方责任主体包括建设单位、勘察单位、设计单位、施工单位和监理单位
B. 质量终身责任是指在工程设计使用年限内对工程质量承担相应责任
C. 发生投诉或者举报事件，县级住房和城乡建设主管部门应追究项目负责人的质量终身责任
D. 书面承诺是工程质量终身责任制度之一

答案：1. D；2. C

考点三：项目质量的影响因素

历年考情分析

年份	2017	2018	2019	2020	2021	2022
单选		√	√			√
多选						

【核心考点】

项目质量的影响因素：
(1) 人：起决定性作用，项目质量控制的基本出发点。
我国实行建筑企业经营资质管理制度、市场准入制度、执业资格注册、作业人员持证上岗制度，以及加快培育新时代建筑产业工人队伍的政策措施本质上都是对人的素质和能力进行控制。
(2) 机械：指施工机械和各类工器具，包括运输设备、吊装设备、操作工具、测量仪器、计量器具及施工安全设施。
(3) 材料：① 工程材料和施工用料。
② 原材料、半成品、在品、构配件和周转材料。保证工程质量的基础
③ 工程设备。
(4) 方法：包括：所采用的技术和方法，工程检测、试验的技术和方法。
如：10项新技术（装配式混凝土结构技术、绿色施工技术等）。
(5) 环境：自然环境、社会环境、管理环境、作业环境。

环境的影响因素：

（1）自然环境因素：工程地质、水文、气象条件和地下障碍物以及其他不可抗力等。（先天、客观）。

（2）社会环境因素：国家建设法律法规、项目法人决策的理性化程度、建筑市场、工程质量监督、建设咨询服务业的发展程度。（行业现状）

（3）管理环境因素：质量管理体系、质量管理制度和各参建单位之间的协调等，如建立现场施工组织系统。（现场、软件，虚）

（4）作业环境因素：项目实施现场平面和空间环境条件，各种能源介质供应，施工照明、通风、安全防护设施，施工场地给水排水，以及交通运输和道路条件等。（现场、硬件，实）

【经典例题】

1.【2022】建设工程中使用的施工安全设施属于工程项目质量影响因素中的（　　）。
A．材料因素　　　　　　　　B．环境因素
C．机械因素　　　　　　　　D．方法因素

2.【2018】我国实行建筑企业资质管理制度、建造师执业资格注册制度、作业人员持证上岗制度，都是对建筑工程项目质量影响因素中（　　）的控制。
A．人的因素　　　　　　　　B．管理因素
C．环境因素　　　　　　　　D．技术因素

3.【2016】下列影响项目质量的环境因素中，属于管理环境因素的是（　　）。
A．项目现场施工组织系统　　B．项目所在地建筑市场规范程度
C．项目所在地政府的工程质量监督　D．项目咨询公司的服务水平

4.【2015】"建设工程项目法人决策的理性化程度以及建筑业经营者的经营管理理念"属于影响建设工程质量的（　　）。
A．管理环境因素　　　　　　B．人的因素
C．方法的因素　　　　　　　D．社会环境因素

5．影响施工质量的环境因素中，施工作业环境因素包括（　　）。
A．地下障碍物的影响　　　　B．施工现场交通运输条件
C．质量管理制度　　　　　　D．施工工艺与工法

6．下列影响施工质量的因素中，属于材料因素的有（　　）。
A．计量器具　　　　　　　　B．建筑构配件
C．新型模板　　　　　　　　D．工程设备
E．安全防护设施

答案：1. C；2. A；3. A；4. D；5. B；6. B、C、D

笔记区

考点四：质量风险识别

历年考情分析

年份	2017	2018	2019	2020	2021	2022
单选				√		
多选						

【核心考点】

1. 常见质量风险

从风险产生的原因分析，常见质量风险有如下几类：

（1）自然风险 ｛ 客观自然条件：软弱、不均匀的岩土地基，恶劣的水文、气象条件
突发自然灾害：地震、暴雨、雷电、洪水、泥石流等

（2）技术风险 ｛ 技术水平的局限
实施人员对工程技术的掌握、应用不当
不成熟技术在"四新"工程上的应用

（3）管理风险 ｛ 质量管理体系存在缺陷
组织结构不合理，工作流程组织不科学、任务分工和管理职能划分不恰当
管理制度不健全，管理者的管理能力和责任心不强

（4）环境风险 ｛ 社会环境：腐败现象和违法行为
工作环境：空气污染、水污染、光污染和噪声、固体废弃物等

2. 质量风险识别的方法

风险识别可按风险责任单位和项目实施阶段分别进行，分三步进行：

（1）画出质量风险结构层次图。

（2）分析每种风险的促发因素。

（3）将风险识别的结果汇总成为质量风险识别报告。

【经典例题】

1.【2020】下列项目质量风险中，属于管理风险的是（　　）。

A．项目采用了不够成熟的新材料

B．项目组织结构不合理

C．项目场地周边发生滑坡

D．项目现场存在严重的水污染

2.【2016】关于工程项目质量风险识别的说法，正确的是（　　）。

A．从风险产生的原因分析，质量风险分为自然风险、施工风险、设计风险

B．可按风险责任单位和项目实施阶段分别进行风险识别

C．因项目实施人员自身技术水平局限造成错误的质量风险属于管理风险

D．风险识别的步骤是：分析每种风险的促发因素→画出质量风险结构层次图→将结果汇总成质量风险识别报告

3.【2014】下列项目质量风险中，属于管理风险的是（　　）。

A．项目实施人员对工程技术的应用不当
B．社会上的腐败现象和违法现象
C．采用不够成熟的新结构、新技术、新工艺
D．工程质量责任单位的质量管理体系存在缺陷

答案：1．B；2．B；3．D

笔记区

考点五：质量风险响应

历年考情分析

年份	2017	2018	2019	2020	2021	2022
单选	√	√	√		√	
多选						

【核心考点】

质量风险应对策略

（1）规避：
- 依法进行招标投标，选择有能力的单位；
- 正确规划选址，避开不良地基或地质灾害区域；
- 不选用不成熟、不可靠的方案；
- 合理安排工期和进度，避开水灾、风灾、冻灾对质量的损害。

（2）减轻：如制定和落实施工质量保证措施和质量事故应急预案。

（3）转移：
- 分包转移：包括联合体承包。
- 担保转移：履约担保、竣工结算时扣留质量保证金。
- 保险转移。

（4）自留：
- 设立风险基金，损失发生后用基金弥补；
- 预算价格中预留不可预见费，发生风险由不可预见费支付。

【经典例题】

1．【2021】某承包单位在施工中有针对性地制定和落实施工质量保证措施来降低质量事故发生概率，这一行为属于质量风险应对的（　　）策略。

A．减轻　　　　　　　　　B．规避
C．转移　　　　　　　　　D．自留

2．【2019】下列质量风险应对策略中，属于风险转移策略的是（　　）。

A．施工单位合理安排工期，避开可能发生的自然灾害对质量的影响
B．施工单位在施工中有针对性地制定质量事故应急预案

C．建设单位在工程发包时，要求承包单位提供履约担保

D．建设单位在工程预算价格中预留一定比例的不可预见费

3．【2018】某投标人在内部投标评审会中发现招标人公布的招标控制价不合理，因此决定放弃此次投标，该风险应对策略为（　　）。

A．风险减轻　　　　　　B．风险规避

C．风险自留　　　　　　D．风险转移

4．【2017】下列质量风险对策中，属"减轻"对策的是（　　）。

A．设立质量事故风险基金　　B．正确进行项目规划选址

C．依法实行联合体承包　　　D．制定并落实施工质量保证措施

5．【2015】某施工总承包单位依法将自己没有足够把握实施的防水工程分包给有经验的分包单位，属于质量风险应对的（　　）策略。

A．转移　　　　　　　　B．规避

C．减轻　　　　　　　　D．自留

答案：1．A；2．C；3．B；4．D；5．A

1Z204020 建设工程项目质量控制体系

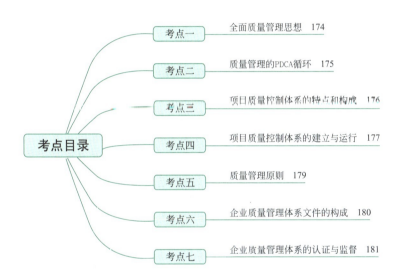

考点一：全面质量管理思想

历年考情分析

年份	2017	2018	2019	2020	2021	2022
单选				√		
多选						

【核心考点】

建设工程项目的质量管理，应贯彻"三全"管理的思想和方法。

（1）全面质量管理：是指项目参与各方所进行的工程项目质量管理的总称，包括工程质量和工作质量的全面管理。

（2）全过程质量管理：根据工程质量的形成规律，从源头抓起，全过程推进。要控制的主要过程包括：

```
                    ┌ 项目策划与决策过程 ═→ 决策阶段
                    │ 勘察设计过程          ┐
                    │ 设备材料采购过程      │
                    │ 施工组织与实施过程    │
全过程质量管理 ─────┤ 检测设施控制与计量过程 ├ 实施阶段
                    │ 施工生产的检验试验过程 │
                    │ 工程质量的评定过程    │
                    │ 工程竣工验收与交付过程 ┘
                    └ 工程回访维修服务过程 ═→ 使用阶段
```

（3）全员参与质量管理：组织内部的每个部门和工作岗位都承担着相应的质量职能。

【经典例题】

1.【2020】建设工程项目全面质量管理中的"全面"是指（　　）的管理。
A．决策过程和实施过程　　　B．工程质量和工作质量
C．管理岗位和工作岗位　　　D．全方位和全流程

2.【2016】根据建设工程全过程质量管理的要求，质量控制的主要过程包括（　　）。
A．项目策划与决策过程　　　B．设备材料采购过程
C．施工组织与实施过程　　　D．项目运行与维修过程
E．工程质量的评定过程

答案：1. B；2. A、B、C、E

【笔记区】

考点二：质量管理的PDCA循环

历年考情分析

年份	2017	2018	2019	2020	2021	2022
单选			√			
多选			√			√

【核心考点】

（1）计划（P）：包括确定质量目标和制定实现质量目标的行动方案。

（2）实施（D）：将质量的目标值通过生产要素的投入、作业技术活动和产出过程，转化成质量的实际值。包括行动方案的部署与交底和施工作业技术活动。

（3）检查（C）：包括检查是否严格执行和检查计划执行结果。

（4）处置（A）：包括纠偏和预防改进两个方面。

【经典例题】

1.【2022】质量管理的实施职能在于将质量目标值，通过（   ）转换成质量实际值。

  A．生产要素投入　　　　B．技术创新研发

  C．作业技术活动　　　　D．管理活动

  E．产出过程

2.【2019】建设工程项目质量管理的PDCA循环中，质量处置（A）阶段的主要任务是（   ）。

  A．明确质量目标并制定实现目标的行动方案

  B．将质量计划落实到工程项目的施工作业技术活动中

  C．对质量问题进行原因分析，采取措施予以纠正

  D．对计划实施过程进行科学管理

3.【2019】施工质量管理的PDCA循环中，检查C（check）包括（   ）。

  A．监理单位的平行检查　　B．作业者的自检

  C．作业者的互检　　　　　D．政府部门的监督检查

  E．专职管理者的专检

4.【2013】建设工程项目质量管理的PDCA循环中，质量计划阶段的主要任务是（   ）。

  A．明确质量目标并制定实现目标的行动方案

  B．展开工程项目的施工作业技术活动

  C．对计划实施过程进行科学管理

  D．对质量问题进行原因分析，采取措施予以纠正

5.【2010】下列质量管理的职能活动中，属于PDCA循环中的"D"职能的活动是（   ）。

A．明确项目质量目标　　　　B．专职质检员检查产品质量
C．行动方案的部署和交底　　D．制定实现质量目标的行动方案

答案：1．A、C、E；2．C；3．B、C、E；4．A；5．C

笔记区
_____
_____
_____
_____

考点三：项目质量控制体系的特点和构成

历年考情分析

年份	2017	2018	2019	2020	2021	2022
单选		√		√		
多选						

【核心考点】

1. 项目质量控制体系与企业质量管理体系对比

不同点	项目质量控制体系	企业质量管理体系
建立的目的	用于特定的项目	用于建筑企业
服务的范围	项目实施过程中的质量责任主体	某一承包企业
控制的目标	项目的质量目标	企业的质量管理目标
作用的时效	一次性	永久性
评价的方式	项目管理组织者自我评价	第三方

2. 项目质量控制体系的多层次结构

第一层次	建设单位的工程项目管理机构 委托代建——代建方项目管理机构 委托项目管理——受托项目管理机构 交钥匙工程总承包——工程总承包企业
第二层次	设计总负责单位 施工总承包单位
第三层次	承担工程设计、施工安装、材料设备供应等分包单位

【经典例题】

1.【2020】评价和诊断项目质量控制体系的有效性，一般由（　　）进行。
A．项目监理单位　　　　　B．项目管理的组织者
C．项目咨询单位　　　　　D．第三方认证机构

2.【2018】关于项目质量控制体系的说法，正确的是（　　）。
A. 涉及工程项目实施中所有的质量责任主体
B. 目的是用于建筑业企业的质量管理
C. 其控制目标是建筑业企业的质量管理目标
D. 体系有效性进行第三方审核认证

3.【2016】下列项目质量控制体系中，属于第二层次的是（　　）。
A. 建设单位项目管理机构建立的项目质量控制体系
B. 交钥匙工程总承包企业项目管理机构建立的项目质量控制体系
C. 项目设计总负责单位建立的项目质量控制体系
D. 施工设备安装单位建立的现场质量控制体系

4.【2015】在大型群体工程项目中，第一层次质量控制体系可由（　　）的项目管理机构负责建立。
A. 建设单位　　　　　B. 设计总负责单位
C. 代建单位　　　　　D. 施工总承包单位
E. 工程总承包企业

5.【2014】关于项目质量控制体系的说法，正确的是（　　）。
A. 项目质量控制体系需要第三方认证
B. 项目质量控制体系是一个永久性的质量管理体系
C. 项目质量控制体系既适用于特定项目的质量控制，也适用于企业的质量管理
D. 项目质量控制体系涉及项目实施过程所有的质量责任主体

答案：1. B；2. A；3. C；4. A、C、E；5. D

> 笔记区

考点四：项目质量控制体系的建立与运行

历年考情分析

年份	2017	2018	2019	2020	2021	2022
单选					√	√
多选					√	

【核心考点】
1. 项目质量控制体系建立的原则
（1）分层次规划原则

指项目管理总组织者和承担项目具体实施任务的参建单位分别规划和建立。
（2）目标分解原则
（3）质量责任制原则

2. 项目质量控制体系建立的程序
（1）建立系统质量控制网络
首先明确系统各层面的工程质量控制负责人。
（2）制定质量控制制度
包括例会制度、协调制度、报告审批制度、质量验收制度和质量信息管理制度等。
（3）分析质量控制界面
静态界面：根据法律法规、合同条件、组织内部职能分工确定。
动态界面：指各参建单位间的衔接配合关系及其责任划分。
（4）编制质量控制计划

3. 项目质量控制体系的运行环境
主要是指以下几方面为系统运行提供支持的条件：
（1）合同结构
（2）资源配置
人员和资源的合理配置是系统运行的基础条件。
（3）组织制度
管理制度和程序性文件的建立是系统运行的基本保证。

4. 项目质量控制体系的运行机制
（1）动力机制
项目质量控制体系运行核心机制，基于项目参与各方及各层次人员的责权利分配和适当竞争机制形成的内在动力。
（2）约束机制
取决于质量责任主体内部的自我约束能力和外部的监控效力。
（3）反馈机制
（4）持续改进机制
PDCA循环原理。

【经典例题】

1.【2022/2015】项目总负责单位建立项目质量控制体系的第一步工作是（　　）。
A．制定质量控制制度　　B．建立系统质量控制网络
C．分析质量控制界面　　D．编制质量工作计划

2.【2021/2016】建立项目质量控制体系的过程包括：①分析质量控制界面；②建立系统质量控制网络；③制定质量控制制度；④编制质量控制计划。其正确的工作步骤是（　　）。
A．②→③→①→④　　B．①→②→③→④
C．②→①→③→④　　D．①→③→②→④

3.【2021】项目质量控制体系的运行环境包括（　　）。
A．项目的合同结构　　B．质量管理的人员配置

C．质量管理的政府监督制度　　D．质量管理的资源配置

E．质量管理的组织制度

4．【2015】项目质量控制体系运行的核心机制是（　　）。

A．约束机制　　　　　　　　B．反馈机制

C．持续改进机制　　　　　　D．动力机制

5．【2013】建设工程项目质量控制系统运行的约束机制，取决于（　　）。

A．各质量责任主体对利益的追求　　B．质量信息反馈的及时性和准确性

C．各质量责任主体内部的自我约束能力　D．外部的监控效力

E．工程项目管理文化建设的程度

6．【2012】项目各参与方应分别进行不同层次和范围的建设工程项目质量控制，这是建立建设工程项目质量控制体系时（　　）原则的体现。

A．目标分解　　　　　　　　B．质量责任制

C．系统有效性　　　　　　　D．分层次规划

7．【2010】建立项目质量控制系统时，确定质量责任静态界面的依据是法律法规、合同条件和（　　）。

A．组织内部职能分工　　　　B．设计与施工单位的责任划分

C．质量控制协调制度　　　　D．质量管理的资源配置

答案：1．B；2．A；3．A、B、D、E；4．D；5．C、D；6．D；7．A

笔记区

考点五：质量管理原则

历年考情分析

年份	2017	2018	2019	2020	2021	2022
单选						
多选		√				

【核心考点】

质量管理原则

（1）以顾客为关注焦点：是质量管理的首要关注点。

（2）领导作用。

（3）全员积极参与。

（4）过程方法。

（5）改进。
（6）循证决策。
（7）关系管理。

【经典例题】

1.【2018】根据《质量管理体系 基础和术语》GB/T 19000—2016，质量管理原则包括（　　）。

  A．以顾客为关注焦点　　B．循证决策
  C．全员积极参与　　　　D．关系管理
  E．全要素控制

2．根据《质量管理体系 基础和术语》GB/T 19000—2016，循证决策原则要求施工企业质量管理时应基于（　　）做出相关决策。

  A．与相关方的关系　　　B．满足顾客的要求
  C．数据和信息的分析和评价　　D．功能连贯的过程组成的体系

答案：1．A、B、C、D；2．C

笔记区

考点六：企业质量管理体系文件的构成

历年考情分析

年份	2017	2018	2019	2020	2021	2022
单选		√				√
多选						

【核心考点】

（1）质量手册：纲领性文件。

（2）程序文件：质量手册的支持性文件。

① 企业为落实质量管理工作而建立的各项管理标准、规章制度都属于程序文件范畴。

② 各类企业的通用管理程序包括文件控制程序、质量记录管理程序、不合格品控制程序、内部审核程序、预防措施控制程序、纠正措施控制程序，内容和详略可视企业情况而定。

③ 涉及产品质量形成过程各环节质量控制的程序文件，如生产过程、服务过程、管理过程、监督过程等管理程序文件，可视企业质量控制的需要而制定，不做统一规定。

（3）质量计划。

(4)质量记录：
① 各项质量活动进行及结果的客观反映，用以证明产品质量。
② 具有可追溯性的特点。

【经典例题】

1.【2022】施工企业为落实质量管理工作而建立的各项管理标准，属于质量管理体系文件中（　　）范畴。
A．质量手册　　　　　B．质量计划
C．质量记录　　　　　D．程序文件

2.【2018】下列质量管理体系程序性文件中，可视企业质量控制需要而制定，不做统一规定的是（　　）。
A．内部审核程序　　　B．质量记录管理程序
C．纠正措施控制程序　D．生产过程管理程序

3.【2014】质量管理体系文件由（　　）构成。
A．质量方针和质量目标　B．质量记录
C．质量报告　　　　　D．质量手册
E．程序文件

4．下列项目施工质量管理体系文件中，能够证明产品质量达到要求的是（　　）。
A．质量记录　　　　　B．质量手册
C．程序文件　　　　　D．质量计划

5．质量记录应完整地反映质量活动实施、验证和评审的情况，并记载关键活动的过程参数，具有（　　）的特点。
A．事中控制　　　　　B．持续改进
C．可追溯性　　　　　D．可存档

答案：1．D；2．D；3．B、D、E；4．A；5．C

笔记区

考点七：企业质量管理体系的认证与监督

历年考情分析

年份	2017	2018	2019	2020	2021	2022
单选	√		√		√	
多选				√		

【核心考点】

认证机构	公正的第三方
认证程序	申请和受理、审核、审批和注册发证
认证有效期	3年，有效期内应经常性内部审核
监督检查	分为定期和不定期两种。定期检查每年一次，不定期检查临时安排
认证注销	企业的自愿行为
认证暂停	认证机构对获证企业质量管理体系不符合认证要求情况时采取的警告措施
认证撤销	（1）撤销认证的情形：体系严重不符合规定；暂停期限内未予整改。 （2）企业不服可申诉。 （3）撤销认证的企业一年后可重新提出认证申请
重新换证	有效期内可重新换证情形：认证标准变更、认证范围变更、认证证书持有者变更

【经典例题】

1.【2021】第三方认证机构对认证合格单位质量管理体系维持情况进行定期检查的频次通常是（　　）。
　　A．每年两次　　　　　　B．两年一次
　　C．每年一次　　　　　　D．一季度一次

2.【2020】建筑施工企业进行质量管理体系认证的程序包括（　　）。
　　A．申请和受理　　　　　B．审核
　　C．培训　　　　　　　　D．定期监督检查
　　E．审批与注册发证

3.【2019】根据质量管理体系认证制度，当在认证证书有效期内出现体系认证标准变更，企业可采取的行动是（　　）。
　　A．申请复评　　　　　　B．重新换证
　　C．认证暂停　　　　　　D．认证撤销

4.【2017】企业获准质量管理体系认证后，维持与监督管理活动中的自愿行为是（　　）。
　　A．监督检查　　　　　　B．企业通报
　　C．认证暂停　　　　　　D．认证注销

5.【2013】某企业通过质量管理体系认证后，由于管理不善，经认证机构调查做出了撤销认证的决定，则该企业（　　）。
　　A．可以提出申诉，并在一年后可重新提出认证申请
　　B．不能提出申诉，不能再重新提出认证申请
　　C．不能提出申诉，但在一年后可以重新提出认证申请
　　D．可以提出申诉，并在半年后可重新提出认证申请

6.关于质量管理体系认证与监督的说法，正确的有（　　）。
　　A．企业质量管理体系由国家认证认可监督委员会认证
　　B．当企业质量管理体系严重不符合规定时，应暂停认证
　　C．企业获准认证后第三年接受认证机构的监督管理

D. 企业获准认证后应经常性的进行内部审核
E. 认证注销是企业的自愿行为

答案：1. C；2. A、B、E；3. B；4. D；5. A；6. D、E

1Z204030 建设工程项目施工质量控制

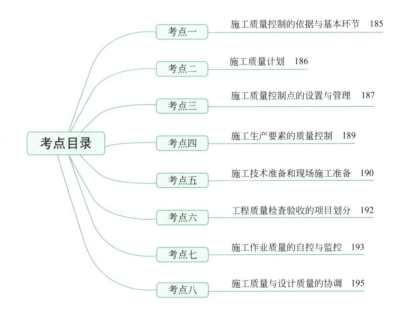

考点一：施工质量控制的依据与基本环节

历年考情分析

年份	2017	2018	2019	2020	2021	2022
单选		√		√		√
多选						

【核心考点】

一、施工质量的基本要求

（1）符合工程勘察、设计文件的要求。——按图施工

（2）符合《建筑工程施工质量验收统一标准》GB 50300—2013 和相关专业验收规范的规定。——依法施工

（3）符合施工承包合同约定的要求。——践约施工

满足（1）和（2），即验收合格，是项目质量的最基本要求。

二、施工质量控制的依据

1. 共同性依据（通用）

指与施工质量管理有关的、通用的、具有普遍意义和必须遵守的法规性文件，如《中华人民共和国建筑法》《中华人民共和国招标投标法》和《建设工程质量管理条例》等。

2. 专业技术性依据（专用）

指针对不同的行业、不同质量控制对象制定的专门技术法规文件，包括规范、规程、标准、规定等。如：

（1）工程建设项目质量检验评价标准。

（2）有关建筑材料、半成品和构配件质量的专门技术法规性文件。

（3）有关材料验收、包装和标志的技术标准和规定。

（4）四新技术的质量规定和鉴定意见。

3. 项目专用性依据（适用于本项目）

本项目的工程建设合同、勘察设计文件、设计交底及图纸会审记录、设计修改和技术变更通知，以及相关会议记录和工程联系单等。

三、施工质量控制的基本环节

施工质量控制的基本环节
- 事前控制 施工前
  - 编制施工质量计划，明确质量目标。
  - 制定施工方案，设置质量管理点，落实质量责任。
  - 制定预防措施。
- 事中控制
  - 包括：质量活动主体的自我控制（第一位）和他人监控。
  - 目标：确保工序质量合格，杜绝质量事故。
  - 关键：坚持质量标准。
  - 重点：工序质量、工作质量和质量控制点的控制。
- 事后控制
  - 内容：结果的评价认定；纠偏：不合格品整改处理。
  - 重点：发现缺陷，提出措施，保持受控。

【经典例题】

1.【2022】下列施工质量控制活动中,属于事中控制的是（   ）。
A. 设置质量管理点　　　　　　　　B. 质量活动结果评价
C. 工序质量检查　　　　　　　　　D. 编制施工质量计划

2.【2020】在施工质量控制的基本环节中,作业活动过程质量控制包括（   ）。
A. 建设单位的质量控制和监理单位的质量控制
B. 监理单位的质量控制和质量监督部门的质量控制
C. 质量活动主体对工序质量偏差的纠正
D. 质量活动主体的自我控制和他人监控

3.【2018】下列质量控制工作中,事中质量控制的重点是（   ）。
A. 工序质量的控制　　　　　　　　B. 质量管理点的设置
C. 施工质量计划的编制　　　　　　D. 工序质量偏差的纠正

4.【2016】下列施工质量控制依据中,属于项目专用性依据的是（   ）。
A. 工程建设项目质量检验评定标准　B. 设计交底及图纸会审记录
C. 建设工程质量管理条例　　　　　D. 材料验收的技术标准

5.【2010】建设工程施工质量的事后控制是指（   ）。
A. 质量活动的检查和监控　　　　　B. 质量活动结果的评价和认定
C. 质量活动的行为约束　　　　　　D. 质量偏差的纠正
E. 已完施工的成品保护

6. 下列对工程项目施工质量的要求中,体现个性化要求的是（   ）。
A. 符合国家法律、法规的要求
B. 不仅要保证产品质量,还要保证施工活动质量
C. 符合工程勘察、设计文件的要求
D. 符合施工质量评定等级的要求

答案：1. C；2. D；3. A；4. B；5. B、D；6. C

：施工质量计划

历年考情分析

年份	2017	2018	2019	2020	2021	2022
单选						
多选						

【核心考点】
1. 形式
（1）工程项目施工质量计划（针对已建立质量管理体系的施工企业）。
（2）工程项目施工组织设计（含施工质量计划）。
（3）施工项目管理实施规划（含施工质量计划）。
2. 基本内容
（1）工程特点及施工条件分析。
（2）质量总目标及分解目标。
（3）质量管理组织机构和职责，人员及资源配置计划。
（4）确定施工工艺与操作方法的技术方案和施工组织方案。
（5）物资的质量管理及控制措施。
（6）检验、检测、试验工作的计划安排及其实施方法与检测标准。
（7）质量控制点及其跟踪控制的方式与要求。
（8）质量记录的要求。

【经典例题】
1.【2016】施工质量计划的基本内容包括（　　）。
A．质量总目标及分解目标　　B．工序质量偏差的纠正
C．质量管理组织机构和职责　　D．施工质量控制点及跟踪控制的方式
E．质量记录的要求
2.【2013】下列质量管理的内容中，属于施工质量计划基本内容的是（　　）。
A．项目部的组织机构设置　　B．质量控制点的控制要求
C．质量手册的编制　　D．施工质量体系的认证
答案：1．A、C、D、E；2．B

考点三：施工质量控制点的设置与管理

历年考情分析

年份	2017	2018	2019	2020	2021	2022
单选		√				
多选			√		√	

【核心考点】

1. 质量控制点的设置

选择技术要求高、施工难度大、对工程质量影响大或是发生质量问题时危害大的对象进行设置。

2. 质量控制点的管理

首先：做好事前质量预控工作。如：明确质量控制的目标与控制参数；编制作业指导书和质量控制措施；确定质量检查检验方式及抽样的数量与方法；明确检查结果的判断标准及质量记录与信息反馈要求。

其次：向作业班组认真交底；在施工过程中技术管理和质量控制人员应现场重点指导和检查验收。

同时：做好动态设置和动态跟踪管理。

3. 质量控制点的分类

（1）见证点：如重要部位、特种作业、专门工艺等，监理机构到位旁站。

（2）待检点：如隐蔽工程等，自检合格后通知监理机构检查验收。

【经典例题】

1.【2021】下列施工作业质量控制点中，属于"见证点"的有（　　）。

A．隐蔽工程　　　　　　　　　　B．重要部位施工

C．压力容器特种作业　　　　　　D．二次结构砌体施工

E．预应力施工工艺

2.【2015】下列施工质量控制点的管理工作中，属于事前质量控制的有（　　）。

A．明确质量控制目标　　　　　　B．确定质量抽样数量

C．质量控制人员在现场进行指导　D．向施工作业班组认真交底

E．动态跟踪管理质量控制点

3.【2014】下列施工企业作业质量控制点中，属于"待检点"的是（　　）。

A．隐蔽工程　　　　　　　　　　B．重要部位

C．特种作业　　　　　　　　　　D．专门工艺

4．施工质量控制点应选择技术要求高、对工程质量影响大或是发生质量问题危害大或（　　）的对象进行设置。

A．劳动强度大　　　　　　B．施工难度大

C．施工技术先进　　　　　D．施工管理要求高

答案：1．B、C、E；2．A、B；3．A；4．B

【笔记区】

考点四：施工生产要素的质量控制

历年考情分析

年份	2017	2018	2019	2020	2021	2022
单选		√	√	√		√
多选				√		

【核心考点】

人	（1）坚持执业资格注册制度和作业人员持证上岗制度。 （2）对施工项目领导者、组织者进行教育和培训。 （3）对施工队伍进行全员培训，加强质量意识的教育和技术训练。 （4）对分包单位资质考核和施工人员的资格考核
机械	（1）从设备选型、主要性能参数及使用操作要求控制机械设备。 （2）对模具、脚手架等施工设备，需按设计及施工要求进行专项设计。 （3）现场起重机械设备，要编制专项安装方案并经过审批，交付使用前经专业管理部门的验收
材料设备	包括原材料、半成品及工程设备。质量控制包括： （1）控制材料设备的性能、标准、技术参数与设计文件的相符性。 （2）控制材料设备技术性能指标、检验测试指标与标准规范要求的相符性。 （3）控制材料设备进场验收程序的正确性及质量文件资料的完备性。 （4）优先采用低碳的新型建筑材料和设备。 （5）禁止使用国家明令禁用或淘汰的建筑材料和设备等
方案	（1）分析工程特征、关键技术及环境条件等资料，明确质量目标、验收标准、控制的重难点。 （2）制定施工技术方案和组织方案（施工区段划分、施工流向及劳动组织等）。 （3）合理选用施工机械设备和设置施工临时设施，合理布置施工总平面图和各阶段施工平面图。 （4）选用和设计保证质量和安全的模具、脚手架等施工设备。 （5）编制专项技术方案和质量管理方案。 （6）分析环境因素对施工的影响，制订对策
环境	（1）减少环境因素对施工质量的不利影响，主要采用预测预防的风险控制方法。 （2）包括对施工现场自然环境因素、施工质量管理环境因素、施工作业环境因素的控制

【经典例题】

1.【2022】合理划分施工区段，属于施工生产要素质量控制中的（　　）。
A．施工人员　　　　　　B．工艺技术方案
C．材料设备　　　　　　D．施工环境因素

2.【2020】为减少环境因素对施工质量的不利影响，施工企业主要采取（　　）方法。
A．风险控制　　　　　　B．动态控制
C．跟踪管理　　　　　　D．静态控制

3.【2020】混凝土预制构件吊运时需考虑的质量控制措施包括（　　）。
A．选择符合环保要求的吊装机械设备
B．按照构件尺寸、重量选择吊具

C. 计算确定构件的吊点数量、位置

D. 控制吊索水平夹角不应小于45°

E. 编制专项方案并组织专家评审

4.【2019】下列质量控制工作中,属于施工作业环境因素控制的工作是(　　)。

A. 建立统一的现场施工组织系统

B. 严格落实施工组织设计,保证现场施工条件

C. 制定应对极端天气的专项紧急预案

D. 根据工程岩土地质资料采取基坑加固方案

5.【2018】影响建设项目施工质量的环境因素是(　　)。

A. 施工现场自然环境、施工作业环境和技术环境

B. 施工现场自然环境、施工作业环境和施工质量管理环境

C. 施工现场自然环境、技术环境和施工质量管理环境

D. 施工作业环境、技术环境和施工质量管理环境

6.【2016】下列施工生产要素的质量控制内容中,属于工艺方案质量控制的是(　　)。

A. 施工企业坚持执业资格注册制度和作业人员持证上岗制度

B. 施工企业在施工过程中优先采用节能低碳的新型建筑材料和设备

C. 施工企业合理布置施工总平面图和各阶段施工平面图

D. 施工企业对施工中使用的模具、脚手架等施工设备进行专项设计

答案：1. B；2. A；3. B、C、D；4. B；5. B；6. C

笔记区

考点五：施工技术准备和现场施工准备

历年考情分析

年份	2017	2018	2019	2020	2021	2022
单选	√				√	
多选						

【核心考点】

1. 技术准备的质量控制

（1）复核审查图纸、方案,如设计交底和图纸会审。⎫

（2）完善施工质量控制措施。　　　　　　　　　　⎬ 施工前、室内

（3）设置质量控制点,明确质量控制的重点对象和控制方法。⎭

2. 现场施工准备的质量控制

（1）计量控制

（2）测量控制

施工单位开工前编制测量控制方案，经项目技术负责人批准后实施。

原始坐标点、基准线和水准点等测量控制点由建设单位提供，施工单位复核，复测结果报监理工程师审核。

（3）施工平面布置控制

如规划施工场地、材料合理堆放、正确布置机械设备、道路畅通和通信设施完好、制订场地质量管理制度等。

建议："施工准备"还是"技术准备"的选择题，用排除法。

【经典例题】

1.【2021】下列施工准备的质量控制工作中，属于现场施工准备工作的是（　　）。

A．组织设计交底　　　　　　　B．细化施工方案
C．复核测量控制点　　　　　　D．编制作业指导书

2.【2017】施工单位在工程开工前编制的测量控制方案，需经（　　）批准后方可实施。

A．项目技术负责人　　　　　　B．项目经理
C．总监理工程师　　　　　　　D．项目质量工程师

3.【2015】下列质量控制工作中，属于施工技术准备工作的是（　　）。

A．明确质量控制的重点对象　　B．编制测量控制方案
C．建立施工现场计量管理的规章制度　　D．正确安装设置施工机械设备

4.【2013】在施工准备阶段，绘制模板配图属于（　　）的质量控制工作。

A．计量控制准备　　　　　　　B．测量控制准备
C．施工技术准备　　　　　　　D．施工平面控制

5.【2012】施工承包企业应对建设单位提供的原始坐标点、基准线和水准点等测量控制点进行复核，并将复测结果上报（　　）审批，批准后才能建立施工测量控制网，进行工程定位和标高基准的控制。

A．项目技术负责人　　　　　　B．企业技术负责人
C．业主　　　　　　　　　　　D．监理工程师

答案：1. C；2. A；3. A；4. C；5. D

考点六：工程质量检查验收的项目划分

历年考情分析

年份	2017	2018	2019	2020	2021	2022
单选						
多选	√					

【核心考点】

单位工程	（1）具备独立施工条件并能形成独立使用功能的建筑物或构筑物为一个单位工程。 （2）规模较大的单位工程，可将其能形成独立使用功能的部分划分为若干个子单位工程
分部工程	按专业性质、工程部位确定
分项工程	按主要工种、材料、施工工艺、设备类别等划分
检验批	按工程量、楼层、施工段、变形缝等进行划分

【经典例题】

1．【2017】根据《建筑工程施工质量验收统一标准》GB 50300—2013，分项工程的划分依据有（　　）。

A．工种　　　　　　　　B．工程部位
C．材料　　　　　　　　D．施工工艺
E．设备类别

2．【2011】根据《建筑工程施工质量验收统一标准》GB 50300—2013，建筑工程质量验收划分为（　　）。

A．分部工程、分项工程和检验批
B．分部工程、分项工程、隐蔽工程和检验批
C．单位工程、分部工程、分项工程和检验批
D．单位工程、分部工程、分项工程、隐蔽工程和检验批

答案：1．A、C、D、E；2．C

【笔记区】

考点七：施工作业质量的自控与监控

历年考情分析

年份	2017	2018	2019	2020	2021	2022
单选	√				√	
多选						√

【核心考点】

一、施工作业质量的自控

1. 自控主体

自控主体：施工方。

2. 自控程序

（1）技术交底

（2）施工作业活动实施

（3）施工作业质量的检查

包括施工单位的自检、互检、专检和交接检查；现场监理机构的旁站检查、平行检查等。

3. 自控要求

（1）预防为主

（2）重点控制

（3）坚持标准

《建筑工程施工质量验收统一标准》GB 50300—2013 及配套使用的专业质量验收规范。

（4）记录完整

二、施工作业质量的监控

1. 监控主体

建设单位、监理单位、设计单位、质量监督部门。

2. 现场质量检查（监控主要手段）的内容

（1）开工前的检查

（2）工序交接检查

重要工序和对工程质量有重大影响的工序，严格执行三检制度（自检、互检、专检）。未经监理工程师检查认可，不得进行下道工序施工。

（3）隐蔽工程的检查

（4）停工后复工的检查

（5）分项、分部工程完工后的检查

（6）成品保护的检查

3. 现场质量检查的方法

（1）目测法

目测法 ｛
- 看：如清水墙是否洁净；混凝土外观检查等。
- 摸：如油漆光滑度等。
- 敲：如水磨石、瓷砖、石材饰面检查。
- 照：如管道井、电梯井检查；吊顶内连接及设备安装。

（2）实测法

实测法 ｛
- 靠：如墙面、地面、路面的平整度检查等。
- 量：如大理石板拼缝尺寸、混凝土坍落度检测等。
- 吊：如砌体、门窗安装垂直度检查。
- 套：如阴阳角方正、踢脚线垂直度等。

（3）试验法

试验法 ｛
- 理化试验 ｛
  - 力学性能检验：强度、韧性、硬度、承载力等。
  - 物理性能检验：密度、含水量、凝结时间等。
  - 化学成分及性质检验：钢筋中磷硫含量。
  - 现场试验：桩基静载试验、防水层蓄水或淋水试验等。
- 无损检测：超声波探伤、X射线探伤、γ射线探伤等。

【经典例题】

1.【2022】施工作业质量自控的基本程序中包括的工作有（　　）。
A．质量监督机构的抽检　　　B．现场旁站检查
C．作业技术交底　　　　　　D．作业活动的实施
E．专职管理人员的质量检查

2.【2021】下列质量检查内容中，可通过目测法中"照"的手段检查的是（　　）。
A．油漆的光滑度　　　　　　B．内墙抹灰的大面是否平直
C．混凝土的强度是否符合要求　D．管道井内管线、设备安装质量

3.【2017】施工单位内部的施工作业质量检查包括（　　）。
A．自检、互检和旁站检查
B．自检、专检和平行检验
C．自检、专检、旁站检查和平行检验
D．自检、互检、专检和交接检查

4.【2014】对于重要的或对工程质量有重大影响的工序，应严格执行（　　）的"三检"制度。
A．事前检查、事中检查、事后检查
B．自检、互检、专检
C．工序检查、分项检查、分部检查
D．操作者自检、质量员检查、监理工程师检查

5.【2014】根据法律和合同，对施工单位的施工质量行为和效果实施监督控制的相关主体有（　　）。

A．建设单位　　　　　　B．监理单位
C．设计单位　　　　　　D．政府的工程质量监督部门
E．材料设备供应商

6.【2013】下列现场质量检查方法中，属于无损检测方法的是（　　）。
A．拖线板挂锤吊线检查　　B．铁锤敲击检查
C．留置试块试验检查　　　D．超声波探伤检查

7.【2012】对装饰工程中的水磨石、面砖、石材饰面等现场检查时，均应进行敲击检查其铺贴质量。该方法属于现场质量检查方法中的（　　）。
A．目测法　　　　　　　B．实测法
C．记录法　　　　　　　D．试验法

答案：1. B、C、D、E；2. D；3. D；4. B；5. A、B、C、D；6. D；7. A

笔记区

考点八：施工质量与设计质量的协调

历年考情分析

年份	2017	2018	2019	2020	2021	2022
单选						
多选		√				

【核心考点】

1. 项目设计质量的控制

主要是从满足项目建设需求入手，以使用功能和安全可靠性为核心，包括以下内容：
（1）项目功能性质量控制。
（2）项目可靠性质量控制。
（3）项目观感性质量控制。
（4）项目经济性质量控制。
（5）项目施工可行性质量控制。

2. 设计交底与图纸会审

设计交底 {(1) 充分理解设计意图　(2) 了解设计内容和技术要求　(3) 明确质量控制的重难点}

图纸会审 {(1) 深入发现和解决各专业设计间存在的矛盾　(2) 消除施工图差错} 找问题解决问题

1Z204000　建设工程项目质量控制

【经典例题】

1.【2018】建设单位应组织设计单位进行设计交底,使施工单位(　　)。

　A. 充分理解设计意图

　B. 了解设计内容和技术要求

　C. 解决各专业设计之间可能存在的矛盾

　D. 消除施工图差错

　E. 明确质量控制的重点与难点

2. 建设工程项目建成后,在规定的使用年限和正常的使用条件下,应保证工程项目使用安全,建筑物、构筑物和设备系统性能稳定。这是项目质量的(　　)要求。

　A. 经济性　　　　　　　　B. 功能性

　C. 观感性　　　　　　　　D. 可靠性

答案:1. A、B、E;2. D

笔记区

1Z204040 建设工程项目施工质量验收

考点目录
- 考点一　施工过程质量验收　198
- 考点二　装配式混凝土建筑的施工质量验收　200
- 考点三　住宅工程分户验收　201
- 考点四　竣工验收　202

考点一：施工过程质量验收

历年考情分析

年份	2017	2018	2019	2020	2021	2022
单选			√		√	√
多选	√					√

【核心考点】

1. 检验批验收

（1）验收最小单位、基础。

（2）专业监理工程师组织，专业质量检查员、工长参加。

（3）验收合格规定：

① 主控项目的质量经抽样检验均应合格（100%）。

② 一般项目的质量经抽样检验合格（80%）。

③ 具有完整的施工操作依据、质量验收记录。

注：主控项目是指建筑工程中的对安全、节能、环境保护和主要使用功能起决定性作用的检验项目。

2. 分项工程验收

（1）在检验批验收的基础上进行。

（2）专业监理工程师组织，项目专业技术负责人参加。

（3）验收合格规定：

① 所含检验批质量均应验收合格。

② 所含检验批的质量验收记录应完整。

3. 分部工程验收

（1）参加人员：总监理工程师组织，项目经理和项目技术负责人参加。

① 针对地基与基础分部工程验收：勘察单位和设计单位项目负责人；施工单位技术、质量部门负责人也应参加。

② 针对主体结构、节能分部工程验收：设计单位项目负责人；施工单位技术、质量部门负责人参加。

（2）验收合格规定：

① 所含分项工程的质量均应验收合格。

② 质量控制资料应完整。

③ 有关安全、节能、环境保护和主要使用功能的抽样检验结果应符合相应规定。

④ 观感质量验收应符合要求。

注：分项工程验收合格且质量控制资料完整，是分部工程质量验收的基本条件。

（3）分部工程不能简单地将各分项工程组合进行验收，尚须增加两类检查项目：

① 见证取样试验或抽样检测：涉及安全、节能、环保和主要使用功能的地基基础、

主体结构和设备安装分部工程。

② 观感质量验收：综合给出质量评价，评价为"差"的检查点应返修处理。

【经典例题】

1.【2022】施工质量检验批主控项目是指对（　　）起决定性作用的检验项目。
   A．经济效果　　　　　　B．安全
   C．环境保护　　　　　　D．主要使用功能
   E．节能

2.【2021/2019】根据《建筑工程施工质量验收统一标准》GB 50300—2013，分项工程质量验收的组织者是（　　）。
   A．项目经理　　　　　　B．项目技术负责人
   C．总监理工程师　　　　D．专业监理工程师

3.【2017】关于建设工程项目施工质量验收的说法，正确的是（　　）。
   A．分项工程、分部工程应由专业监理工程师组织验收
   B．分部工程的质量验收在分项工程验收的基础上进行
   C．分项工程是工程验收的最小单元
   D．分部工程所含全部分项工程质量验收合格，即可认为该分部工程验收合格

4.【2017】工程质量验收时，设计单位项目负责人应参加验收的分部工程有（　　）。
   A．地基与基础　　　　　B．装饰装修
   C．主体结构　　　　　　D．环境保护
   E．节能工程

5.【2016】关于施工项目分部工程质量验收的说法，正确的有（　　）。
   A．分部工程应由总监理工程师组织施工单位项目负责人和项目技术负责人等进行验收
   B．设计单位项目负责人和施工单位技术、质量部门负责人应参加设备安装分部的工程验收
   C．勘察、设计单位项目负责人和施工单位技术、质量部门负责人应参加地基与基础分部工程验收
   D．分部工程验收需对地基基础、主体结构、设备安装分部工程进行见证取样试验或抽样检测
   E．分部工程验收需要对观感质量进行验收，并综合给出质量评价

6.【2015】根据《建筑工程施工质量验收统一标准》GB 50300—2013，关于检验批质量验收合格的说法，正确的是（　　）。
   A．可由监理员组织验收
   B．应具有完整的施工操作依据、质量检查记录
   C．主控项目不需全部检验合格
   D．一般项目的检查具有否决权

7.【2011】工程项目分部工程质量验收合格的基本条件是（　　）。
   A．所含分项工程验收合格　　B．质量控制资料完整
   C．观感质量验收应符合要求　D．主控项目质量检验合格

E. 涉及安全和使用功能的分部工程检验结果符合规定

答案：1. B、C、D、E；2. D；3. B；4. A、C、E；5. A、C、D、E；6. B；7. A、B

考点二：装配式混凝土建筑的施工质量验收

历年考情分析

年份	2017	2018	2019	2020	2021	2022
单选	教材无此知识点	√	√	√		
多选		√		√	√	

【核心考点】

（1）预制构件进场时应检查质量证明文件或质量验收记录。

（2）梁板类简支受弯预制构件进场时应进行结构性能检验。

①钢筋混凝土构件和允许出现裂缝的预应力混凝土构件应进行承载力、挠度和裂缝宽度检验。

②不允许出现裂缝的预应力混凝土构件应进行承载力、挠度和抗裂检验。

（3）不做结构性能检验的预制构件，施工单位或监理单位代表应驻厂监督生产过程。当无驻厂监督时，预制构件进场时应对其主要受力钢筋数量、规格、间距、保护层厚度及混凝土强度等进行实体检验。

（4）检验数量：同一类型预制构件不超过1000个为一批，每批随机抽取1个构件进行结构性能检验。

【经典例题】

1.【2021】钢筋混凝土构件和允许出现裂缝的预应力混凝土构件进场质量验收时，应进行的检验项目包括（　　）。

A. 承载力　　　　　　　B. 材料性能

C. 挠度　　　　　　　　D. 裂缝宽度

E. 外观质量

2.【2020】梁板类简支受弯混凝土预制构件进场时应进行（　　）检验。

A. 混凝土强度　　　　　B. 预埋件

C. 结构性能　　　　　　D. 灌浆强度

3.【2020】装配式混凝土建筑预制构件的进场质量验收，对不允许出现裂缝的预应力混凝土构件应检验的内容包括（　　）。

A. 承载力 B. 挠度
C. 抗裂 D. 强度
E. 灌料强度

4.【2019】装配式混凝土建筑预制构件进场时需检查（　　）。
A. 生产记录 B. 质量验收记录
C. 套筒灌浆记录 D. 机械连接报告

5.【2018】对于不做结构性能检验的混凝土预制构件，当无驻厂监督时，预制构件进场时应按规定进行实体检验，其检验内容包括（　　）。
A. 预埋构件的型号、数量 B. 受力钢筋的数量、规格、间距
C. 受力钢筋的保护层厚度 D. 混凝土强度
E. 外形尺寸偏差

答案：1. A、C、D；2. C；3. A、B、C；4. B；5. B、C、D

考点三：住宅工程分户验收

历年考情分析

年份	2017	2018	2019	2020	2021	2022
单选	√	√		√		
多选			√			

【核心考点】

（1）竣工验收前，建设单位组织施工、监理等单位，对每户住宅及公共部位的观感质量和使用功能等进行分户验收。

（2）住宅工程质量分户验收的内容主要包括：
① 地面、墙面和顶棚质量。
② 门窗质量。
③ 栏杆、护栏质量。
④ 防水工程质量。
⑤ 室内主要空间尺寸。
⑥ 给水排水系统安装质量。
⑦ 室内电气工程安装质量。
⑧ 建筑节能和供暖工程质量。

⑨ 有关合同中规定的其他内容。

（3）验收完毕应填写《住宅工程质量分户验收表》，建设单位和施工单位项目负责人、监理单位总监理工程师要分别签字。

（4）分户验收不合格，不能进行住宅工程整体竣工验收。

【经典例题】

1.【2020】住宅工程质量分户验收由（　　）组织。
A．监理单位　　　　　　B．施工单位
C．质量监督单位　　　　D．建设单位

2.【2019】住宅工程质量分户验收的内容有（　　）。
A．地面工程质量　　　　B．门窗工程质量
C．供暖工程质量　　　　D．防水工程质量
E．电梯工程质量

3.【2018】关于住宅工程分户验收的说法，正确的是（　　）。
A．分户验收应在住宅工程竣工验收合格后进行
B．分户验收时，需对每户住宅和相关公共部位进行检查验收
C．《住宅工程质量分户验收表》需要建设单位和设计单位项目负责人分别签字
D．分户验收的内容不包括建筑节能工程质量的验收

答案：1．D；2．A、B、C、D；3．B

【笔记区】

考点四：竣工验收

历年考情分析

年份	2017	2018	2019	2020	2021	2022
单选		√			√	√
多选						

【核心考点】

1. 竣工质量验收程序和组织

（1）自检（分包工程由分包单位自检，总包单位派人参加）。

（2）预验收（总监组织、专监参加）。

（3）竣工验收（建设单位组织）：
① 工程完工并整改完毕，施工单位向建设单位提交竣工报告，申请竣工验收。
② 建设单位组成验收组，制定验收方案。

③ 建设单位在竣工验收7个工作日前通知质监站。

④ 建设单位组织竣工验收。

注：参与工程竣工验收的五方主体不能形成一致意见时，应当协商提出解决办法，待意见一致后，重新组织竣工验收。（协商重验）

2. 竣工验收报告

建设单位在竣工验收合格后提出。

3. 竣工验收备案

时间	竣工验收合格之日起15天内
部门	建设单位向工程所在地县级以上建设主管部门备案
提交文件	（1）工程竣工验收备案表。 （2）工程竣工验收报告。 （3）规划、环保、消防部门文件。 （4）工程质量保修书。 总结：三文件三批文

【经典例题】

1.【2022】工程项目竣工验收合格后，应由（　　）及时提出竣工验收报告。

A．监理单位　　　　　　B．质量监督机构

C．建设单位　　　　　　D．施工单位

2.【2021】根据《建筑工程施工质量验收统一标准》GB 50300—2013，单位工程竣工预验收的组织方式是（　　）。

A．施工单位项目负责人组织各专业负责人进行

B．建设单位项目负责人组织总监理工程师、专业监理工程师进行

C．总监理工程师组织各专业监理工程师进行

D．总监理工程师组织施工单位项目负责人、专业负责人进行

3.【2018】关于单位工程竣工验收的说法，错误的是（　　）。

A．工程竣工验收合格后，施工单位应当及时提出工程竣工验收报告

B．工程完工后，总监理工程师应组织监理工程师进行竣工预验收

C．对存在的质量问题整改完毕后，施工单位应提交工程竣工报告，申请验收

D．竣工验收应由建设单位组织，并书面通知政府质量监管机构

4.【2016】关于竣工质量验收程序和组织的说法，正确的是（　　）。

A．单位工程的分包工程完工后，总包单位应组织进行自检，并按规定的程序进行验收

B．工程竣工质量验收由建设单位委托监理单位负责组织实施

C．单位工程完工后，总监理工程师应组织各专业监理工程师对工程质量进行竣工预验收

D．工程竣工报告应由监理单位提交并须经总监理工程师签署意见

5.【2016】关于建设工程竣工验收备案的说法，正确的是（　　）。

A．建设单位应在建设工程竣工验收合格之日起30日内，向工程所在地的县级以上地方人民政府建设主管单位备案

B．建设单位办理竣工验收备案时，应提交由监理单位编制的工程竣工验收报告

C. 建设单位办理竣工验收备案时，应提交由施工单位签署的工程质量保修书

D. 建设单位办理竣工验收备案时，对住宅工程应提交《住宅工程质量分户验收表》

6.【2015】根据建设工程竣工验收备案制度，备案文件资料包括（　　）。

A. 工程竣工验收报告　　　　B. 规划部门出具的认可文件

C. 工程竣工与验收申请报告　　D. 环保部门出具的准许使用文件

E. 公安消防部门出具的准许使用文件

7.【2013】建设单位应在工程竣工验收前（　　）个工作日前，将验收时间、地点、验收组名单书面通知该工程的工程质量监督机构。

A. 7　　　　　B. 3　　　　　C. 14　　　　　D. 15

8.【2009】根据《建设工程质量管理条例》，各类房屋建筑工程和市政基础设施工程应在竣工验收合格之日起（　　）日内，将验收文件报建设行政主管部门备案。

A. 45　　　　B. 30　　　　C. 20　　　　D. 15

答案：1. C；2. C；3. A；4. C；5. C；6. A、B、D、E；7. A；8. D

1Z204050　施工质量不合格的处理

考点目录
- 考点一　工程质量不合格　206
- 考点二　工程质量事故　206
- 考点三　施工质量事故发生的原因　208
- 考点四　施工质量事故报告和调查处理程序　209
- 考点五　施工质量缺陷处理的基本方法　211

考点一：工程质量不合格

历年考情分析

年份	2017	2018	2019	2020	2021	2022
单选	√					
多选						

【核心考点】

工程产品未满足质量要求，即为质量不合格。具体可分为：

（1）质量缺陷：与预期和规定用途有关的质量不合格。

（2）质量问题：凡是工程质量不合格，必须进行返修、加固或报废处理，按人员伤亡或者直接经济损失区分，在规定限额以下。

（3）质量事故：凡是工程质量不合格，必须进行返修、加固或报废处理，按人员伤亡或者直接经济损失区分，在规定限额以上。

【经典例题】

【2017】根据《质量管理体系 基础和术语》GB/T 19000—2016，"凡工程产品没有满足某个与预期或规定用途有关的要求"称为（　　）。

A．质量问题　　　　　　　B．质量事故

C．质量不合格　　　　　　D．质量缺陷

答案：D

笔记区

考点二：工程质量事故

历年考情分析

年份	2017	2018	2019	2020	2021	2022
单选			√		√	√
多选						

【核心考点】

1. 按事故造成的损失程度分类

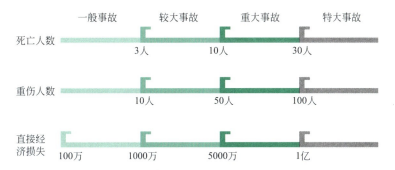

注：直接经济损失＜100万，称为质量问题。

2. 按事故责任分类

（1）指导责任事故（管理人员）：如工程负责人片面追求工程进度，放松或不按质量标准进行控制和检验，降低质量标准等。

（2）操作责任事故（生产工人）：如浇筑混凝土时随意浇水，振捣疏漏。

（3）自然灾害事故（不可抗力）。

【经典例题】

1.【2022】某施工单位发生一起质量事故，造成3人死亡、5000万元直接经济损失，该质量事故属于（　　）。

A．重大事故　　　　　　B．一般事故
C．特别重大事故　　　　D．较大事故

2.【2021】某工程混凝土浇筑过程中，因工人直接浇筑高度超出施工方案要求造成质量事故，该事故按照事故责任分类属于（　　）。

A．操作责任事故　　　　B．指导责任事故
C．技术责任事故　　　　D．管理责任事故

3.【2019】某工程发生质量事故导致12人重伤，按照事故损失的程度分级，该质量事故属于（　　）。

A．特别重大事故　　　　B．较大事故
C．重大事故　　　　　　D．一般事故

4.【2016】根据事故造成损失的程度，下列工程质量事故中，属于重大事故的是（　　）。

A．造成1亿元以上直接经济损失的事故
B．造成1000万元以上5000万元以下直接经济损失的事故
C．造成100万元以上1000万元以下直接经济损失的事故
D．造成5000万元以上1亿元以下直接经济损失的事故

5.【2015】某工程在浇筑楼板混凝土时，发生支模架坍塌，造成3人死亡、6人重伤，经调查，系现场技术管理人员未进行技术交底所致。该工程质量事故应判定为（　　）。

A．操作责任的较大事故　　B．操作责任的一般事故
C．指导责任的较大事故　　D．指导责任的一般事故

6.【2014】按事故责任分类，工程质量事故可分为（　　）。

A．指导责任事故　　　　B．管理责任事故

C. 技术责任事故　　　　　　D. 操作责任事故
E. 自然灾害事故
答案：1. A；2. A；3. B；4. D；5. C；6. A、D、E

> 笔记区

考点三：施工质量事故发生的原因

历年考情分析

年份	2017	2018	2019	2020	2021	2022
单选						
多选	√		√	√	√	√

【核心考点】

原因	实例
技术原因	（1）地质勘查疏忽，地基基础采用不正确的方案。 （2）结构设计方案不正确，计算错误。 （3）施工管理及实际操作人员技术素质差，采用不合适的施工方法或工艺。 总结：设计、方案、材料、机械
管理原因	（1）违章作业。 （2）检验制度不严密，质量控制不严格。 （3）仪器设备管理不善造成仪器失准。 （4）材料质量检验不严
社会、经济原因	（1）七无工程、三边工程。 （2）盲目追求利润而不顾工程质量。 （3）恶意低价中标后随意修改方案，甚至偷工减料

人为事故和自然灾害原因：自然灾害等

【经典例题】

1.【2022】导致工程质量事故的原因中，属于技术原因的有（　　）。
A. 地质勘查水文情况判断错误　　　B. 质量管理措施不力
C. 结构设计方案不合理　　　　　　D. 检测设备管理不善
E. 采用不合格工艺或方法

2.【2021】下列工程质量事故发生的原因中，属于技术原因的有（　　）。
A. 检测设备管理不善造成仪器失准　B. 结构设计方案不正确
C. 检验检查制度不严密　　　　　　D. 监理人员旁站检验不到位

E．施工操作人员施工工艺错误
3.【2020】下列施工质量事故发生原因中，属于技术原因的有（　　）。
A．因施工管理混乱导致违章作业
B．因地质勘查不细导致的桩基方案不正确
C．违反建设程序的"三边"工程
D．因计算失误导致结构设计方案不正确
E．采用不合适的施工方法、施工工艺
4.【2019】下列工程质量事故发生的原因中，属于技术原因的有（　　）。
A．材料质量检验不严　　　　B．盲目抢工
C．施工工艺错误　　　　　　D．结构设计错误
E．台风天气
5.【2017】下列可能导致施工质量事故发生的原因中，属于管理原因的有（　　）。
A．质量控制不严　　　　　　B．操作人员技术素质差
C．地质勘查过于疏略　　　　D．材料质量检验不严
E．违章作业
6.【2014】某建设工程发生一起质量事故，经调查分析是由于"边勘察、边设计、边施工"导致的，则引起这起事故的主要原因是（　　）。
A．社会、经济原因　　　　　B．技术原因
C．管理原因　　　　　　　　D．人为事故和自然灾害原因
答案：1. A、C、E；2. B、E；3. B、D、E；4. C、D；5. A、D、E；6. A

笔记区

考点四：施工质量事故报告和调查处理程序

历年考情分析

年份	2017	2018	2019	2020	2021	2022
单选	√	√		√	√	√
多选						

【核心考点】
1. 质量事故报告
（1）有关单位在24小时内向当地建设行政主管部门和有关部门报告。
（2）重大质量事故，建设行政主管部门和有关部门向当地政府和上级建设行政主管部

门和有关部门报告。

2. 施工质量事故处理的一般程序

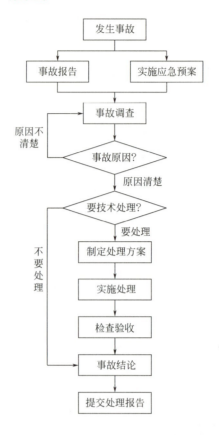

【经典例题】

1.【2022】施工质量事故处理的一般程序包括：①事故调查；②制定事故处理的技术方案；③提交处理报告；④事故的原因分析；⑤事故处理的鉴定验收；⑥事故处理；⑦事故报告。下列排序正确的是（　　）。

A. ⑦①④②⑥⑤③ B. ①②⑦④⑥⑤③
C. ①④②⑥⑦③⑤ D. ①②④⑦⑤⑥③

2.【2021/2018】工程施工质量事故处理的工作包括：①事故调查；②事故原因分析；③事故处理；④事故处理的鉴定验收；⑤制定事故处理技术方案。其正确的工作程序是（　　）。

A. ①—②—③—④—⑤ B. ①—②—⑤—③—④
C. ②—①—③—④—⑤ D. ③—①—⑤—④—②

3.【2020】根据施工质量事故调查处理的一般程序，事故处理的最后一步工作是（　　）。

A. 提出事故鉴定结论 B. 提交事故处理结果
C. 提交事故处理报告 D. 提出事故处理方案

4.【2017】下列工程质量事故中，可由事故发生单位组织事故调查组的是（　　）。

A. 2人以下死亡，100万元～500万元的直接经济损失

B．5人以下重伤，100万元～500万元的直接经济损失

C．未造成人员伤亡，1000万～5000万元的直接经济损失

D．未造成人员伤亡，100万元～1000万元的直接经济损失

5．【2013】某工程质量事故发生后，对该事故进行调查，经过原因分析判定该事故不需要处理，其后续工作有（   ）。

A．补充调查　　　　　　B．检查验收

C．做出结论　　　　　　D．提交处理报告

E．实施防护措施

答案：1．A；2．B；3．C；4．D；5．C、D

考点五：施工质量缺陷处理的基本方法

历年考情分析

年份	2017	2018	2019	2020	2021	2022
单选		√	√			
多选						

【核心考点】

施工质量缺陷处理的基本方法

返修处理	（1）混凝土表面蜂窝、麻面。 （2）混凝土结构的表面或局部出现损伤，但不影响使用和外观。 （3）混凝土结构出现裂缝，但不影响安全和使用功能。裂缝宽度不大于0.2mm时，可采用表面密封法；当裂缝宽度大于0.3mm时，可采用嵌缝密闭法；当裂缝较深时，应采用灌浆修补法
加固处理	危及承载力的质量缺陷
返工处理	（1）防洪堤坝填筑压实后，压实土干密度未达到规定值。 （2）公路桥梁工程预应力规定张拉系数1.3，实际仅为0.8。 （3）混凝土结构误用安定性不合格水泥，且无其他补救措施
限制使用	按返修处理无法保证规定的使用要求和安全要求，且无法返工
不作处理	（1）不影响结构安全和使用功能的。如：放线定位有偏差；混凝土表面由于养护不够出现的干缩裂缝。 （2）后道工序可以弥补的质量缺陷。如：轻微麻面；混凝土现浇楼面平整度偏差达到10mm。 （3）法定检测单位鉴定合格的。 （4）质量缺陷经检测鉴定达不到设计要求，但经原设计单位核算，仍能满足结构安全和使用功能的
报废处理	采取上述处理方法后仍不能满足规定的质量要求或标准，则必须予以报废处理

【经典例题】

1.【2019】某混凝土结构出现宽度为0.5mm的裂缝且裂缝深度较深,应采用的处理方法是( )。

　　A．灌浆修补法　　　　　　B．表面密封法
　　C．嵌缝封闭法　　　　　　D．粘钢加固法

2.【2016】下列工程质量问题中,可不作专门处理的是( )。

　　A．某高层住宅施工中,底部二层的混凝土结构误用安定性不合格的水泥
　　B．某防洪堤坝填筑压实后,压实土的干密度未达到规定值
　　C．某检验批混凝土试块强度不满足规范要求,但混凝土实体强度检测后满足设计要求
　　D．某工程主体结构混凝土表面裂缝大于0.5mm

3.【2013】某工程第三层混凝土现浇楼面的平整偏差达到10mm,其后续作业为找平层和面层的施工,这时应该( )。

　　A．加固处理　　　　　　　B．修补处理
　　C．不作处理　　　　　　　D．限制使用

4．下列工程质量问题中,可不作专门处理的情况有( )。

　　A．混凝土结构出现宽度不大于0.3mm的裂缝
　　B．混凝土现浇楼面的平整度偏差达到8mm
　　C．某一结构构件界面尺寸不足,但进行校核验算后能满足设计要求
　　D．混凝土结构表面出现蜂窝麻面
　　E．防洪堤坝填筑压实后,压实土干密度未达到规定值

答案:1．A;2．C;3．C;4．B、C

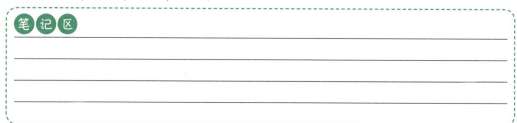

1Z204060 数理统计方法在工程质量管理中的应用

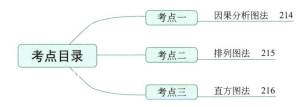

考点一：因果分析图法

历年考情分析

年份	2017	2018	2019	2020	2021	2022
单选		√		√		√
多选						

【核心考点】

1. 基本原理

基本原理是对每一个质量特性或问题，逐层深入排查可能原因，然后确定最主要原因。

2. 注意事项

（1）一个质量特性或一个质量问题使用一张图分析。

（2）采用QC小组活动的方式。

（3）可邀请小组以外的有关人员参与。

（4）分析时充分发表意见，排出所有可能的原因。

（5）由各参与人员采用投票或其他方式，从中选择1~5项最主要原因。

【经典例题】

1.【2022】关于因果分析图法的说法，正确的是（　　）。

A．因果分析可反映质量数据的分布特征

B．通常采用QC小组活动的方式进行因果分析

C．可以定量分析影响质量的主次因素

D．一张因果分析图可以分析多个质量问题

2.【2020】在采用因果分析图法进行质量问题原因分析时，"混凝土振捣器损坏"属于（　　）的因素。

A．人　　　　　　　　B．材料

C．环境　　　　　　　D．机械

3.【2018】工程质量控制中采用因果分析图法的目的是（　　）。

A．找出工程中存在的主要质量问题

B．找出影响工程质量问题的最主要原因

C．全面分析工程中可能存在的质量问题

D．动态地分析工程中的质量问题

4.【2015】在应用因果分析图确定质量问题的原因时，正确的做法是（　　）。

A．不同类型质量问题可以共同使用一张图分析

B．通常选出1~5项作为最主要原因

C．为避免干扰，只能由QC小组成员独立进行分析

D．由QC小组组长最终确定分析结果

5.【2013】关于因果分析图法应用的说法,正确的有（　　）。
A. 一张分析图可以解决多个质量问题
B. 常采用QC小组活动的方式进行,有利于集思广益
C. 因果分析图法专业性很强,QC小组以外的人员不能参加
D. 通过因果分析图可以了解统计数据的分布特征,从而掌握质量能力状态
E. 分析时要充分发表意见,层层深入,排出所有可能的原因
答案：1. B；2. D；3. B；4. B；5. B、E

笔记区

考点二：排列图法

历年考情分析

年份	2017	2018	2019	2020	2021	2022
单选	√					
多选			√		√	

【核心考点】

1. 适用范围

针对质量问题、偏差、缺陷、不合格等方面的统计数据,以及造成质量问题的原因分析统计数据,均可采用排列图法进行状况描述。

2. 应用（质量问题ABC）

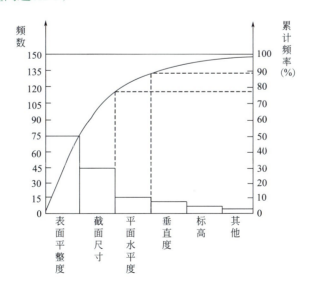

1Z204000　建设工程项目质量控制

问题类别	累计频率	管理层次
A类问题（主要问题）	0~80%	重点管理
B类问题（次要问题）	80%~90%	次重点管理
C类问题（一般问题）	90%~100%	常规适度加强管理

注：确定A、B、C类问题的关键——对存在的问题先倒序排列，再累加。

【经典例题】

1.【2021/2019】对某模板工程进行抽样检查，发现在表面平整度、截面尺寸、平面水平度、垂直度和标高等方面存在质量问题。按照排列图法进行统计分析，上述质量问题累计频率依次为41%、79%、89%、98%和100%，需要进行重点管理的A类问题有（　　）。

A．平面水平度　　　　　　B．垂直度
C．标高　　　　　　　　　D．表面平整度
E．截面尺寸

2.【2017】质量管理中，运用排列图法可以（　　）。

A．划分调查分析的类别和层次　　B．描述质量问题的原因分析统计数据
C．确定质量问题的原因　　　　　D．掌握质量能力状态

3.【2015】工程质量管理常用数据统计方法中，排列图方法可用于（　　）的数据状况描述。

A．质量偏差　　　　　　　　B．质量稳定程度
C．质量缺陷　　　　　　　　D．造成质量问题原因
E．质量受控情况

答案：1．D、E；2．B；3．A、C、D

【笔记区】

考点三：直方图法

历年考情分析

年份	2017	2018	2019	2020	2021	2022
单选			√		√	√
多选		√		√		

【核心考点】

1. 主要用途

（1）整理统计数据，了解统计数据的分布特征，掌握质量能力状态。

（2）观察生产过程质量是否处于正常、稳定和受控状态以及质量水平是否保持在公差允许范围内。

2. 直方图的观察分析

直方图的分布形状及分布区间宽窄是由质量特性统计数据的平均值和标准偏差所决定的。

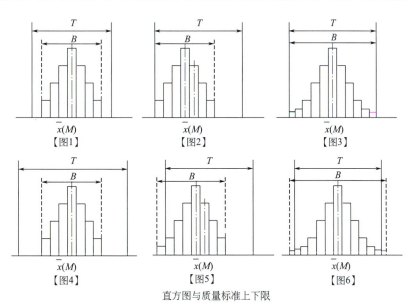

直方图与质量标准上下限

图1：正常、稳定、受控状态。

图2和图3：易出现质量不合格。

图4：质量能力偏大，不经济。

图5和图6：质量不合格，需纠偏。

【经典例题】

1.【2022】直方图的作用有（　　）。

A．分析生产过程质量是否处于稳定状态

B．分析质量数据分布特征

C．分析质量水平是否保持在公差允许的范围内

D．确定产生质量问题的主次影响因素

E．逐项排查产生影响质量问题的可能因素

2.【2021/2019/2012】下列直方图中，表明施工生产过程处于正常、稳定状态的是（　　）。

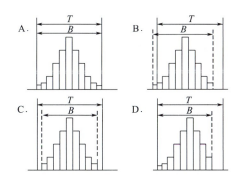

3.【2020/2014】直方图的分布形状及分布区间宽窄取决于质量特性统计数据的（   ）。

    A．最大值　　　　　　　B．最小值

    C．平均值　　　　　　　D．离散性

    E．标准偏差

4.【2018】施工现场质量管理中，直方图法的主要用途有（   ）。

    A．分析生产过程质量是否处于稳定状态

    B．分析生产过程质量是否处于正常状态

    C．分析质量水平是否保持在公差允许的范围内

    D．整理统计数据，了解其分布特征

    E．找出质量问题的主要影响因素

5.【2014】在直方图的位置观察分析中，若质量特性数据的分布居中，边界在质量标准的上下界限内，且有较大距离时，说明该生产过程（   ）。

    A．质量能力不足　　　　B．易出现质量不合格

    C．存在质量不合格　　　D．质量能力偏大

6.【2009】利用直方图分布位置判断生产过程的质量状况和能力，如果质量特性数据的分布宽度边界达到质量标准的上下界限，说明生产过程的质量能力（   ）。

    A．偏小、需要整改　　　B．处于临界状态，易出现不合格

    C．适中、符合要求　　　D．偏大、不经济

答案：1．A、B、C；2．C；3．C、E；4．A、B、C、D；5．D；6．B

> 笔记区

1Z204070 建设工程项目质量的政府监督

考点一：政府对工程项目质量监督的职能与权限

历年考情分析

年份	2017	2018	2019	2020	2021	2022
单选	√	√			√	√
多选						

【核心考点】

1. 适用范围
新建、改建、扩建房屋建筑和市政基础设施工程属于政府质量监督范围；抢险救灾工程、临时性房屋和农民自建低层住宅不属于政府质量监督范围。

2. 性质
行政执法行为。
工程实体质量监督：涉及工程主体结构安全、主要使用功能的工程实体质量。
工程质量行为监督：工程质量责任主体（五方主体）和质量检测等单位。

3. 权限
（1）要求被检查单位提供有关工程质量的文件和资料。
（2）进入施工现场进行检查。
（3）发现质量问题时，责令改正。

4. 建设工程质量政府监督
建设工程质量政府监督，可以由建设行政主管部门或工程质量监督机构具体实施。

5. 监督机构应该具备的条件
（1）具备符合规定条件的监督人员，监督人员应占监督机构总人数的75%以上。
（2）有固定的工作场所和满足工程质量监督检查工作所需要的仪器、设备和工具等。
（3）有健全的质量监督工作制度、相适应的信息化管理条件。

6. 监督人员应当具备的条件
（1）工程类专业大学专科以上学历或工程类执业注册资格。
（2）具有三年以上工程质量管理或设计、施工、监理等工作经历。
（3）（4）……
监督人员符合上述条件经考核合格后，方可从事工程质量监督工作。

【经典例题】

1.【2022】下列关于监督机构的说法，正确的是（　　）。
A. 有固定的工作场所和监督所需要的仪器、设备和工具
B. 监督人员占监督机构总人数的70%
C. 有一年以上的工程质量管理和设计、施工、监理等经历
D. 经过政府授权后即可实施监督工作

2.【2021】建设工程政府质量监督机构履行质量监督职责时，可以采取的措施是

( )。
A. 发现有影响工程质量的问题时,责令改正
B. 暂时扣押被检查单位的固定资产
C. 对被检查单位负责人进行处罚
D. 吊销被检查单位的资质证书

3.【2018】关于工程项目政府质量监督的说法,正确的是( )。
A. 施工单位应在项目开工前向监督机构申报质量监督手续
B. 政府质量监督的性质属于行政执法行为
C. 临时性房屋建筑工程也属于政府质量监督的范围
D. 质量监督机构可以聘请助理工程师协助质量监督工作

4. 关于政府质量监督性质与权限的说法,正确的是( )。
A. 政府质量监督机构有权颁发施工企业资质证书
B. 政府质量监督机构应对质量检测单位的工程质量行为进行监督
C. 政府质量监督属于行政调解行为
D. 工程质量监督的具体工作必须由当地人民政府建设主管部门实施

答案:1. A;2. A;3. B;4. B

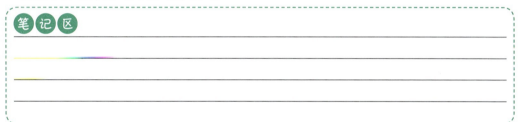

考点二:质量监督的实施程序

历年考情分析

年份	2017	2018	2019	2020	2021	2022
单选			√	√	√	√
多选						

【核心考点】

质量监督的实施程序

1. **质量监督手续申报**

工程项目开工前,建设单位申报质量监督手续,监督机构审查合格后签发质量监督文件。

2. **对工程实体质量和工程质量行为进行抽查、抽测**

(1)日常检查和抽查抽测相结合,采取"双随机、一公开"(随机抽取检查对象、随机选派监督检查人员,及时公开检查情况和查处结果)的检查方式和"互联网+监管"的模式。监督抽样检测的重点是涉及结构安全和重要使用功能的项目,如:分部工程质量验

收前,要对地基基础和主体结构混凝土强度分别进行监督检测。

(2)对工程质量责任主体和质量检测等单位的质量行为进行检查。

3. 监督工程竣工验收

(1)复查质量问题整改情况。

(2)监督竣工验收的组织形式、程序。

4. 建立工程质量监督档案

按单位工程建立,经监督机构负责人签字后归档。

【经典例题】

1.【2021/2012】在领取施工许可证或开工报告前,按照国家有关规定办理工程质量监督手续的是( )。

A. 设计方　　　　　　　　B. 业主方
C. 施工方　　　　　　　　D. 监理方

2.【2021】在工程项目质量监督的"双随机、一公开"方法中,"双随机"是指( )。

A. 随机确定检查时间、随机抽取检查对象
B. 随机选派监督检查人员、随机确定检查时间
C. 随机抽取检查对象、随机选派监督检查人员
D. 随机选派监督检查人员、随机确定抽检部位

3.【2020/2019】建设工程质量监督机构对地基基础混凝土强度进行监督检测,属于政府质量监督中的( )。

A. 生产过程监督　　　　　B. 工程质量行为监督
C. 施工管理状况监督　　　D. 工程实体质量监督

4.【2016】关于政府主管部门质量监督程序的说法,正确的是( )。

A. 监督机构在工程基础和主体结构分部工程质量验收前,要对地基基础和主体结构混凝土分别进行监督检测
B. 工程项目开工后,监督机构接受建设单位有关建设工程质量监督的申报手续,并对文件进行审查,合格后签发质量监督文件
C. 监督机构的检查内容中不包含企业的工程经营资质证书和人员的资格证书检查
D. 监督机构要组织进行工程竣工验收并对发现的质量问题进行复查

5.【2014】根据政府对工程项目质量监督的要求,项目的工程质量监督档案应按( )建立。

A. 建设项目　　　　　　　B. 单项工程
C. 分部工程　　　　　　　D. 单位工程

6.【2013】建设工程政府质量监督机构参加项目的竣工验收会议的目的是( )。

A. 对建设过程质量情况进行总结,签发竣工验收意见书
B. 对影响结构安全的工程实体质量进行检查验收
C. 对影响使用功能的相关部分进行检查验收
D. 对验收的程序和形式进行监督

答案:1. B;2. C;3. D;4. A;5. D;6. D

1Z205000 建设工程职业健康安全与环境管理

1Z205010 职业健康安全管理体系与环境管理体系

考点目录
- 考点一　职业健康安全与环境管理的要求　226
- 考点二　职业健康安全管理体系与环境管理体系的建立和运行　227

考点一：职业健康安全与环境管理的要求

历年考情分析

年份	2017	2018	2019	2020	2021	2022
单选	√					
多选						

【核心考点】

1. 决策阶段

（1）办理安全与环境保护审批手续。

（2）进行环境影响评价和安全预评价。

2. 设计阶段

（1）环保设施和安全设施设计。

（2）对涉及施工安全的重点部分和环节在设计文件中注明，对防范生产安全事故提出指导意见。

（3）提出保障施工作业人员安全和预防生产安全事故的措施建议。

3. 施工阶段

（1）申请领取施工许可证时，建设单位提供安全施工措施的资料。

（2）依法批准开工报告的建设工程，建设单位自开工报告批准之日起15日内，将保证安全施工的措施备案。

4. 施工单位安全生产责任

（1）施工企业对本企业的安全生产负全面责任。

① 企业法定代表人是安全生产的第一负责人；项目经理是施工项目生产的主要负责人。

② 企业应当具备安全生产的资质条件，取得安全生产许可证的企业应设立安全生产管理机构，配备专职安全员。

（2）建设工程实行总承包的，由总承包单位对施工现场的安全生产负总责并自行完成工程主体结构的施工。分包单位应当接受总承包单位的安全生产管理。分包单位不服从管理导致生产安全事故的，由分包单位承担主要责任，总承包单位对分包工程的安全生产承担连带责任。

【经典例题】

1.【2017】对于依法批准开工报告的建设工程，建设单位应当自开工报告批准之日起（　　）日内将保证安全施工的措施报送工程所在地相关部门备案。

A. 7　　　B. 14　　　C. 15　　　D. 30

2.【2013】在建设工程项目决策阶段，建设单位职业健康安全与环境管理的任务包括（　　）。

A. 提出生产安全事故防范的指导意见

B. 办理有关安全的各种审批手续

C. 提出保障施工作业人员安全和预防生产安全事故的措施建议

D. 办理有关环境保护的各种审批手续

E. 将保证安全施工的措施报有关管理部门备案

3. 关于施工总承包单位安全责任的说法，正确的是（　　）。

A. 总承包单位的项目经理是施工企业安全生产第一负责人

B. 业主指定的分包单位可以不服从总承包单位的安全生产管理

C. 分包单位不服从管理导致安全生产事故的，总承包单位不承担责任

D. 总承包单位对施工现场的安全生产负总责

答案：1. C；2. B、D；3. D

笔　记　区

考点二：职业健康安全管理体系与环境管理体系的建立和运行

历年考情分析

年份	2017	2018	2019	2020	2021	2022
单选				√		√
多选						

【核心考点】

1. 体系文件

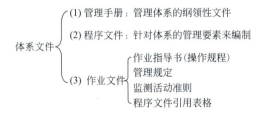

2. 管理体系的维持

（1）内部审核：组织对自身的管理体系的审核；是自我保证和自我监督的机制。

（2）管理评审：由组织最高管理者进行的系统评价。

（3）合规性评价：针对应遵守的法律法规和其他要求的执行情况进行评价，分公司级和项目组级评价两个层次。

① 公司级评价：每年一次，由管理者代表组织。

② 项目组级评价：项目经理组织；过程中某个施工阶段超过半年，至少一次；项目结束时针对整个项目进行系统的合规性评价。

【经典例题】

1.【2022】职业健康安全与环境管理体系文件中，以体系标准中管理要素为对象编制的文件是（　　）。

A．作业指导书　　　　　　B．质量手册
C．内部审核计划　　　　　D．程序文件

2.【2020】企业最高管理者按计划的时间间隔对职业健康安全管理体系进行评价，称为（　　）。

A．初始状态评审　　　　　B．管理评审
C．内部审核　　　　　　　D．合规性评价

3．关于职业健康安全与环境管理体系维持的说法，正确的是（　　）。

A．内部审核是施工企业接受政府监管的一种机制
B．管理评审是施工企业最高管理者对管理体系的系统评价
C．合规性评价是管理体系自我保证和自我监督的一种机制
D．合规性评价是管理体系运行中执行相关法律情况进行的评价
E．项目组级评价仅需在施工过程中进行评价

4．施工企业环境管理体系文件中，属于作业文件的有（　　）。

A．监测活动规则　　　　　B．管理手册
C．程序文件　　　　　　　D．操作规程
E．管理规定

答案：1．D；2．B；3．B、D；4．A、D、E

1Z205020 建设工程安全生产管理

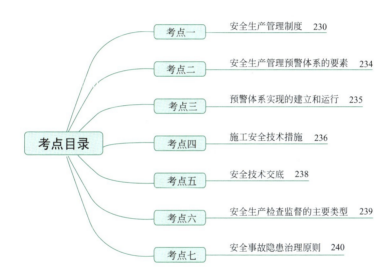

考点目录
- 考点一　安全生产管理制度　230
- 考点二　安全生产管理预警体系的要素　234
- 考点三　预警体系实现的建立和运行　235
- 考点四　施工安全技术措施　236
- 考点五　安全技术交底　238
- 考点六　安全生产检查监督的主要类型　239
- 考点七　安全事故隐患治理原则　240

考点一：安全生产管理制度

历年考情分析

年份	2017	2018	2019	2020	2021	2022
单选	√	√	√	√	√	√
多选	√			√		√

【核心考点】
安全生产管理制度

一、安全生产责任制度

（1）最基本的安全管理制度，所有安全生产管理制度的核心。
（2）原则：管生产的同时必须管安全。
（3）项目部专职安全员配备，以建筑工程为例：

1万 m² 以下	至少 1 人
1万~5万 m²	至少 2 人
5万 m² 以上	至少 3 人

二、安全生产许可证制度

（1）除央企外，其他企业安全生产许可证由省级建设主管部门颁发和管理。
（2）有效期3年，企业于期满前3个月向原颁发机关办理延期手续。
（3）在有效期内严格遵守安全生产的法律法规，未发生死亡事故，有效期届满时，经颁发管理机关同意，不再审查，延期3年。

三、安全生产教育培训制度

企业安全生产教育培训包括对管理人员、特种作业人员和企业员工的安全教育。

1. 特种作业人员的安全教育

（1）特种作业人员必须经专门的安全技术培训并考核合格，取得特种作业操作证，方可上岗。
（2）已取得职业高中、技工学校及中专以上学历毕业生从事与其所学专业相应的特种作业，持学历证明经考核发证机关同意，可免予培训。（注：免培训不是免考核）
（3）跨地区从业的特种作业人员，可在户籍或从业所在地参加培训。
（4）特种作业操作证全国范围有效，离开特种作业岗位6个月以上的人员，应重新实际操作考试，确认合格后方可上岗作业。

2. 企业员工的安全教育

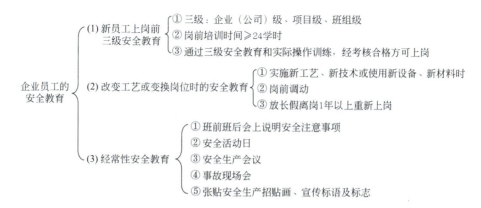

四、安全措施计划制度

1. 安全措施计划的范围
（1）安全技术措施。
（2）职业卫生措施。
（3）辅助用房间及设施。
（4）安全宣传教育措施。

2. 编制安全技术措施计划的一般步骤
（1）工作活动分类。
（2）危险源识别。
（3）风险确定。
（4）风险评价。
（5）制定安全技术措施计划。
（6）评价安全技术措施计划的充分性。

（1）~（6）顺序

五、专项施工方案专家论证制度

（1）达到一定规模的危险性较大分部分项工程应编制专项施工方案，经施工单位技术负责人、总监理工程师签字后实施，由专职安全生产管理人员现场监督：
①基坑支护与降水工程；土方开挖工程。（基坑）
②模板工程。
③起重吊装工程。
④脚手架工程。
⑤拆除、爆破工程。
（2）涉及深基坑、地下暗挖工程、高大模板工程的专项施工方案，施工单位应当组织专家论证、审查。

六、施工起重机械使用登记制度

施工单位应当自施工起重机械和整体提升脚手架、模板等自升式架设设施验收合格之日起30日内，向建设行政主管部门登记。登记标志应当置于或附着于该设备的显著位置。

七、安全检查制度

安全检查 {
(1) 目的：清除隐患、防止事故、改善劳动条件。
(2) 内容：查思想、制度、管理、隐患、整改、伤亡事故处理。
(3) 重点："三违"、安全责任制落实
(4) 隐患处理程序：登记→整改→复查→销案
}

八、三同时制度

<u>安全生产设施</u>必须与主体工程同时设计、同时施工、同时投入生产和使用。
↳ 安全技术设施、职业卫生设施、生产辅助性设施。
安全设施投资应当纳入建设项目概算。

九、意外伤害保险制度

（1）建筑施工企业应当依法为职工参加工伤保险缴纳工伤保险费。
（2）鼓励企业为从事危险作业的职工办理意外伤害保险。

【经典例题】

1.【2022/2020/2017】根据《建设工程安全生产管理条例》，下列危险性较大的分部分项工程，施工单位应当组织专家进行专项施工方案论证的有（　　）。
　A．脚手架工程　　　　　　B．起重吊装工程
　C．深基坑工程　　　　　　D．地下暗挖工程
　E．高大模板工程

2.【2022】建筑施工企业自主决定为从业危险作业职工投保的是（　　）。
　A．意外伤害险　　　　　　B．工伤保险
　C．基本医疗　　　　　　　D．失业保险

3.【2021】根据安全生产教育培训制度，新上岗的施工企业从业人员，岗前培训时间的最少学时是（　　）学时。
　A．12　　　　B．36　　　　C．48　　　　D．24

4.【2020】根据《建设工程安全生产管理条例》，达到一定规模的危险性较大的起重吊装工程应由（　　）进行现场监督。
　A．施工单位技术负责人　　　B．总监理工程师
　C．专职安全生产管理人员　　D．专业监理工程师

5.【2019】关于安全生产教育培训的说法，正确的是（　　）。
　A．企业新员工按规定经过三级安全教育和实际操作训练后即可上岗
　B．项目级安全教育由企业安全生产管理部门负责人组织实施，安全员协助
　C．班组级安全教育由项目负责人组织实施，安全员协助
　D．企业安全教育培训包括对管理人员、特种作业人员和企业员工的安全教育

6.【2019】关于某起重信号工病休7个月后重返工作岗位的说法，正确的是（　　）。

A. 应重新进行安全技术理论学习，经确认合格后上岗作业
B. 应在从业所在地考核发证机关申请备案后上岗作业
C. 应重新进行实际操作考试，经确认合格后上岗作业
D. 应重新进行安全技术理论学习，实际操作考试，经确认合格后上岗作业

7.【2018】根据《安全生产许可证条例》，安全生产许可证的有效期是（　　）年。
A. 6　　　　　　B. 5　　　　　　C. 4　　　　　　D. 3

8.【2017】编制安全技术措施计划包括以下工作：①工作活动分类；②风险评价；③危险源识别；④制定安全技术措施计划；⑤评价安全技术措施计划的充分性；⑥风险确定。正确的编制步骤是（　　）。
A. ①-②-③-④-⑤-⑥　　　　B. ③-①-②-⑥-④-⑤
C. ①-③-⑥-②-⑤-④　　　　D. ①-③-⑥-②-④-⑤

9.【2016】根据《中华人民共和国建筑法》及相关规定，施工企业应交纳的强制性保险是（　　）。
A. 人身意外伤害险　　　　B. 工伤保险
C. 工程一切险　　　　　　D. 第三者责任险

10.【2016】根据《建筑施工企业安全生产管理机构设置及专职安全生产管理人员配备办法》，某3万m²的建筑工程项目部应配备专职安全管理人员的最少人数是（　　）名。
A. 1　　　　　　B. 3　　　　　　C. 4　　　　　　D. 2

11. 下列施工企业员工的安全教育中，属于经常性安全教育的有（　　）。
A. 事故现场会　　　　　　B. 岗前三级教育
C. 变换岗位时的安全教育　D. 安全生产会议
E. 安全活动日

12. 生产经营单位新建工程项目的安全设施必须与主体工程同时（　　）。
A. 设计　　　B. 招标　　　C. 施工　　　D. 验收　　　E. 使用

答案：1. C、D、E；2. A；3. D；4. C；5. D；6. C；7. D；8. D；
9. B；10. D；11. A、D、E；12. A、C、E

考点二：安全生产管理预警体系的要素

历年考情分析

年份	2017	2018	2019	2020	2021	2022
单选				√		√
多选			√			

【核心考点】

安全生产管理预警体系
- (1) 外部环境预警系统
  - 自然环境突变的预警
  - 政策法规变化的预警
  - 技术变化的预警
- (2) 内部管理不良预警系统
  - 质量管理预警
  - 设备管理预警
  - 人的行为活动管理预警
- (3) 预警信息管理系统
- (4) 事故预警系统

【经典例题】

1.【2022】设备管理预警属于安全生产管理预警体系要素中（　　）的内容。
  A. 外部环境预警系统　　　　B. 预警信息管理系统
  C. 事故预警系统　　　　　　D. 内部管理不良预警系统

2.【2020】在安全生产管理预警体系中，技术变化的预警属于（　　）系统。
  A. 内部管理不良预警　　　　B. 预警信息管理
  C. 外部环境预警　　　　　　D. 事故预警

3.【2019】一个完整的施工企业安全生产管理预警体系由（　　）构成。
  A. 事故预警系统　　　　　　B. 外部环境预警系统
  C. 预警信息管理系统　　　　D. 预警评价分析系统
  E. 内部管理不良预警系统

答案：1. D；2. C；3. A、B、C、E

笔记区

考点三：预警体系实现的建立和运行

历年考情分析

年份	2017	2018	2019	2020	2021	2022
单选	√		√		√	
多选						

【核心考点】

一、预警体系实现的功能

预警体系功能的实现主要依赖于预警分析和预控对策两大子系统作用的发挥。

1. 预警分析

（1）由预警监测、预警信息管理、预警评价指标体系构建和预测评价等工作内容组成。

（2）预警信号：

Ⅰ级预警	安全状况特别严重，红色表示
Ⅱ级预警	受到事故严重威胁，橙色表示
Ⅲ级预警	处于事故的上升阶段，黄色表示
Ⅳ级预警	生产活动处于正常状态，蓝色表示

2. 预控对策

包括组织准备、日常监控和事故危机管理三个活动阶段。

二、预警体系的运行

（1）预警体系通过预警分析和预控对策实现事故的预警和控制。
（2）预警分析完成监测、识别、诊断与评价功能。
（3）预控对策完成对事故征兆的不良趋势进行纠错和治错的功能。

【经典例题】

1.【2021】安全生产管理预警体系运行中，"找出诸多致灾因素中危险性最高、危险程度最严重的主要因素，并对其成因进行分析"属于（　　）环节的工作。

　　A. 诊断　　　　　　　　B. 监测
　　C. 识别　　　　　　　　D. 评价

2.【2019】按照国际通用的预警信号颜色表示，安全状况为"受到事故的严重威胁"时，预警信号颜色及等级为（　　）。

　　A. 黄色，Ⅱ级预警　　　B. 橙色，Ⅱ级预警
　　C. 橙色，Ⅲ级预警　　　D. 黄色，Ⅲ级预警

3.【2017】预警信号一般采用国际通用的颜色表示不同的安全状况，Ⅲ级预警用

（　　）。

A．红色　　B．橙色　　C．黄色　　D．蓝色

4.【2016】关于建设工程安全生产管理预警级别的说法，正确的是（　　）。

A．Ⅳ级预警一般用蓝色表示

B．Ⅰ级预警表示生产活动处于正常状态

C．Ⅱ级预警表示处于事故的上升阶段

D．Ⅲ级预警表示受到事故的严重威胁

答案：1．A；2．B；3．C；4．A

笔记区

考点四：施工安全技术措施

历年考情分析

年份	2017	2018	2019	2020	2021	2022
单选		√		√		
多选						

【核心考点】

（1）一般要求：

1）必须在工程开工前制定：施工安全技术措施是施工组织设计的重要组成部分，开工前与施工组织设计一同编制。

2）要有全面性：

①编制施工组织设计时，根据工程特点制定相应的施工安全技术措施。

②大中型项目、结构复杂重点工程，除施工安全技术措施外，还应编制专项工程施工安全技术措施。

③爆破、拆除、起重吊装、水下、基坑支护和降水、土方开挖、脚手架、模板等危险性较大的作业，必须编制专项安全施工技术方案。

3）要有针对性。

4）全面、具体、可靠：

①全面具体不等于罗列一般通常的操作工艺、施工方法及日常安全工作制度、安全纪律等。

②制度性规定，不需抄录，但必须严格执行。

5）必须包括应急预案。

6）要有可行性和可操作性。

（2）必须包含施工总平面图。

（3）结构复杂、危险性大、特性较多的分部分项工程，应编制专项施工方案和技术措施。如基坑支护与降水工程、土方开挖工程、模板工程、起重吊装工程、脚手架工程、拆除工程、爆破工程等，必须编制单项的安全技术措施。

【经典例题】

1.【2020】下列分部分项工程中，必须编制单项安全技术措施的是（　　）。
A. 室内隔墙砌筑　　　　　　B. 女儿墙钢筋绑扎
C. 基坑混凝土内支撑拆除　　D. 地下室外墙防水施工

2.【2018】关于施工安全技术措施要求的说法，正确的是（　　）。
A. 施工安全技术措施必须包括应急预案
B. 施工企业针对工程项目可编制统一的施工安全技术措施
C. 编制施工安全技术措施应与工程施工同步进行
D. 编制施工组织设计时必须包括专项安全施工技术方案

3.【2015】关于施工安全技术措施的说法，正确的是（　　）。
A. 施工安全技术措施要有针对性
B. 施工安全技术措施必须包括固体废弃物的处理
C. 施工安全技术措施可以不包括针对自然灾害的应急预案
D. 施工安全技术措施可在工程开工后制定

4.【2014】关于施工安全技术措施要求和内容的说法，正确的是（　　）。
A. 可随工程进展需要实时编制
B. 应在安全技术措施中抄录制度性规定
C. 结构复杂的重点工程应编制专项工程施工安全技术措施
D. 小规模工程的安全技术措施中可不包含施工总平面图

5.【2012】施工安全技术措施应能够在每道工序中得到贯彻实施，既要考虑保证安全要求，又要考虑现场环境条件和施工技术能够做到。这表明施工安全技术措施要（　　）。
A. 具有针对性和可操作性　　B. 具有针对性和全面性
C. 具有可行性和可操作性　　D. 力求全面、具体、可靠

答案：1. C；2. A；3. A；4. C；5. C

笔记区

考点五：安全技术交底

历年考情分析

年份	2017	2018	2019	2020	2021	2022
单选	教材无此知识点					
多选		√		√	√	

【核心考点】

（1）必须实行逐级安全技术交底制度，纵向延伸至班组全体作业人员。

（2）交底内容必须包括潜在危险因素和存在的问题。

（3）优先采用新的安全技术措施。

（4）涉及"四新"项目或技术含量高、技术难度大的单项技术设计，必须经过两阶段技术交底，即初步设计技术交底和实施性施工图设计技术交底。

（5）定期向由两个以上作业队和多工种进行交叉施工的作业队伍进行书面交底。

（6）应将工程概况、施工方法、施工程序、安全技术措施等向工长、班组长进行详细交底。

（7）保留书面安全技术交底签字记录。

【经典例题】

1.【2021】关于安全技术交底要求的说法，正确的有（　　）。

A．必须采用新的安全技术措施

B．必须实行逐级安全技术交底制度

C．定期向多工种交叉施工作业队伍书面交底

D．必须采用两阶段技术交底

E．保留书面安全技术交底签字记录

2.【2020】关于施工项目安全技术交底的说法，正确的有（　　）。

A．施工项目必须实行逐级安全技术交底

B．交底内容应针对潜在危险因素和存在的问题

C．涉及"四新"项目，必须经过两阶段技术交底

D．交底时应将施工程序向班组长进行详细交底

E．定期向多工种交叉施工的作业队做口头技术交底

3.【2018】关于安全技术交底内容及要求的说法，正确的有（　　）。

A．内容中必须包括事故发生后的避难和急救措施

B．项目部必须实行逐级交底制度，纵向延伸到班组全体人员

C．内容中必须包括针对危险点的预防措施

D．定期向交叉作业的施工班组进行口头交底

E．涉及"四新"项目的单项技术设计必须经过两阶段技术交底

答案：1. B、C、E；2. A、B、C、D；3. A、B、C、E

考点六：安全生产检查监督的主要类型

历年考情分析

年份	2017	2018	2019	2020	2021	2022
单选	√					√
多选						

【核心考点】

（1）全面安全检查。

（2）经常性安全检查：

① 工作前，对所用的机械设备和工具进行仔细的检查。

② 下班前，做好设备的维修保养和清整场地等工作。

（3）专业或专职安全员的专业安全检查。

（4）季节性安全检查：主要内容包括防风防沙、防涝防旱、防雷电、防暑防雨雪灾等。

（5）节假日检查。

（6）要害部门重点安全检查：针对企业要害部门和重要设备。

【经典例题】

1.【2022】工作人员上班前对所用机械设备和工具的检查称为（　　）。

A. 全面安全检查　　　　　　　B. 专业或专职安全管理人员的专业安全检查

C. 要害部门重点安全检查　　　D. 经常性安全检查

2.【2017】为确保安全，对设备的运转和状况定时进行检查，发现损伤立刻更换，绝不能"带病"作业，此项工作属于（　　）。

A. 机械设备安全检查　　　　　B. 要害部门重点安全检查

C. 经常性安全检查　　　　　　D. 专项安全检查

答案：1. D；2. B

考点七：安全事故隐患治理原则

历年考情分析

年份	2017	2018	2019	2020	2021	2022
单选			√	√		√
多选						

【核心考点】

安全隐患处理原则
- (1) 冗余安全度治理原则
  - 原理：多道防线。
  - 实例：道路上有个坑，既要设置防护栏杆及警示牌，还要设照明及夜间警示红灯。
- (2) 单项隐患综合治理原则
  - 原理：任一环节隐患都从人、料、机、法、环境五方面进行处理
  - 实例：触电事故，进行人的安全用电操作教育，设置漏电开关，对配电箱、电路改造，严禁非电工接电线。
- (3) 直接隐患与间接隐患并治原则
  - 对人、机、环境系统进行安全治理的同时，还需治理安全管理措施。
- (4) 预防与减灾并重治理原则
- (5) 重点治理原则 ⟹ 危险点分级治理；用安全检查表对隐患危险程度分级
- (6) 动态治理原则 ⟹ 发现问题及时治理

【经典例题】

1.【2020】施工单位应定期组织事故发生时疏散及抢救方法的训练和演习，这体现了安全隐患治理原则中的（　　）原则。
  A．预防与减灾并重治理 B．单项隐患综合治理
  C．冗余安全度治理 D．直接与间接隐患并治

2.【2019】"施工现场在对人、机、环境进行安全治理的同时，还需治理安全管理措施"，这体现了安全事故隐患的（　　）原则。
  A．冗余安全度治理 B．直接隐患与间接隐患并治
  C．单项隐患综合治理 D．预防与减灾并重治理

3.【2012】某工程施工期间，安全人员发现作业区内有一处电缆井盖遗失，随即在现场设置防护安全网及警示牌，并设照明及夜间警示红灯，这是建设安全事故隐患处理中（　　）原则的具体体现。
  A．动态治理 B．单项隐患综合治理
  C．冗余安全度治理 D．直接隐患与间接隐患并治
  答案：1．A；2．B；3．C

笔记区

1Z205030 建设工程生产安全事故应急预案和事故处理

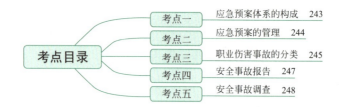

考点一：应急预案体系的构成

历年考情分析

年份	2017	2018	2019	2020	2021	2022
单选				√		√
多选		√				

【核心考点】

1. 应急预案体系编制目的

（1）防止紧急情况发生时出现混乱，能够按照响应流程采取救援措施。

（2）预防和减少可能引发的职业健康安全和环境影响。

2. 应急预案体系构成

应急预案体系
- (1) 综合应急预案：总体上阐述应急基本要求和程序，应对事故的综合性文件。
- (2) 专项应急预案：
  - 对象：具体事故类别(如土方开挖、脚手架拆除)、危险源和应急保障。
  - 综合应急预案的附件。
- (3) 现场处置方案：针对具体的装置、场所或设施、岗位制定。

【经典例题】

1.【2020】在应急预案体系的构成中，针对具体设施所制定的应急处置措施属于（　　）。

A．综合应急预案　　　　B．专项应急预案

C．现场处置方案　　　　D．应急行动指南

2.【2018】关于生产安全事故应急预案的说法，正确的有（　　）。

A．应急预案体系包括综合应急预案、专项应急预案和现场处置方案

B．编制目的是为了杜绝职业健康安全和环境事故的发生

C．综合应急预案从总体上阐述应急的基本要求和程序

D．专项应急预案是针对具体装置、场所或设施、岗位所制定的应急措施

E．现场处置方案是针对具体事故类别、危险源和应急保障而制定的计划或方案

3.【2012】建设工程生产安全事故应急预案中，针对深基坑开挖可能发生的事故、相关危险源和应急保障而制定的计划属于（　　）。

A．综合应急预案　　　　B．现场处置方案

C．专项应急预案　　　　D．现场应急预案

4．专项应急预案是针对（　　）而制定的计划或方案。

A．具体的事故类别　　　B．具体的装置

C．具体的岗位　　　　　D．危险源

E．应急保障

答案：1．C；2．A、C；3．C；4．A、D、E

笔记区

考点二：应急预案的管理

历年考情分析

年份	2017	2018	2019	2020	2021	2022
单选	√					√
多选				√	√	

【核心考点】
（1）应急预案的管理：

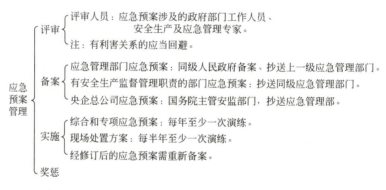

（2）有下列情形之一的，应急预案应当及时修订并归档：
①依据的法律、法规、规章、标准及上位预案中的有关规定发生重大变化的。
②应急指挥机构及其职责发生调整的。
③面临的事故风险发生重大变化的。
④重要应急资源发生重大变化的。
⑤预案中的其他重要信息发生变化的。
⑥在应急演练和事故应急救援中发现问题需要修订的。
⑦编制单位认为应当修订的其他情况。
（3）施工单位应急预案涉及组织指挥体系与职责、应急处置程序、主要处置措施、应急响应分级等内容变更的，应及时修订。

【经典例题】
1.【2021】应当及时修订生产安全事故应急预案的情形有（　　）。
A．依据的上位预案中的有关规定发生重大变化

B. 编制人员构成发生重大变化
C. 重要应急资源发生重大变化
D. 面临的事故风险发生重大变化
E. 应急演练中发现问题需要修订

2.【2020】关于生产安全事故应急预案管理的说法，正确的有（   ）。
A. 生产经营单位应每半年至少组织一次现场处置方案演练
B. 生产经营单位应每年至少组织一次综合应急预案演练
C. 地方各级人民政府应急管理部门的应急预案应当报同级人民政府备案
D. 施工单位应急预案涉及应急响应等级内容变更的，应重新进行修订
E. 非生产经营单位的应急管理方面的专家均可受邀参加应急方案的评审

3.【2017】建设工程生产安全事故应急预案的管理包括应急预案的（   ）。
A. 评审、备案、实施和奖惩　　B. 制订、评审、备案和实施
C. 制订、备案、实施和奖惩　　D. 评审、备案、实施和落实

4.【2016】关于施工企业生产安全事故应急预案实施规定的说法，正确的是（   ）。
A. 每年至少组织两次专项应急预案演练
B. 重要应急资源发生重大变化时，应当及时进行修订
C. 每半年至少组织两次现场处置方案演练
D. 周围环境发生变化时，应及时进行修订

答案：1. A、C、D、E；2. A、B、C、D；3. A；4. B

考点三：职业伤害事故的分类

历年考情分析

年份	2017	2018	2019	2020	2021	2022
单选	√	√		√		√
多选						

【核心考点】
职业伤害事故的分类
1. **按事故严重程度分类**（根据《企业职工伤亡事故分类》GB 6441—1986）

类别	判别标准	
轻伤	损失105个工作日以下的失能伤害	
重伤	损失105个工作日以上的失能伤害	
死亡	重大伤亡事故	死亡1~2人
	特大伤亡事故	死亡3人及以上

2. 按事故造成人员伤亡或者直接经济损失分类（根据《生产安全事故报告和调查处理条例》）

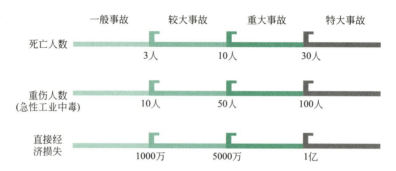

【经典例题】

1．【2020】某工程因脚手架坍塌造成960万元的直接经济损失，根据《生产安全事故报告和调查处理条例》，该事故属于（   ）。
　A．一般事故　　　　　　B．特别重大事故
　C．重大事故　　　　　　D．较大事故

2．【2018】根据《生产安全事故报告和调查处理条例》，下列安全事故中，属于较大事故的是（   ）。
　A．10人死亡，3000万元直接经济损失
　B．3人死亡，4800万元直接经济损失
　C．4人死亡，6000万元直接经济损失
　D．2人死亡，9万元直接经济损失

3．【2017】某房屋建筑拆除工程施工中，发生倒塌事故，造成12人重伤、6人死亡，根据《企业职工伤亡事故分类》GB 6441—1986，该事故属于（   ）。
　A．较大事故　　　　　　B．特大伤亡事故
　C．重大事故　　　　　　D．重大伤亡事故

4．【2013】根据《生产安全事故报告和调查处理条例》，下列安全事故中，属于重大事故的是（   ）。
　A．3人死亡，10人重伤，直接经济损失2000万元
　B．12人死亡，直接经济损失960万元
　C．36人死亡，50人重伤，直接经济损失6000万元
　D．2人死亡，100人重伤，直接经济损失1.2亿元

　答案：1. A；2. B；3. B；4. B

考点四：安全事故报告

历年考情分析

年份	2017	2018	2019	2020	2021	2022
单选			√			
多选						

【核心考点】

1. 施工单位事故报告要求

事故现场有关人员 —立即→ 施工单位负责人 —1小时内 总包→ 县级以上应急管理部门和有关部门
（农民工）　　　　　　　　　　　　　情况紧急时

注：各行业的建筑施工安全事故，都应向建设行政主管部门和行业主管部门报告。

2. 应急管理部门事故报告要求

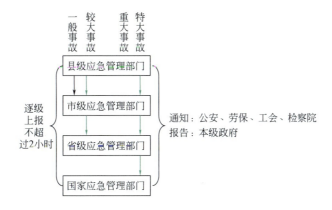

【经典例题】

1.【2019】关于按规定向有关部门报告建设工程安全事故情况的说法，正确的是（　　）。

A．事故发生后，事故现场有关人员应当于1小时内向本单位安全负责人报告

B．专业工程施工中出现安全事故的，可以只向行业主管部门报告

C．事故现场人员可以直接向事故发生地县级以上人民政府应急管理部门报告

D．应急管理部门每级上报的时间不得超过4小时

2.【2017】关于生产安全事故报告和调查处理原则的说法，正确的有（　　）。

A．事故未整改到位不放过　　B．事故未及时报告不放过

C．事故原因未查清不放过　　D．有关人员未受到教育不放过

E．责任人员未处理不放过

3.【2016】关于建设工程安全事故报告的说法，正确的是（　　）。

A. 各行业专业工程安全事故可只向有关行业主管部门报告
B. 应急管理部门除按规定逐级上报外，还应同时报告本级人民政府
C. 一般情况下，事故现场有关人员应立即向应急管理部门报告
D. 事故现场有关人员应直接向事故发生地县级以上人民政府报告

答案：1．C；2．C、D、E；3．B

笔记区

考点五：安全事故调查

历年考情分析

年份	2017	2018	2019	2020	2021	2022
单选		√	√		√	
多选						√

【核心考点】

	一般事故	较大事故	重大事故	特别重大事故
组织调查 （人民政府或授权部门）	县级 （无伤亡可委托事故发生单位）	市级	省级	国务院
提交调查报告	事故发生之日起60日内（可延期60日）			
批复调查报告	收到事故调查报告之日15日内			收到30日内 （可延期30日）
调查报告内容	（1）事故发生单位概况。 （2）事故发生经过和救援情况。 （3）事故造成的人员伤亡和直接经济损失。 （4）事故发生的原因和事故性质。 （5）事故责任的认定及对事故责任者的处理建议。 （6）事故防范和整改措施。			
处罚	依据政府的批复对相关单位和个人进行处罚			

【经典例题】

1．【2022】县级人民政府自收到调查报告15日内批复的安全事故有（　　）。
A. 无人员死亡的较大事故　　B. 直接经济损失较小的重大事故
C. 人员死亡的一般事故　　　D. 特别重大事故
E. 无人员伤亡的一般事故

2．【2021】一般情况下，负责特别重大事故调查的人民政府应当自收到事故调查报告

之日起（　　）日内作出批复。

　　A．15　　　　　　　B．30　　　　　　　C．60　　　　　　　D．90

3．【2021】下列建设工程安全事故中，县级人民政府可以委托事故发生单位组织事故调查组进行调查的是（　　）。

　　A．2人轻伤，总损失1000万元　　　　B．1人重伤，直接经济损失200万元
　　C．无伤亡，直接经济损失1000万元以下　　D．1人轻伤，无其他损失

4．【2019】建设工程安全事故调查组应当提交事故调查报告的时间为（　　）。

　　A．自事故发生之日起30日内　　　　B．自调查组成立之日起30日内
　　C．自调查组成立之日起60日内　　　　D．自事故发生之日起60日内

5．【2018】某县一建筑工地发生生产安全重大事故，则事故调查组应由（　　）负责组织。

　　A．事故发生地县级人民政府　　　　B．国务院安全生产监督管理部
　　C．事故发生单位　　　　　　　　　D．事故发生地省级人民政府

6．【2014】某工程安全事故造成960万元的直接经济损失，没有人员伤亡。关于该事故调查的说法，正确的是（　　）。

　　A．应由事故发生地省级人民政府直接组织事故调查组进行调查
　　B．必须由事故发生地县级人民政府直接组织事故调查组进行调查
　　C．应由事故发生地设区的市级人民政府委托有关部门组织事故调查组进行调查
　　D．可由事故发生地县级人民政府委托事故发生单位组织事故调查组进行调查

7．【2013】根据《生产安全事故报告和调查处理条例》，事故调查报告的内容主要有（　　）。

　　A．事故发生单位概况　　　　　　　B．事故发生经过和事故援救情况
　　C．事故造成的人员伤亡和直接经济损失　D．事故责任者的处理结果
　　E．事故发生的原因和事故性质

答案：1．C、E；2．B；3．C；4．D；5．D；6．D；7．A、B、C、E

1Z205040 建设工程施工现场职业健康安全与环境管理的要求

考点一：文明施工

历年考情分析

年份	2017	2018	2019	2020	2021	2022
单选					√	
多选	√	√		√	√	√

【核心考点】

（1）项目经理为现场文明施工第一责任人。

（2）施工总平面图：应随工程实施的不同阶段进行场地布置和调整。

（3）围挡：

① 封闭管理，严格执行外来人员进场登记制度。

② 市区主要路段和涉及市容景观路段的工地围挡高度不低于2.5m，其他工地的围挡高度不低于1.8m。

（4）五牌一图：工程概况牌、管理人员名单及监督电话牌、消防保卫（防火责任）牌、安全生产牌、文明施工牌、施工现场总平面图。

（5）施工现场应积极推行硬地坪施工，作业区、生活区主干道地面必须用混凝土硬化，场内其他道路地面也应硬化处理。

（6）严禁泥浆、污水、废水外流或未经允许排入河道。

（7）施工现场适当位置设置吸烟处，作业区内禁止随意吸烟。

（8）施工现场作业区与办公、生活区必须明显划分，因场地狭窄不能划分的要有可靠的隔离栏防护措施。

（9）现场建立消防管理制度和消防领导小组，必须有消防平面图。

【经典例题】

1.【2021】关于建设工程现场文明施工措施的说法，正确的是（   ）。

A．施工现场应设置排水系统，直接排入市政管网

B．一般工地围挡高度不得低于1.6m

C．施工现场严禁设置吸烟处，应设置于生活区

D．施工总平面图应随工程实施的不同阶段进行调整

2.【2021】下列现场文明施工的管理措施中，属于现场消防、防火管理措施的有（   ）。

A．建立门卫值班管理制度

B．建立消防管理制度及消防领导小组

C．作业区与生活区必须明显划分

D．现场必须有消防平面布置图

E．对违反消防条例的有关人员进行严肃处理

3.【2020】关于施工现场文明施工措施的说法，正确的有（   ）。

A. 利用现场施工道路放砌块材料
B. 材料库房内配备保管员住宿用的单人床
C. 闹市区施工现场设置2.5m高的围挡
D. 施工作业区内禁止随意吸烟
E. 在总配电室设置灭火器和消防沙箱

4.【2018】关于施工现场文明施工管理措施的说法，正确的有（   ）。
A. 施工现场实行封闭管理，外来人员进场实行登记制度
B. 施工现场作业区、生活区主干道地面必须硬化
C. 市区主要路段的工地围挡高度不低于2m
D. 施工现场作业区内禁止随意吸烟
E. 施工现场消防重点部位设置灭火器和消防沙箱

5.【2015】施工现场文明施工管理组织的第一责任人（   ）。
A. 项目经理　　　　　　B. 总监理工程师
C. 业主代表　　　　　　D. 项目总工程师

答案：1. D；2. B、D、E；3. C、D、E；4. A、B、D、E；5. A

> **笔 记 区**

考点二：大气污染的防治

历年考情分析

年份	2017	2018	2019	2020	2021	2022
单选	√	√		√	√	√
多选			√			

【核心考点】

（1）施工场界内的污染防治属于职业健康安全问题；周围环境的污染防治属于环境保护问题。

（2）空气污染的防治：
①使用封闭式容器或者采取其他措施处理高空废弃物，严禁凌空随意抛散。
②施工现场道路应指定专人定期洒水清扫。
③细颗粒散体材料（如水泥、粉煤灰、白灰）运输、储存应遮盖、密封。
④除设有符合规定的装置外，禁止在施工现场焚烧油毡等废弃物及其他会产生有毒、有害烟尘和恶臭气体的物质。（禁止焚烧）

⑤工地茶炉尽量采用电热水器。若只能使用烧煤茶炉和锅炉时,应选用消烟除尘型茶炉和锅炉。

⑥大城市市区的建设工程不容许搅拌混凝土。

【经典例题】

1.【2021】关于建设工程施工现场环境保护措施的说法,正确的是(　　)。
   A．工地茶炉不得使用烧煤茶炉
   B．经无害化处理后的建筑废弃残渣用于土方回填
   C．施工现场设置符合规定的装置用于熔化沥青
   D．严格控制噪声作业,夜间作业将噪声控制在70dB（A）以下

2.【2020】关于建设工程施工现场环境保护措施的说法,正确的是(　　)。
   A．主要道路应换土覆盖,定期洒水清扫
   B．施工现场必须使用预拌混凝土
   C．施工现场可以焚烧材料包装物
   D．搭设专用封闭通道,清运建筑物内垃圾

3.【2019】下列建设工程施工现场的防治措施中,属于大气污染防治措施的有(　　)。
   A．清理高大建筑物的施工垃圾时使用封闭式容器
   B．施工现场道路指定专人定期洒水清扫
   C．机动车安装减少尾气排放的装置
   D．拆除旧建筑时,适当洒水
   E．化学用品妥善保管,库内存放避免污染

4.【2018】下列施工现场环境保护措施中,属于大气污染防治措施的是(　　)。
   A．禁止将有毒有害废弃物作土方回填
   B．工地临时厕所化粪池应采取防渗漏措施
   C．选用低噪声设备和加工工艺
   D．禁止在施工现场焚烧各种包装物

5.【2017】工程建设过程中,对施工场界范围内的污染防治属于(　　)。
   A．现场文明施工问题　　B．环境保护问题
   C．职业健康安全问题　　D．安全生产问题

答案:1.C;2.D;3.A、B、C、D;4.D;5.C

【笔记区】

考点三：水污染的防治

历年考情分析

年份	2017	2018	2019	2020	2021	2022
单选						
多选						

【核心考点】

（1）禁止将有毒有害废弃物作土方回填。

（2）废水、污水必须经沉淀池沉淀合格后再排放，最好将沉淀水用于工地洒水降尘或回收利用。

（3）现场存放油料，必须对库房地面进行防渗处理。

（4）施工现场100人以上的临时食堂，污水排放时可设置隔油池。

（5）化学用品、外加剂等库内存放。

【经典例题】

1.【2015】关于施工过程水污染预防措施的说法，正确的有（　　　）。

　　A．禁止将有毒有害废弃物作土方回填

　　B．施工现场搅拌站废水经沉淀池沉淀合格后也不能用于工地洒水降尘

　　C．现制水磨石的污水必须经沉淀池沉淀合格后再排放

　　D．现场存放油料，必须对库房地面进行防渗处理

　　E．化学用品、外加剂等要妥善保管，库内存放

2.【2013】施工现场（　　　）人以上的临时食堂，污水排放时可设置简易有效的隔油池，定期清理，防止污染。

　　A．20　　　B．50　　　C．100　　　D．80

答案：1. A、C、D、E；2. C

考点四：噪声污染的防治

历年考情分析

年份	2017	2018	2019	2020	2021	2022
单选	√		√			√
多选				√	√	

【核心考点】

（1）噪声限值：昼间70dB（A），夜间55dB（A）。

注：夜间为晚上10点至次日早上6点。

（2）噪声控制：

声源控制（最根本）{ 采用低噪声振捣器或低噪声电锯；进出口风管处设置消声器

传播途径控制{ 隔声室（墙）；振动源上涂阻尼材料；改变振动源与其他刚性结构的连接方式

接收者防护控制：耳塞、耳罩

【经典例题】

1.【2022】根据《建筑施工场界环境噪声排放标准》GB 12523—2011，建筑施工机械在昼间和夜间的噪声排放限值分别为（　　）dB（A）。

　A．70和55　　　B．75和55　　　C．70和60　　　D．80和55

2.【2021】下列施工现场噪声的控制措施中，属于控制传播途径的有（　　）。

　A．利用多孔材料吸收声能　　　B．设置隔声屏障

　C．振动源上涂覆阻尼材料　　　D．压缩机风管处设置消声器

　E．操作人员使用耳塞、耳罩

3.【2020】下列施工现场噪声控制措施中，属于控制传播途径的有（　　）。

　A．使用耳塞、耳罩等防护用品

　B．选用吸声材料搭设防护棚

　C．改变振动源与其他刚性结构的连接方式

　D．限制高音喇叭的使用

　E．进行强噪声作业时严格控制作业时间

4.【2019】下列施工现场噪声控制的措施中，属于声源控制的是（　　）。

　A．利用消声器阻止传播　　　B．利用吸声材料吸收声能

　C．采用低噪声设备和加工工艺　　　D．应用隔声屏障阻碍噪声传播

答案：1．A；2．A、B、C；3．B、C；4．C

📝 笔记区

考点五：固体废物的处理

历年考情分析

年份	2017	2018	2019	2020	2021	2022
单选			√			
多选						

【核心考点】

处理的基本思想是：资源化、减量化和无害化的处理。

主要处理方法如下：

（1）回收利用：资源化的主要手段，如粉煤灰。

（2）减量化处理：通过方法减少最终处置量。

（3）焚烧：用于不适合再利用且不宜直接填埋处置的废物。

（4）稳定和固化：用水泥、沥青等胶结材料将松散废物包裹，减少对环境的污染。

（5）填埋。

【经典例题】

1.【2019】建设工程固体废物的处理方法中，进行资源化处理的重要手段是（　　）。

A．减量化处理　　　　　B．回收利用

C．填埋处置　　　　　　D．稳定固化

2.【2014】建设工程施工工地上，对于不适合再利用，且不宜直接予以填埋处置的废物，可采取（　　）的处理方法。

A．减量化处置　　　　　B．焚烧

C．稳定固化　　　　　　D．消纳分解

答案：1．B；2．B

📝 笔记区

考点六：建设工程现场职业健康安全卫生的措施

历年考情分析

年份	2017	2018	2019	2020	2021	2022
单选	√	√		√		√
多选						

【核心考点】

1. 现场宿舍的管理

（1）室内净高≥2.4m，通道宽度≥0.9m，每间宿舍居住人员≤16人。

（2）必须设置可开启式窗户，宿舍内的床铺不得超过2层，严禁通铺。

（3）宿舍内应设置生活用品专柜和垃圾桶。

2. 现场食堂的管理

（1）食堂必须有卫生许可证，炊事人员必须持身体健康证上岗。

（2）炊事人员不得穿工作服出食堂，非炊事人员不得随意进入制作间。

（3）食堂应设置独立的制作间、储藏间，门扇下方设不低于0.2m的防鼠挡板。制作间灶台及其周边应贴瓷砖，高度不宜小于1.5m，地面做硬化和防滑处理。粮食存放台距墙和地面应大于0.2m。

（4）食堂的燃气罐单独设置存放间，通风良好。

（5）食堂外设置密闭式泔水桶，及时清运。

（6）各种佐料和副食应存放在密闭器皿内，并应有标识。

3. 现场厕所的管理

（1）施工现场设置水冲式或移动式厕所，地面应硬化。隔板高度不低于0.9m。

（2）高层建筑施工超过8层以后，每隔四层宜设置临时厕所。

（3）厕所设专人清扫、清毒。

4. 其他临时设施管理

（1）生活区设开水炉、电热水器或饮用水保温桶，施工区配备流动保温水桶。

（2）施工现场作业人员发生法定传染病、食物中毒或急性职业中毒时，必须在2小时内向施工现场所在地建设行政主管部门和有关部门报告。

（3）施工人员患有法定传染病时，应及时隔离，由卫生防疫部门处置。

【经典例题】

1.【2022】关于施工现场食堂管理的说法，正确的有（　　）。

A．食堂必须有卫生许可证

B．非炊事人员不得随意进入制作间

C．门扇下方应当设置不低于0.1m的防鼠挡板

D．制作间灶台及其周边应贴高度不小于1.5m的瓷砖

E．各种佐料和副食应贴好标识，存放在密闭器皿内

2.【2020】关于建设工程施工现场食堂卫生防疫要求的说法，正确的是（　　）。

A. 制作间灶台及周边应贴瓷砖高度不小于1.5m

B. 项目管理人员定期进入现场食堂的制作间进行卫生防疫检查

C. 食堂外应设置开放式泔水桶

D. 炊事人员必须持岗位技能证上岗

3.【2017】关于建设工程现场宿舍管理的说法,正确的是(　　)。

A. 每间宿舍居住人员不得超过16人　　B. 室内净高不得小于2.2m

C. 通道宽度不得小于0.8m　　D. 不宜使用通铺

4.【2016】关于施工现场职业健康安全卫生要求的说法,错误的是(　　)。

A. 施工现场宿舍严禁使用通铺　　B. 施工现场水冲式厕所地面必须硬化

C. 生活区可以设置敞开式垃圾容器　　D. 现场食堂必须设置独立制作间

5.【2016】关于建设工程现场职业健康安全卫生措施的说法,正确的有(　　)。

A. 每间宿舍居住人员不得超过16人

B. 施工现场宿舍必须设置可开启式窗户

C. 现场食堂炊事人员必须持身体健康证上岗

D. 厕所应设专人负责清扫、清毒

E. 施工区必须配备开水炉

答案:1. A、B、D、E;2. A;3. A;4. C;5. A、B、C、D

1Z206000 建设工程合同与合同管理

1Z206010 建设工程施工招标与投标

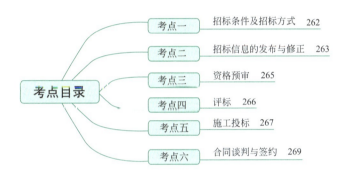

考点一：招标条件及招标方式

历年考情分析

年份	2017	2018	2019	2020	2021	2022
单选						
多选		√	√		√	

【核心考点】

1. 施工招标应具备的条件
（1）招标人已经依法成立。
（2）初步设计及概算应当履行审批手续的，已经批准。
（3）招标范围、招标方式和招标组织形式等应当履行核准手续的，已经核准。
（4）有相应资金或资金来源已经落实。
（5）有招标所需的设计图纸及技术资料。

2. 宜采用招标的方式确定承包人的项目
（1）大型基础设施、公用事业等关系社会公共利益、公众安全的项目。
（2）全部或者部分使用国有资金投资或者国家融资的项目。
（3）使用国际组织或者外国政府资金的项目。

3. 招标方式
（1）公开招标：又称无限竞争性招标，应该招标的项目常用。

优点	选择范围大
缺点	资格审查和评标工作量大；耗时长、费用高；资格预审把关不严易鱼目混珠

（2）邀请招标：又称有限竞争性招标，以下项目经批准可邀请招标：
① 技术复杂、有特殊要求或受自然环境限制，只有少量几家潜在投标人可供选择的。
② 采用公开招标的费用占项目合同金额的比例过大。
招标人采用邀请招标方式，应当向三个以上法人或者组织发出投标邀请书。

4. 世界银行贷款项目中，工程和货物的采购方式

采购方式 ⎰ 国际竞争性招标 ⎱ 公开招标
　　　　 ⎨ 国内竞争性招标 ⎰
　　　　 ⎪ 有限国际招标 ⟶ 邀请招标
　　　　 ⎪ 询价采购
　　　　 ⎪ 直接签订合同
　　　　 ⎩ 自营工程

【经典例题】

1.【2021】建设工程施工招标应当具备的条件有（　　）。
A. 有编制招标文件和组织评标的能力
B. 招标人已经依法成立

C. 有相应资金或资金来源已经落实
D. 初步设计及概算应当履行审批程序的，已经批准
E. 有招标所需的设计图纸及技术资料

2.【2019】根据《中华人民共和国招标投标法》，下列项目宜采用公开招标方式确定承包人的有（　　）。
A. 技术复杂且潜在投标人较少的项目　　B. 大型基础设施项目
C. 部分使用国有资金投资的项目　　D. 使用国际组织援助资金的项目
E. 关系公众安全的公共事业项目

3.【2018】关于世界银行贷款项目工程和货物采购方式的说法，正确的有（　　）。
A. 可以用直接签订合同的方式　　B. 首选国际竞争性招标方式
C. 国际竞争性招标方式属于公开招标　　D. 有限国际招标方式相当于邀请招标
E. 不允许采用自营工程和询价采购的方式

答案：1. B、C、D、E；2. B、C、D、E；3. A、C、D

笔记区

考点二：招标信息的发布与修正

历年考情分析

年份	2017	2018	2019	2020	2021	2022
单选				√		√
多选						

【核心考点】

1. 招标信息的发布

（1）招标公告和公示信息应在"中国招标投标公共服务平台"或者项目所在地省级电子招标投标公共服务平台发布。也可同步在其他媒介公开，确保内容一致，同时必须注明信息来源。

（2）招标公告和公示信息应由招标人或其招标代理机构盖章，并由主要负责人或其项目负责人签名。采用数据电文形式的，应电子签名。

（3）招标文件或资格预审文件自出售之日起至停止出售之日止，最短不得少于5日，不得以营利为目的。

（4）投标人必须自费购买相关招标或资格预审文件，售出后不予退还，但不得以营利为目的。对于所附的设计文件，招标人可以向投标人酌收押金；对于开标后投标人退还设

计文件的,招标人应当向投标人退还押金。

(5)招标人在发布招标公告、发出投标邀请书后或者售出招标文件或资格预审文件后不得擅自终止招标。

2. 招标信息的修正

(1)时限:提交投标文件截止时间至少15日前。

(2)形式:书面形式。

(3)全面:直接通知所有招标文件收受人。

(4)性质:招标文件的有效组成部分。

【经典例题】

1.【2020】关于招标信息发布的说法,正确的是( )。

A. 投资1000万的工程施工招标可以采用不公开的方式发布信息

B. 招标公告只能在中国招标投标公共服务平台发布

C. 自招标文件出售之日起至停止出售之日止,最短不得少于5天

D. 投标人必须自费购买相关招标或资格预审文件,未中标时予以退还

2.【2011】招标人对已发出的招标文件进行必要的澄清或修改的,应当在招标文件要求提交投标文件截止时间至少( )日之前书面通知。

A. 7   B. 15   C. 14   D. 21

3.【2006】根据我国有关法规规定,下列关于招标文件出售的说法中,正确的是( )。

A. 自招标文件出售之日起至停止出售之日止,最短不得少于20日

B. 对招标文件的收费应合理,遵循微利的原则

C. 招标人在售出招标文件后,可随时终止招标

D. 招标文件售出后,不予退还

4. 关于工程施工项目招标信息发布的说法,正确的有( )。

A. 拟发布的招标文件应当由招标人盖章或主要负责人签字

B. 招标文件售出后不予退还

C. 招标人应至少在两家指定的媒介发布招标公告

D. 招标人可以对招标文件所附的设计文件向投标人收取押金

E. 自招标文件出售之日起至停止出售之日止,最短不得少于5日

答案:1. C;2. B;3. D;4. B、D、E

考点三：资格预审

历年考情分析

年份	2017	2018	2019	2020	2021	2022
单选					√	
多选	√					

【核心考点】

（1）时间：招标开始之前或者开始初期。

（2）投标意向者在规定的截止日期之前报送资格预审文件，截止日期后不能再进行修改。

（3）资格预审结果及时以书面形式通知所有参加资格预审的投标意向者。

（4）属于不合理条件限制、排斥潜在投标人情形如下：

①提供有差别的项目信息。

②设定条件与招标项目不适应或者与合同履行无关。

③以特定地区或者行业的业绩、奖项作为加分条件或者中标条件。

④对潜在投标人采取不同的资格审查或者评标标准。

⑤限定或指定特定的专利、商标、品牌、原产地或者供应商。

⑥限定潜在投标人或者投标人的所有制形式或者组织形式。

【经典例题】

1.【2021】关于投标申请人资格预审的说法，正确的是（   ）。

A．资格预审可以在招标开始之前或者初期进行

B．公开招标只能采用资格预审方式

C．资格预审结果不需要通知所有的投标意向者

D．规定截止日期后，潜在投标人可以根据发包人要求修改资格预审文件

2.【2017】依据《中华人民共和国招标投标法实施条例》，招标人以不合理条件限制、排斥投标人的行为有（   ）。

A．就同一招标项目向投标人提供有差别的项目信息

B．就同一招标项目对投标人采取不同的资格审查标准

C．招标项目以获得鲁班奖工程业绩作为加分条件

D．招标项目指定特定的专利作为中标条件

E．依照招标项目的总体特点设定专门的技术条件

3.【2016】根据《中华人民共和国招标投标法》及相关法规，对必须招标的项目，招标人行为符合要求的是（   ）。

A．就同一招标项目向潜在投标人提供有差别的项目信息

B．委托两家招标代理机构，设置两处报名点接受投标人报名

C．以特定行业的业绩、奖项作为加分条件

D．限定或者指定特定的品牌

答案：1．A；2．A、B、C、D；3．B

笔记区

考点四：评标

历年考情分析

年份	2017	2018	2019	2020	2021	2022
单选			√			
多选						

【核心考点】

（1）评标分为准备、初步评审、详细评审和编写评标报告等过程。

评标阶段		审查内容
初步评审	符合性审查	（1）内容包括：投标资格、投标文件完整性、投标担保有效性、与招标文件的显著性差异。 （2）如实质上不响应招标文件，作无效标处理
	报价计算正确性	（1）大小写不一致以大写为准。 （2）单总价不一致以单价为准。 （3）正副本不一致以正本为准。 由投标人代表签字确认
详细评审	技术评审	技术方案、措施、手段、装备；人员配备；组织结构；进度计划等
	商务评审	报价高低、构成；计价方式；计算方法；支付条件；取费标准；价格调整等

（2）评标结束由评标委员会推荐中标候选人，限定1~3人。

（3）招标人确定中标人的方式：

①根据评标报告和推荐的中标候选人确定。

②授权评标委员会直接确定。

③招标文件中规定排名第一为中标人。

【经典例题】

1．【2019】建设工程施工招标投标程序中，评标阶段初步评审环节对商务标的审查内容是（　　）。

　　A．标书的计价方式　　　　　　B．标书的优惠条件

　　C．报价的构成和取费标准　　　D．报价计算的正确性

2．关于建设工程施工招标评标的说法，正确的是（　　）。

A. 投标报价中出现单价与数量的乘积之和与总价不一致时，将作无效标处理
B. 投标书中投标报价正本、副本不一致时，将作无效标处理
C. 评标委员会推荐的中标候选人应当限定在 1~3 人
D. 初步评审是对标书进行实质性审查，包括技术评审和商务评审

3. 下列评标内容中，属于初步评审的是（　　）。
A. 投标文件完整性　　　　　　B. 技术方案
C. 组织结构　　　　　　　　　D. 报价计算正确性
E. 报价高低

答案：1. D；2. C；3. A、D

笔记区

考点五：施工投标

历年考情分析

年份	2017	2018	2019	2020	2021	2022
单选	√					
多选				√		

【核心考点】

（1）施工投标程序：

施工投标程序 ①研究招标文件
②进行各项调查研究
③复核工程量
④选择施工方案
⑤投标计算
⑥确定投标策略
⑦正式投标

（2）投标人须知，潜在投标人需注意：
首先，需要注意招标工程的详细内容和范围。
其次，注意投标文件的组成。
最后，还需要注意招标答疑时间、投标截止时间等时间安排。
（3）施工方案由投标人的技术负责人主持制定。
（4）正式投标

1Z206000　建设工程合同与合同管理

正式投标注意的问题
- ①注意投标截止时间
  截止日后提交投标文件视为无效标，招标人可拒收。
- ②注意投标文件的完备性
  投标文件应对招标文件提出的实质性要求和条件作出响应；
  招标范围外提出的新要求，视为对招标文件的否定，不予接受。
- ③注意标书的标准(签章、密封)
  不密封或密封不符合要求，作无效标处理。
  投标书需盖有投标企业公章及企业法人的名章(签字)。
  由当地项目经理部投标，需提交授权书。
- ④注意投标的担保
  投标需要提交投标担保。

【经典例题】

1.【2020】关于正式投标及投标文件的说法，正确的有（　　）。
A．标书密封不满足要求，经甲方同意投标是有效的
B．项目经理部组织投标时不需要企业法人对于投标项目经理的授权书
C．通常情况下投标不需要提交投标担保
D．在招标文件要求提交的截止时间后送达的投标文件，招标人可以拒收
E．标书提交的基本要求是签章、密封

2.【2017】关于投标文件的说法，正确的是（　　）。
A．通常投标文件中需要提交投标担保
B．投标文件在对招标文件的实质性要求作出响应后，可另外提出新的要求
C．投标书只需要盖有投标企业公章或企业法定代表人名章
D．投标书可由项目所在地的企业项目经理部组织投标，不需要授权委托书

3.【2013】投标人须知是招标人向投标人传递的基础信息文件，投标人应特别注意其中的（　　）。
A．招标工程的范围和详细内容　　　B．招标人的责权利
C．施工技术说明　　　　　　　　　D．投标文件的组成
E．重要的时间安排

答案：1. D、E；2. A；3. A、D、E

考点六：合同谈判与签约

历年考情分析

年份	2017	2018	2019	2020	2021	2022
单选		√	√			√
多选						

【核心考点】

1. 合同订立的程序

2. 合同谈判的主要内容

（1）工程范围和内容的确认。

（2）有关技术要求、技术规范和施工技术方案。

（3）合同价格条款：

①计价方式没有谈判余地。

②中标人可提出降低风险的改进方案。

（4）价格调整条款：

工期较长的建设工程，易受货币贬值和通货膨胀的影响，价格调整条款可以解决这一风险。

（5）合同款支付方式的条款。

（6）工期和维修期。

承包人应力争用维修保函来代替业主扣留的质量保证金。

3. 合同协议的补遗

在合同谈判阶段形成的谈判结果，以《合同补遗》或《合同谈判纪要》形式形成书面文件。

【经典例题】

1.【2019】关于建设工程合同订立程序的说法，正确的是（　　）。

A. 招标人通过媒体发布招标公告，称为承诺

B. 招标人向符合条件的投标人发出招标文件，称为要约邀请

C. 投标人同招标人提交投标文件，称为承诺

D. 招标人向中标人发出中标通知书，称为要约邀请

2.【2018】建设工程施工合同订立过程中，发承包双方开展合同谈判的时间是（　　）。

A. 投标人提交投标文件时　　B. 明确中标人并发出中标通知书后

C. 订立、签署书面合同时　　　D. 招标人退还投标保证金后

3.【2016】下列合同条款中,与合同款支付方式有关的条款有(　　)。

A. 工程量清单错误的修正　　B. 市场价格波动引起的调整

C. 预付款比例　　　　　　　D. 工程进度款支付审批程序

E. 质量保证金的扣留与退还

4.【2014】投标人根据招标文件在约定期限内向招标人提交投标文件的行为,称为(　　)。

A. 要约　　　B. 承诺　　　C. 要约邀请　　　D. 合同生效

5.【2013】在签订合同的谈判中,为了防范货币贬值或者通货膨胀的风险,招标人和中标人一般通过(　　)约定风险分担方式。

A. 确定价格调整条款　　　　B. 确定合同价格条款

C. 调整工程范围　　　　　　D. 确定合同款支付方式

答案:1. B;2. B;3. C、D、E;4. A;5. A

1Z206020 建设工程合同的内容

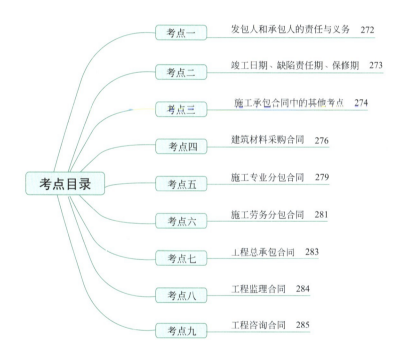

考点一：发包人和承包人的责任与义务

历年考情分析

年份	2017	2018	2019	2020	2021	2022
单选						
多选		√	√			

【核心考点】

1. 发包人的责任和义务

（1）发包人按专用合同条款约定向承包人免费提供图纸，组织图纸会审和设计交底。

（2）对化石和文物的保护：费用和工期由发包人承担（不承担利润损失）。

（3）取得出入现场所需的批准手续和全部权利。

（4）场外交通：无法满足施工需要的，由发包人负责完善并承担费用。

（5）场内交通：按合同专用条款约定提供所需场内道路和交通设施。

（6）许可和批准：

①负责办理：建设用地规划许可证、建设工程规划许可证、施工许可证、施工所需临水、临电、中断道路交通、临时占用土地等许可和批准。未能及时办理，发包人承担费用、工期和利润。

②协助承包人办理有关施工证件和批件。

（7）提供施工现场：最迟于开工日期7天前。

（8）资金来源证明及支付担保：支付担保可以采用银行保函或担保公司担保等形式。

（9）支付合同价款。

（10）组织竣工验收。

2. 承包人的责任和义务

（1）完成工程，承担保修义务。

（2）采取施工安全和环境保护措施，办理工伤保险，确保安全。

（3）编制施工组织设计和施工措施计划。

（4）负责施工场地及其周边环境与生态的保护工作。

（5）按合同约定编制竣工资料，完成竣工资料立卷及归档，移交发包人。

【经典例题】

1.【2019】根据《建设工程施工合同（示范文本）》GF—2017—0201，除专用合同条款另有约定外，发包人的责任和义务主要有（　　）。

　　A. 最迟于开工日期14天前向承包人发出开工通知

　　B. 应按照约定向承包人免费提供图纸

　　C. 提供场外交通设施的技术参数和具体条件

　　D. 提供"三通一平"施工条件

　　E. 提供正常施工所需的出入施工现场的交通条件

2.【2018】根据《建设工程施工合同（示范文本）》GF—2017—0201通用条款，除专用条款另有约定外，发包人的责任与义务有（　　）。
　　A．对施工现场发掘的文物古迹采取妥善保护措施
　　B．负责完善无法满足施工需要的场外交通设施
　　C．按照承包人实际需要的数量免费提供图纸
　　D．无条件向承包人提供银行保函形式的支付担保
　　E．最迟于开工日期7天内向承包人移交施工现场
3.【2014】根据《建设工程施工合同（示范文本）》GF—2017—0201，发包人责任和义务有（　　）。
　　A．办理建设工程施工许可证　　B．办理建设工程规划许可证
　　C．办理工伤保险　　　　　　　D．提供场外交通条件
　　E．负责施工场地周边的环境保护
答案：1. B、C、D、E；2. A、B；3. A、B、D

笔记区

考点二：竣工日期、缺陷责任期、保修期

历年考情分析

年份	2017	2018	2019	2020	2021	2022
单选	√	√	√			
多选						

【核心考点】

竣工日期	（1）竣工验收合格，以提交竣工验收申请报告之日为实际竣工日期。 （2）发包人原因未在收到竣工验收申请报告42天完成竣工验收，或完成竣工验收不予签发工程接收证书，以提交竣工验收申请报告之日为实际竣工日期。 （3）未经竣工验收，发包人擅自使用，以转移占有工程之日为实际竣工日期
缺陷责任期	（1）自实际竣工日期起计算，最长不超过24个月。 （2）单位工程先于全部工程验收，经验收合格并交付使用，该单位工程缺陷责任期自单位工程验收合格之日起算。 （3）因承包人原因导致工程无法按约定竣工验收，缺陷责任期从实际通过竣工验收之日起计算。 （4）因发包人原因导致无法竣工验收，在承包人提交竣工验收申请报告90天后进入缺陷责任期。 （5）发包人未经竣工验收擅自使用工程，缺陷责任期自工程转移占有之日起开始计算。 （6）缺陷责任期满，承包人仍应按合同约定的保修年限承担保修义务
保修期	（1）从竣工验收合格之日起算，具体保修期由合同约定，但不低于法定最低保修年限。 （2）发包人未经竣工验收擅自使用工程，保修期自转移占有之日起算

【经典例题】

1.【2019】某工程承包人于2019年5月15日提交了竣工验收申请报告,6月10日工程竣工验收合格,6月15日发包人签发了工程接收证书,根据《建设工程施工合同(示范文本)》GF—2017—0201通用条款,该工程的缺陷责任期、保修期起算日分别为(　　)。

　　A．6月10日、6月15日　　　　B．5月15日、6月10日
　　C．5月15日、6月15日　　　　D．6月15日、6月10日

2.【2018】某工程承包人于2018年6月15日向监理人递交了竣工验收申请报告,7月10日竣工验收合格,7月18日发包人签发了工程验收证书。根据《建设工程施工合同(示范文本)》GF—2017—0201通用条款,该工程的实际竣工日期、保修期起算日分别为(　　)。

　　A．6月15日、7月10日　　　　B．7月10日、7月18日
　　C．6月15日、7月18日　　　　D．7月18日、7月10日

3.【2017】关于施工承包合同中缺陷责任与保修的说法,正确的是(　　)。
　　A．缺陷责任期自实际竣工日期起计算,最长不超过12个月
　　B．缺陷责任期满,承包人仍应按合同约定的各部位保修年限承担保修义务
　　C．因发包人原因导致工程无法按合同约定期限进行竣工验收的,缺陷责任期自竣工验收合格之日开始计算
　　D．发包人未经竣工验收擅自使用工程的,缺陷责任期自承包人提交竣工验收申请报告之日开始计算

答案:1. B;2. A;3. B

笔记区

考点三：施工承包合同中的其他考点

历年考情分析

年份	2017	2018	2019	2020	2021	2022
单选				√		√
多选					√	

【核心考点】

1．各文件的优先解释顺序
(1)合同协议书。
(2)中标通知书(如果有)。
(3)投标函及其附录(如果有)。

（4）专用合同条款及其附件。
（5）通用合同条款。
（6）技术标准和要求。
（7）图纸。
（8）已标价工程量清单或预算书。
（9）其他合同文件。

2. 隐蔽工程检查

（1）工程隐蔽部位经承包人自检确认具备覆盖条件的，承包人应当在共同检查前48小时书面通知监理人检查。

（2）重新检查：

承包人覆盖工程隐蔽部位后，发包人或监理人要求重新检查，承包人应遵照执行，并在检查后重新覆盖恢复原状。经检查证明工程质量符合合同要求的，由发包人承担由此增加的费用和（或）延误的工期，并支付承包人合理利润；经检查证明工程质量不符合合同要求，由此增加的费用和（或）延误的工期由承包人承担。

原则：责任方承担风险。

（3）私自覆盖：

承包人未通知监理人到场检查，私自将隐蔽部位覆盖，监理人有权指示承包人钻孔探测或揭开检查，无论隐蔽部位质量是否合格，由此增加的费用和（或）延误的工期均由承包人承担。

原则：责任方承担风险。

3. 费用控制

（1）预付款

最迟在开工通知载明的开工日期7天前支付。预付款应当用于材料、工程设备、施工设备的采购及修建临时工程、组织施工队伍进场等。

发包人逾期支付预付款超过7天的，承包人有权向发包人发出要求预付的催告通知。发包人收到通知后7天内仍未支付的，承包人有权暂停施工。

发包人在工程款中逐期扣回预付款后，预付款担保额度应相应减少。

（2）进度款

发包人应在进度款支付证书或临时进度款支付证书签发后14天内完成支付。

发包人签发进度款支付证书或临时进度款支付证书，不表明发包人已同意、批准或接受了承包人完成的相应部分的工作。

【经典例题】

1.【2022】发包人采购的门窗，与承包人共同清点验收后入库，完工后，监理单位检查质量不合格，要求拆除。下列说法正确的是（　　）。

A．费用损失和工期延误由发包人承担　　B．补偿承包人损失，工期由承包人承担
C．费用和工期由承包人承担　　　　　　D．补偿承包人费用，工期由发包人承担

2.【2021】关于施工总承包合同中费用控制条款的说法，正确的有（　　）。

A．发包人签发进度款支付证书，表明发包人已接受了承包人完成的相应工作
B．承包人可以使用预付款修建临时工程、组织施工队进场

C. 发包人在收到预付款催告通知后7天内仍未支付的，承包人有权暂停施工

D. 发包人应在进度款支付证书签发后28天内完成支付

E. 发包人在工程款中逐期扣回预付款后，预付款担保额度应相应减少

3.【2020】根据《建设工程施工合同（示范文本）》GF—2017—0201，工程隐蔽部位经承包人自检确认具备覆盖条件的，承包人应在共同检查前（　　）小时书面形式通知监理人检查。

　　A. 48　　　　B. 12　　　　C. 24　　　　D. 36

4.【2015】根据《建设工程施工合同（示范文本）》GF—2017—0201，可以顺延工期的情况有（　　）。

　　A. 发包人比计划开工日晚5天下达开工通知

　　B. 发包人未按合同约定提供施工现场

　　C. 发包人提供的测量基准点存在错误

　　D. 监理人未按合同约定发出指示，批准文件

　　E. 分包商或供货商延误

5. 根据《建设工程施工合同（示范文本）》GF—2017—0201，除专用条款另有规定外，下列合同文件中拥有最优先解释权的是（　　）。

　　A. 通用合同条款　　　　　　B. 中标通知书

　　C. 投标函及其附件　　　　　D. 技术标准和要求

6. 施工过程中，工程师发现曾检验合格的工程部位仍存在施工质量问题，则修复该部位工程质量缺陷时，应（　　）。

　　A. 由发包人承担费用，工期给予顺延

　　B. 由承包人承担费用，工期给予顺延

　　C. 由发包人承担费用，工期不给予顺延

　　D. 由承包人承担费用，工期不给予顺延

答案：1. A；2. B、C、E；3. A；4. A、B、C、D；5. B；6. D

考点四：建筑材料采购合同

历年考情分析

年份	2017	2018	2019	2020	2021	2022
单选					√	√
多选	√					

【核心考点】
1. 约定质量标准的原则
(1) 按颁布的国家标准执行。
(2) 没有国家标准而有行业标准的则按照行业标准执行。
(3) 没有国家标准和行业标准为依据时,可按照企业标准执行。
(4) 没有上述标准或采购方有特殊要求,按照双方在合同中的约定执行。
总结:国家标准＞行为标准＞企业标准。
2. 包装
由供货方负责供应,一般不另外收费。
3. 交货日期

交货日期
- (1) 供货方送货材料 ⟹ 收货戳记日期
- (2) 采购方提货材料 ⟹ 按合同规定通知提货日期
- (3) 委托第三方送货材料 ⟹ 发运产品时承运单位签发日期

4. 价格

材料价格
- (1) 国家有定价的材料 ⟶ 按国家定价
- (2) 应由国家定价但目前尚无定价的材料 ⟶ 报物价部门批准
- (3) 不属于国家定价产品 ⟶ 双方协商

5. 结算
合同中应明确结算的时间、方式和手续。
6. 违约责任
(1) 供货方的违约行为包括不能按期供货、不能供货、供应的货物有质量缺陷或数量不足等。
① 逾期交货,依据逾期交货部分计算违约金。对约定由采购方自提的,若发生采购方的其他损失,其实际开支的费用也应由供货方承担。
② 提前交货,如果属于采购方自提货物,采购方接到提前提货通知后,可以拒绝提前提货。
③ 供货方提前发运或交付的货物,采购方仍可按规定时间付款,对多交货部分,在代为保管期内实际支出的保管、保养费由供货方承担。
④ 供货方不能全部或部分交货,按约定违约金比例乘以不能交货部分货款来计算违约金。
总结:责任方承担风险。
(2) 采购方的违约行为可能包括不按合同要求接受货物、逾期付款或拒绝付款等。
① 合同签订以后,采购方要求中途退货,应向供货方支付按退货部分计算的违约金,并承担相应损失。
② 采购方不能按期提货,除支付违约金以外,还应承担逾期提货给供货方造成的代为保管费、保养费等。
③ 采购方逾期付款,应该按照合同约定支付逾期付款利息。

总结：责任方承担风险。

【经典例题】

1.【2022】委托运输部门送货的产品，交货期限是（　　）。
   A．采购方收货戳记的日期
   B．供货方按合同规定通知的提货日期
   C．供货方向承运单位提出申请的日期
   D．供货方发运产品时承运单位签发的日期

2.【2021】建筑材料采购合同中应明确结算的（　　）。
   A．时间、方式和手续　　　　B．地点、时间和人员
   C．时间、方式和人员　　　　D．地点、人员和手续

3.【2017】关于建筑材料采购合同中违约责任的说法，正确的是（　　）。
   A．供货方发生逾期交货，要按合同约定，依据逾期交货部分货款总价计算违约金
   B．供货方部分交货，应按合同约定违约金比例乘以不能交货部分货款计算违约金
   C．合同签订后采购方中途退货，应向供货方支付按退货货款总额计算的违约金
   D．合同签订后，采购方逾期付款，应按照合同约定支付逾期付款利息
   E．供货方提前发运或交付的货物，采购方要按实际发运或交付时间付款

4.【2015】关于物资采购交货日期的说法，正确的是（　　）。
   A．凡委托运输部门送货的，以供货方发运产品时承运单位签发的日期为准
   B．供货方负责送货的，以供货方按合同规定通知的提货日期为准
   C．采购方提货的，以采购方收货戳记的日期为准
   D．凡委托运输单位代运的产品，以向承运单位提出申请的日期为准

5.【2011】某建筑材料采购合同中，约定由采购方于2011年6月30日到指定地点提取约定数量的货物，7月10日支付货款总额；6月25日采购方接到了提前提货通知，采购方派车于6月28日接收货物；发现供货方交货数量大于约定数量，那么采购方可采取的正确行为有（　　）。
   A．应在7月8日支付货款总额
   B．仍可在7月10日交付货款总额
   C．只提取约定数量的货物
   D．支付6月25日—28日未及时提货的保管费用
   E．对多交货部分代为保管，但保管费应由供货方承担

   答案：1. D；2. A；3. A、B、C、D；4. A；5. B、C、E

笔记区

考点五：施工专业分包合同

历年考情分析

年份	2017	2018	2019	2020	2021	2022
单选			√	√	√	
多选						

【核心考点】

1. 工程承包人（总承包单位）的主要责任和义务

（1）提供总包合同（价格内容除外）供分包人查阅。

（2）向分包人提供分包工程相关的各种证件、批件；向分包人提供施工场地和通道。

（3）组织分包人参加图纸会审和设计交底。

（4）负责整个施工场地的管理工作。

2. 专业工程分包人的主要责任和义务

（1）履行并承担总包合同中与分包工程有关的承包人的所有义务与责任。

（2）执行承包人指令（分包工程范围内）。

（3）按分包合同约定，对分包工程进行设计（合同有约定时）、施工、竣工和保修。

注：完成设计内容的费用由承包人承担。

（4）向承包人提交详细施工组织设计。

（5）遵守政府对施工场地交通、噪声以及环境保护和安全文明生产等的管理规定，按规定办理有关手续，承包人承担由此发生的费用。

（6）允许承包人、发包人、工程师及其三方中任何一方授权人员在工作时间内进入分包工程施工场地。

（7）已竣工工程未交付前的成品保护。承包人要求分包人采取特殊措施保护工程部位和相应的追加合同价款，双方在合同专用条款内约定。

3. 分包人与发包人的关系

分包人须服从承包人转发的发包人或工程师与分包工程有关的指令。未经承包人允许，分包人不得以任何理由与发包人或工程师发生直接工作联系，分包人不得直接致函发包人或工程师，也不得直接接受发包人或工程师的指令。如分包人与发包人或工程师发生直接工作联系，将被视为违约，并承担违约责任。

总结：没有关系。

4. 合同价款及支付

（1）分包合同价款可采用以下任一种：

① 固定价格；

② 可调价格；

③ 成本加酬金。

（2）分包合同价款与总包合同相应部分价款无任何连带关系。

（3）承包人应在收到分包工程竣工结算报告及结算资料后28天内支付工程竣工结算价款。

【经典例题】

1.【2021】关于施工专业分包合同的说法，正确的是（　　）。

　　A. 分包合同约定的工程变更调整的合同价款应与工程进度款同期调整支付

　　B. 分包人须服从由发包人直接发出的与分包工程有关的指令

　　C. 承包人要求分包人采取特殊措施保护所增加的费用，由分包人负责

　　D. 分包人不得将劳务作业再分包给具有相应劳务分包资质的劳务分包企业

2.【2020】根据《建设工程施工专业分包合同（示范文本）》GF—2003—0213，关于专业工程分包人责任和义务的说法，正确的是（　　）。

　　A. 分包人必须服从发包人直接发出的指令

　　B. 遵守政府有关主管部门的管理规定，但不用办理有关手续

　　C. 分包人可以直接与发包人或工程师发生直接工作联系

　　D. 分包人应允许发包人授权的人员在工作时间内合理进入分包工程施工场地

3.【2019】关于专业工程分包人责任和义务的说法，正确的是（　　）。

　　A. 分包人必须服从发包人直接发出的指令

　　B. 必须完成规定的设计内容，并承担由此发生的费用

　　C. 分包人应履行总包合同中与分包工程有关的承包人的义务，另有约定除外

　　D. 在合同约定的时间内，向监理人提交施工组织设计，并在批准后执行

4.【2019】根据《建设工程施工专业分包合同（示范文本）》GF—2003—0213，关于发包人、承包人和分包人关系的说法，正确的是（　　）。

　　A. 发包人向分包人提供具备施工条件的施工场地

　　B. 就分包范围内的有关工作，承包人随时可以向分包人发出指令

　　C. 分包人可直接致函发包人或工程师

　　D. 分包合同价款与总承包合同相应部分价款存在连带关系

5.【2012】根据《建设工程施工专业分包合同（示范文本）》GF—2003—0213，承包人应提供总包合同供分包人查阅，但可以不包括其中有关（　　）。

　　A. 承包工程的价格内容

　　B. 承包工程的进度要求

　　C. 项目业主的情况

　　D. 违约责任的条款

答案：1. A；2. D；3. C；4. B；5. A

考点六：施工劳务分包合同

历年考情分析

年份	2017	2018	2019	2020	2021	2022
单选	√					
多选						√

【核心考点】

1. 承包人的主要义务

（1）完成劳务分包人施工前期的工作：如提供具备施工条件的施工场地，提供生产、生活临时设施。

（2）负责编制施工组织设计，统一制定各项管理目标，组织编制年、季、月施工计划、物资需用量计划表。

（3）负责工程测量定位、沉降观测、技术交底，组织图纸会审。

（4）提供图纸，交付材料、设备及施工机械。

（5）负责与发包人、监理、设计及有关部门联系，协调现场工作关系。

2. 劳务分包人的主要义务

（1）对劳务分包范围内的工程质量向工程承包人负责。

（2）精心组织施工，科学安排作业计划，加强安全教育和现场管理。

（3）服从承包人转发的发包人及工程师的指令。

3. 保险

（1）劳务施工开始前，承包人应获得发包人为施工场地内的自有人员及第三人人员生命财产办理的保险，且不需劳务分包人支付保险费用。

（2）运至施工场地用于劳务施工的材料和待安装设备，由承包人办理或获得保险，且不需劳务分包人支付保险费用。

（3）承包人必须为租赁或提供给劳务分包人使用的施工机械设备办理保险，并支付保险费用。

（4）劳务分包人必须为从事危险作业的职工办理意外伤害保险，并为施工场地内自有人员生命财产和施工机械设备办理保险，支付保险费用。

总结：自有人（机械）保险：劳务分包人；其他保险：承包人或发包人。

4. 劳务报酬

（1）劳务报酬，可以采用固定价格或变动价格。

（2）采用固定价格，合同约定可调整固定价格的情形：

① 以合同约定价格为基准，市场人工价格变化幅度超过一定百分比时，按变化前后价格的差额予以调整。

② 后续法律及政策变化，导致劳务价格变化的，按变化前后价格的差额予以调整。

（3）劳务报酬最终支付相关时间：14天。

【经典例题】

1.【2017】根据《建设工程施工劳务分包合同（示范文本）》GF—2003—0214，合同中对固定劳动报酬可以约定调整的情况是（　　）。

　　A. 市场人工价格低于合同约定基准价格，按变化前后价格差予以调整
　　B. 工程量超出设计图纸范围导致劳务价格变化的，按变化前后价格差予以调整
　　C. 施工时超出原施工要求导致劳务价格变化的，按变化前后价格差予以调整
　　D. 法律及政策变化导致劳务价格变化的，按变化前后价格差予以调整

2.【2016】根据《建设工程施工劳务分包合同（示范文本）》GF—2003—0214，应由劳务分包人完成的工作是（　　）。

　　A. 收集技术资料　　　　　　　　B. 搭建生活设施
　　C. 编制施工计划　　　　　　　　D. 加强安全教育

3.【2013】根据《建设工程施工劳务分包合同（示范文本）》GF—2003—0214，从事危险作业职工的意外伤害保险应由（　　）办理。

　　A. 发包人　　　　　　　　　　　B. 施工承包人
　　C. 专业分包人　　　　　　　　　D. 劳务分包人

4. 根据《建设工程施工劳务分包合同（示范文本）》GF—2003—0214，属于承包人工作的有（　　）。

　　A. 负责编制施工组织设计　　　　B. 科学安排作业计划
　　C. 组织编制年、季、月施工计划　　D. 负责工程测量定位
　　E. 负责与监理、设计及有关部门联系

5. 根据《建设工程施工劳务分包合同（示范文本）》GF—2003—0214，需由劳务分包人承担的保险费用有（　　）。

　　A. 施工场地内劳务分包人自有人员生命财产
　　B. 运至施工现场用于施工的材料和待安装设备
　　C. 承包人提供给劳务人员使用的机械设备
　　D. 从事危险作业的劳务分包人职工的意外伤害
　　E. 施工场地内劳务分包人自有的施工机械设备

答案：1. D；2. D；3. D；4. A、C、D、E；5. A、D、E

笔记区

考点七：工程总承包合同

历年考情分析

年份	2017	2018	2019	2020	2021	2022
单选				√	√	
多选	√					

【核心考点】

（1）发包人的义务和责任：

①提供施工现场和工作条件。

②提供基础资料。

③办理许可和批准：包括但不限于建设用地规划许可证、建设工程规划许可证、建设工程施工许可证等许可和批准。

④向承包人提供支付担保、支付合同价款。

⑤现场管理配合。

（2）承包人的义务：

①按规定完成设计工作和设计相关的其他服务，并对工程的设计负责。

②承包人应自费改正承包人文件错误。

③承包人负责编制项目初步进度计划，经工程师批准后实施。经工程师批准后称为项目进度计划。

（3）发包人对承包人文件审查期不超过21天，自工程师收到承包人文件以及承包人的通知之日起计算。

【经典例题】

【2021】下列工程总承包合同义务中，属于承包人义务的是（   ）。

A．办理施工许可证

B．负责组织设计阶段审查会议，并承担会议费用

C．提供与施工有关的现场障碍资料

D．按照行业工程建设标准规范规定的设计深度开展工程设计

答案：D

考点八：工程监理合同

历年考情分析

年份	2017	2018	2019	2020	2021	2022
单选	√	√				√
多选						

【核心考点】

（1）监理工作内容：

① 编制监理规划和监理细则。

② 参加设计交底和图纸会审，参加由委托人主持的第一次工地会议。

③ 审查工程开工条件，对条件具备的签发开工令。

④ 审查承包人提交的竣工验收申请，编写工程质量评估报告。

⑤ 参加工程竣工验收，签署竣工验收意见。

（2）监理人更换总监理工程师时，应提前7天向委托人书面报告，经委托人同意方可更换；更换其他监理人员，应以相当资格与能力的人员替换，并通知委托人。

（3）委托人与承包人之间发生合同争议时，监理人应协助双方协商解决。合同争议提交仲裁机构仲裁或人民法院审理时，监理人提供必要的证明资料。

（4）在紧急情况下为保护财产和人身安全，监理人所发指令未能事先报委托人批准时，应在发出指令后的24小时内以书面形式报委托人。

（5）监理人发现承包人的人员不能胜任本职工作的，有权要求承包人予以调换。

【经典例题】

1.【2018】根据《建设工程监理合同（示范文本）》GF—2012—0202，监理工作的内容包括（　　）。

　　A. 主持图纸会审会议　　　　B. 主持第一次工地会议

　　C. 组织工程竣工验收　　　　D. 编制工程质量评估报告

2.【2017】根据《建设工程监理合同（示范文本）》GF—2012—0202，关于监理人职责的说法，正确的是（　　）。

　　A. 委托人与承包人之间发生合同争议时，监理人应代表委托人进行处理

　　B. 在任何情况下，监理人的指令都必须经委托人批准后方可发出

　　C. 委托人与承包人合同争议提交仲裁机构时，监理人应提供必要的证明资料

　　D. 监理人发现承包人的人员不能胜任本职工作时，无权要求承包人予以替换

答案：1. D；2. C

笔 记 区

考点九：工程咨询合同

历年考情分析

年份	2017	2018	2019	2020	2021	2022
单选						
多选						

【核心考点】

（1）FIDIC《白皮书》包括协议书、通用条件、特殊条件、附件等四部分内容。
附件1：规定咨询工程师的服务范围
附件2：规定业主提供的人员、设备、设施和其他方的服务
附件3：报酬和支付
附件4：进度计划
附件5：裁决规则

（2）咨询工程师的权利：
①版权
咨询工程师向业主提供服务，其提供的图纸、资料等文件属于咨询工程师所有，业主仅仅在合同工程的范围内拥有使用权。
②出版
咨询工程师可单独或与他人合作出版有关工程和服务的材料。在服务完成或终止后两年内出版，则须业主批准。

【经典例题】

关于工程咨询合同，说法正确的是（　　）。
A．咨询工程师在服务完成后两年内无权出版与工程和服务有关的书籍
B．附件1规定咨询工程师的服务范围
C．附件2规定报酬和支付
D．咨询工程师对于由他提供的文件拥有版权，业主无权使用
E．咨询工程师可单独或与他人合作出版有关工程和服务的书籍
答案：B、E

笔记区

1Z206030 合同计价方式

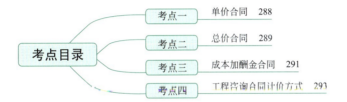

考点一：单价合同

历年考情分析

年份	2017	2018	2019	2020	2021	2022
单选	√		√	√	√	√
多选			√			

【核心考点】

1. 适用范围

发包工程的内容和工程量不能明确、具体约定。

2. 实际支付（或结算）工程款=实际工程量×合同单价

（1）允许随工程量变化调整工程总价，工程量风险双方都不承担。

（2）发包人可缩短招标准备时间，投标人可缩短投标时间。（可缩短招标投标时间）

3. 特点：单价优先

如：评标时对于投标书中的明显数字计算错误，业主有权力先修改后评标，当总价与单价的计算结果不一致时，以单价为准修改总价。

4. 对业主的不足之处

（1）需核实已完工程量，工作量大。

（2）实际投资易超计划投资，对投资控制不利。

5. 单价合同的类型

固定单价合同	（1）任何情况都不调整单价。 （2）适用于工期较短、工程量变化幅度不会太大的项目
变动单价合同	可调整单价的情形有： （1）实际工程量发生较大变化。 （2）通货膨胀达到一定水平。 （3）国家政策发生变化

【经典例题】

1.【2021】关于固定单价合同的说法，正确的是（　　）。

A．当通货膨胀达到一定水平时可对单价进行调整

B．当国家政策发生变化时可对单价进行调整

C．当实际工程量发生较大变化时可对单价进行调整

D．无论发生哪些影响价格的因素都不对单价进行调整

2.【2020】某按单价合同进行计价的招标工程，在评标过程中发现某投标人的总价与单价的计算结果不一致，原因是投标人在计算时将钢材单价4000元/t误作为2000元/t。对此，业主有权（　　）。

A．以总价为准调整单价　　　　　　　　B．以单价为准调整总价

C. 要求投标人重新提交钢材单价　　　D. 将该投标文件作废标处理

3.【2019】某土石方工程采用混合计价。其中土方工程采用总价包干14万元，石方工程采用综合单价合同，单价为100元/m³。该工程有关工程量和价格资料见下表，则该工程结算价款为（　　）万元。

项目	估计工程量（m³）	实际工程量（m³）	合同单价（元/m³）
土方工程	3300	3600	—
石方工程	2000	2500	100

A. 34　　　B. 39　　　C. 37　　　D. 42

4.【2019】关于单价合同的说法，正确的有（　　）。
A. 投标报价中总价和单价计算结果不一致时，以单价为准调整总价
B. 对于投标书中出现明显的数字计算错误，业主有权利先做修改再评标
C. 采用单价合同时，业主和承包人都不担心存在工程量方面的风险
D. 采用变动单价合同时，承包人的风险相对较小
E. 采用固定单价合同时，业主招标准备时间较长

5.【2017】关于单价合同中承包商风险的说法，正确的是（　　）。
A. 单价合同中承包商存在工程量方面的风险
B. 固定单价合同条件下，承包商存在通货膨胀带来的单价上涨的风险
C. 单价合同中承包商存在投标总价过低方面的风险
D. 变动单价合同下，承包商存在通货膨胀带来的单价上涨的风险

答案：1. D；2. B；3. B；4. A、B、C、D；5. B

笔记区

考点二：总价合同

历年考情分析

年份	2017	2018	2019	2020	2021	2022
单选					√	
多选	√	√				√

【核心考点】
1. 固定总价合同
（1）风险：承包商承担全部工作量和价格风险（合同总价一次包死，固定不变）。

价格风险	① 报价计算错误。 ② 漏报项目。 ③ 物价和人工费上涨
工作量风险	① 工程量计算错误。 ② 工程范围不确定。 ③ 工程变更。 ④ 设计深度不够造成的误差

（2）国际上广泛接受和采用。

（3）合同可以约定，在发生重大工程变更、累计工程变更超过一定幅度可以对合同价格进行调整。

固定单价合同	任何情况下单价不调整
固定总价合同	存在调整总价的可能

（4）结算比较简单，但报价中会增加一笔较高的不可预见风险费（由于承包商承担较大风险）。

（5）适用情况：
① 工程量小、工期短，施工过程中环境因素变化小，工程条件稳定并合理。
② 工程设计详细，图纸完整、清楚，工程任务和范围明确。
③ 工程结构和技术简单，风险小。
④ 投标期相对宽裕。

2. 变动总价合同

（1）可调整合同价款的情况：通货膨胀、设计变更、工程量变化。

（2）风险承担：

对承包商而言	风险相对较小
对业主而言	不利于投资控制，突破投资的风险增大

（3）对建设周期一年半以上的工程项目，则应考虑下列因素引起的价格变化问题：
① 劳务工资以及材料费用的上涨。
② 其他影响工程造价的因素，如运输费、燃料费、电力等价格的变化。
③ 外汇汇率的不稳定。
④ 国家或者省、市立法的改变引起的工程费用的上涨。

【经典例题】

1.【2022】关于总价合同的说法，正确的有（　　）。
A. 发包人可以较早确定或预测工程成本　　B. 能极大地调动承包人控制进度的积极性
C. 必须完整而明确地规定承包人的工作　　D. 将设计与施工变化控制在最小限度内
E. 承包人将承担较少风险

2.【2021】与单价合同相比较，总价合同的特点是（　　）。
A. 发包人的协调工作量大　　B. 发包人可以缩短招标准备时间
C. 承包人的风险较小　　D. 在施工进度上能调动承包人的积极性

3.【2018】采用固定总价合同时，承包商承担的价格风险有（　　）。

A. 漏报项目 B. 报价计算错误
C. 工程范围不确定 D. 工程量计算错误
E. 物价和人工费上涨

4.【2017】关于总价合同的说法，正确的有（　　）。
A. 当施工内容及有关条件未发生变化时，业主付给承包商的价款总额不变
B. 采用总价合同的前提是施工图设计完成，施工任务和范围比较明确
C. 总价合同中业主风险较大、承包人风险较小
D. 总价合同中可约定在发生设计变更时对合同价格进行调整
E. 总价合同在施工进度上能够调动承包人的积极性

5.【2016】关于固定总价合同的说法，正确的有（　　）。
A. 合同总价一次包死，业主不承担投资风险
B. 图纸完整和工程内容明确是使用这种合同的前提之一
C. 固定总价合同也有调整合同总价的可能
D. 合同双方结算比较简单
E. 在国际上很少采用固定总价合同

6.【2014】对建设周期一年半以上的工程项目，采用变动总价合同时，应考虑引起价格变化的因素有（　　）。
A 银行利率的调整 B. 材料费的上涨
C. 人工工资的上涨 D. 国家政策改变引起的工程费用上涨
E. 设计变更引起的费用变化

7.【2012】在下列合同形式中，承包人承担风险最大的合同类型是（　　）。
A. 固定总价合同 B. 固定单价合同
C. 成本加固定费用合同 D. 最大成本加费用合同

答案：1. A、B、C、D；2. D；3. A、B、E；4. A、B、E；5. B、C、D；6. B、C、D；7. A

笔记区

考点三：成本加酬金合同

历年考情分析

年份	2017	2018	2019	2020	2021	2022
单选	√	√	√			
多选				√	√	

【核心考点】
1. 风险

承包商不承担任何价格或工程量变化的风险，风险主要由业主承担，对业主的投资控制很不利。

2. 适用范围

（1）工程特别复杂，技术、结构方案不能预先确定；或者尽管可以确定工程技术和结构方案，但是不可能进行竞争性的招标活动，如研究开发性质的工程项目。

（2）时间特别紧迫，如抢险、救灾工程。

3. 优缺点

（1）对业主而言，存在的优点：

① 可以通过分段施工缩短工期。
② 可以减少承包商的对立情绪。
③ 可以利用承包商的施工技术专家。
④ 业主可以深入介入和控制工程施工和管理。
⑤ 可以通过确定最大保证价格约束工程成本不超过某一限值，转移一部分风险。

（2）对承包商来说

① 优点：风险低，利润有保证。
② 缺点：合同的不确定性大。

4. 形式

形式
- 成本加固定费用合同
  - (1) 如果设计变更或新增项目导致直接费超过原估算成本的一定百分比(10%)，固定报酬需增加。
  - (2) 总成本一开始估计不准，可能变化不大时采用。
  - (3) 承包商会尽力缩短工期（为尽快得到酬金）
- 成本加固定比例费用合同
  - (1) 不利于缩短工期和降低成本。
  - (2) 适用于工程初期很难描述工作范围和性质，或工期紧迫无法按常规编制招标文件时采用。
- 成本加奖金合同
  - (1) 奖金按成本估算指标确定。
  - (2) 顶点：成本估算指标的110%～135%；底点：成本估算指标的60%～75%。
  - (3) 成本在顶点以下得奖金；底点以下加大奖金；超过顶点罚款。
  - (4) 适用于图纸、规范准备不充分，仅能制定估算指标时采用。
- 最大成本加费用合同
  - (1) 设计达到可报总价深度，投标人报一个工程成本总价和固定酬金（包括管理费、风险费和利润）。
  - (2) 实际成本超过工程成本总价，超过部分由承包商承担。
  - (3) 实施过程节约了成本，归业主或双方共享。
  - (4) 非代理型（风险型）CM模式常采用。

【经典例题】

1.【2021】对业主而言，成本加酬金合同的优点有（　　）。

A. 可以通过分段施工缩短工期
B. 便于对工程计划进行合理安排
C. 可以减少承包商的对立情绪
D. 可以利用承包商的施工技术专家，帮助弥补设计中的不足
E. 通过确定最大保证价格约束工程成本不超过某一限值

2.【2019】某项目招标时，因工程初期很难描述工作范围和性质，无法按常规编制招标文件，则适宜采用的合同形式是（　　）。
A．成本加奖金合同　　　　　B．成本加固定费用合同
C．最大成本加费用合同　　　D．成本加固定比例费用合同

3.【2018】某项目招标时，因图纸、规范准备不充分，不能据此确定合同价格而仅能制定一个估算指标，则适宜采用的合同形式是（　　）。
A．成本加固定费用合同　　　B．最大成本加费用合同
C．成本加奖金合同　　　　　D．成本加固定比例费用合同

4.【2017】关于成本加酬金合同的说法，正确的是（　　）。
A．成本加固定费用合同是指在工程直接费中加一定比例的报酬费
B．最大成本加费用合同是指承包商报一个工程成本总价和一个固定的酬金
C．成本加奖金合同是指对直接成本实报实销，同时确定固定数目的报酬金额
D．成本加奖金费用合同是指按成本估算的60%～75%作为奖金计算的基数

5.【2016】关于成本加酬金合同的说法，正确的是（　　）。
A．成本加固定费用合同，承包商的酬金不可调整
B．成本加固定比例费用合同，有利于缩短工期
C．当实行风险型CM模式时，适宜采用最大成本加费用合同
D．当设计深度达到可以报总价的深度时，适宜采用成本加奖金合同

6.【2015】下列成本加酬金合同的优点中，对业主有利的有（　　）。
A．可以确定合同工程内容、工程量及合同终止时间
B．可以通过分段施工缩短施工工期
C．可以通过最高限价约束工程成本，转移全部风险
D．可以利用承包商的施工技术专家帮助改进设计的不足
E．可以较深入介入和控制工程施工和管理

答案：1. A、C、D、E；2. D；3. C；4. B；5. C；6. B、D、E

笔记区

考点四：工程咨询合同计价方式

历年考情分析

年份	2017	2018	2019	2020	2021	2022
单选		√		√		√
多选						

【核心考点】
1. 计算方法

人月费单价法
- (1) 最常用、最基本的计算方法(以服务时间为基础)。
- (2) 每人每月所需费用(人月费率)×人月数+可报销费用。
- (3) 广泛应用于一般性项目。
- (4) 人月费不仅仅是咨询人员的月工资。

按日计费法
- (1) 以服务时间为基础的计费方法。
- (2) 每人每日所需费用×工作日数。
- (3) 包括咨询人员为该项工作所付出的所有时间，包括旅游和等候时间等。
- (4) 用于咨询工作期限短或不连续、咨询人员少的咨询项目，如管理或法律咨询、专家论证等。

工程建设费用百分比法
- (1) 工程规模越大，工程建设费越多，咨询费的比例越低。
- (2) 计算简单，不需要规定各种费用的含义。
- (3) 在合同中，除确定费率外，还必须明确费率的计算基数。
- (4) 适用于工程规模较小、工期较短(一般不超过1年)的建筑工程项目。

2. 费用构成

（1）咨询合同费用由酬金（人月费率乘以人月数）、可报销费用、不可预见费用三部分组成。

（2）不可预见费：
① 解决不可预见的工作量增加和价格上涨风险。
② 通常为酬金与可报销费用之和的5%~15%。
③ 如果工作量和价格均无变化，咨询公司就不能提取这笔款项。

3. 合同计价
（1）总价合同。
（2）成本加固定酬金：
① 成本包括：工资性费用、公司管理费、可报销费用。
② 固定酬金是一笔补偿咨询人员的不可预见费、服务态度奖励和利润的费用。

【经典例题】
1.【2022】计算一般性的项目规划和可行性研究、工程设计和施工监理服务费用时，最常用的费用计算方法是（　　）。
A. 人月费单价法　　　　　　　　B. 按日计费法
C. 按实计量法　　　　　　　　　D. 工程建设费用百分比法

2.【2020】下列计算方法中，不属于工程咨询合同咨询费计算方法的是（　　）。
A. 人月费单价法　　　　　　　　B. 工程建设费用百分比
C. 按日计费法　　　　　　　　　D. 工程进度百分比

3.【2018】工程咨询服务合同的计价方式主要采用（　　）。
A. 总价合同和成本加酬金合同　　B. 总价合同和单价合同
C. 单价合同和成本加酬金合同　　D. 总价合同、单价合同和成本加酬金合同

答案：1. A；2. D；3. A

笔记区

1Z206040 建设工程施工合同风险管理、工程保险和工程担保

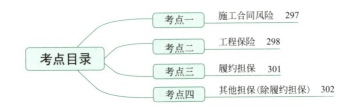

考点一：施工合同风险

历年考情分析

年份	2017	2018	2019	2020	2021	2022
单选	√				√	
多选		√				

【核心考点】

1. 工程合同风险的分类

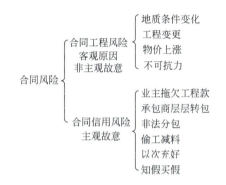

2. 施工合同风险类型

合同风险类型	表现形式
项目外界环境风险	政治环境、经济环境、法律环境、自然环境的变化
项目组织成员资信和能力风险（总包的"猪队友"）	（1）业主资信和能力风险。 （2）承包商（分包商、供货商）资信和能力风险。 （3）其他方面如政府机关单位人员等
管理风险（总包自己）	（1）对环境调查和预测的风险。 （2）合同条款不严密、错误、二义性，工程范围和标准不确定。 （3）投标策略错误。 （4）承包商的技术设计、方案存在缺陷和漏洞。 （5）实施控制过程中的风险

3. 工程合同风险的分配

（1）业主对风险的分配起主导作用。（起草招标文件和合同条件，确定合同类型）

（2）如果合同定义风险未发生，则业主多支付不可预见风险费，承包商取得超额利润。

（3）工程风险分配的原则：效率、公平。同时，承担者控制相关风险是经济的。

【经典例题】

1.【2021】根据合同风险产生的原因分类，属于合同工程风险的是（　　）。

A．非法分包　　　　　　B．偷工减料

C．物价上涨　　　　　　D．以次充好

2.【2018】下列工程合同风险中，属于信用风险的有（   ）。
   A. 知假买假   B. 偷工减料
   C. 物价上涨   D. 违法分包
   E. 拖欠工程款

3.【2017】关于工程合同风险分配的说法，正确的是（   ）。
   A. 业主、承包商谁能更有效地降低风险损失，则应由谁承担相应的风险责任
   B. 承包商在工程合同风险分配中起主导作用
   C. 业主、承包商谁承担管理风险的成本最高，则应由谁来承担相应的风险责任
   D. 合同定义的风险没有发生，业主不用支付承包商投标中的不可预见风险费

4.【2016】下列建设工程施工合同的风险中，属于管理风险的有（   ）。
   A. 政府工作人员干预   B. 环境调查不深入
   C. 投标策略错误   D. 汇率调整
   E. 合同条款不严密

5.【2015】下列施工合同风险中，属于管理风险的是（   ）。
   A. 业主改变设计方案   B. 对环境调查和预测的风险
   C. 自然环境的变化   D. 合同所依据环境的变化

答案：1. C；2. A、B、D、E；3. A；4. B、C、E；5. B

笔记区

考点二：工程保险

历年考情分析

年份	2017	2018	2019	2020	2021	2022
单选	√	√	√	√		
多选					√	√

【核心考点】

1. 工程保险

工程保险是对以工程建设过程中所涉及的财产、人身和建设各方当事人之间权利义务关系为对象的保险的总称。工程保险并不能解决所有的风险问题，只是转移部分重大风险可能带来的损害。

2. 除外责任

（1）投保人故意行为所造成的损失。

（2）因被保险人不忠实履行约定义务所造成的损失。
（3）战争或军事行为所造成的损失。
（4）保险责任范围以外，其他原因所造成的损失。

3. 工程保险种类

工程一切险	（1）包括建筑工程一切险、安装工程一切险两类。 （2）以双方名义共同投保。 （3）国内工程通常由项目法人办理保险，国际工程一般要求承包人办理保险。 （4）如果承包商不愿投保一切险，也可就部分工程单独投保，但应征得业主的同意
第三者责任险	（1）由于施工原因导致项目法人和承包人以外的第三人受到财产损失或人身伤害的赔偿。 （2）被保险人是项目法人和承包人。 （3）属于承包商或业主在工地的财产损失，或其公司和其他承包商在现场从事与工作有关的职工的伤亡不属于第三者责任险的赔偿范围，而属于工程一切险和人身意外伤害险的范围
人身意外伤害险	（1）标的：从事危险作业的工人和职员。（农民工） （2）发包人、承包人负责对本方参与现场施工的人员投保。 （3）鼓励企业为从事危险作业的职工办理意外伤害保险
承包人设备保险	（1）标的：运抵施工现场的施工机具和准备用于永久工程的材料及设备。 （2）包含在工程一切险中
CIP保险	由业主或承包商统一购买"一揽子保险"，保障范围覆盖业主、承包商及所有分包商。优点如下： （1）以最优的价格提供最佳的保障范围。 （2）能实施有效的风险管理。 （3）降低赔付率，进而降低保险费率。 （4）避免诉讼，便于索赔

【经典例题】

1.【2022】下列关于工程保险的说法，正确的有（　　）。
A．战争和军事属于保险人不承担责任范围
B．工程保险包含财产和人身保险
C．除合同另有约定外，发包人购买一切险
D．除合同另有约定外，发包人变更保险合同应征得承包人同意
E．保险不能解决所有风险只能转移风险

2.【2021】关于工程保险的说法，正确的有（　　）。
A．工程一切险要求投保人以项目法人的名义投保
B．国内工程通常由项目法人办理工程一切险
C．第三者责任险一般附加在工程一切险中
D．承包人设备保险的保险范围包括准备用于永久工程的设备
E．国内工程开工前均要集中投保工程一切险

3.【2020】关于"一揽子保险"（CIP）的说法，正确的是（　　）。
A．内容不包括一般责任险
B．不能实施有效的风险管理

1Z206000　建设工程合同与合同管理

C. 保障范围覆盖业主、承包商及分包商

D. 不便于索赔

4.【2018】根据我国保险制度，工程一切险通常由（　　）办理。

A. 承包人　　　　　　B. 监理人

C. 设计人　　　　　　D. 项目法人

5.【2017】下列财产损失和人身伤害事件中，属于第三者责任险赔偿范围的是（　　）。

A. 项目承包商在施工工地的财产损失

B. 项目承包商职工在施工工地的人身伤害

C. 项目法人外聘员工在施工工地的人身伤害

D. 项目法人、承包商以外的第三人因施工原因造成的财产损失

6.【2015】下列损失中，属于建设工程人身意外伤害险中除外责任范围的有（　　）。

A. 因被保险人不忠实履行约定义务造成的损失

B. 项目建设人员由于施工原因而受到人身伤害的损失

C. 战争或军事行为所造成的损失

D. 投保人故意行为所造成的损失

E. 项目法人和承包人以外的第三人由于施工原因受到的财产损失

7.【2015】根据我国保险制度，关于建设工程第三者责任险的说法，正确的是（　　）。

A. 被保险人是项目法人和承包人以外的第三人

B. 赔偿范围包括承包商在工地的财产损失

C. 被保险人是项目法人和承包人

D. 赔偿范围包括承包商在现场从事与工作有关的职工伤亡

8. 按照我国保险制度，建安工程一切险（　　）。

A. 由承包人投保　　　　B. 包含执业责任险

C. 包含人身意外伤害险　D. 投保人应以双方名义共同投保

答案：1. A、B、D、E；2. B、C、D；3. C；4. D；5. D；6. A、C、D、E；7. C；8. D

考点三：履约担保

历年考情分析

年份	2017	2018	2019	2020	2021	2022
单选		√				√
多选	√		√	√		

【核心考点】

（1）中标人提交的保证履行合同义务和责任的担保，是最重要也是担保金额最大的工程担保。

（2）有效期始于工程开工之日，终止日期为工程竣工交付之日或者保修期满之日。

注：若终止日期为工程竣工交付之日，则需另提供工程保修担保。

（3）形式：银行保函、履约担保书、履约保证金、同业担保。

工程保修担保可采用预留质量保证金的形式。

银行保函	（1）商业银行开具，通常为合同金额的10%。 （2）建筑行业倾向于有条件银行保函
履约担保书	（1）担保公司或者保险公司开具，赔偿额或完成施工任务金额必须在担保金额内。 （2）承包人违约时，担保公司或保险公司用担保金完成施工任务或向发包人支付完成该项目的实际花费
质量保证金	（1）每次支付进度款时扣除，累计不超过工程价款结算金额的3%。 （2）承包人在发包人签发竣工付款证书后28天内提交质量保证金保函，发包人应退还扣留的质量保证金

【经典例题】

1.【2022/2018】工程担保中，最重要、担保金额最大的是（ ）。

A．投标担保　　　　　　　　B．履约担保

C．支付担保　　　　　　　　D．预付款担保

2.【2020】在招标文件中要求中标人提交履约担保的形式有（ ）。

A．房屋抵押权证　　　　　　B．保证金

C．由保险公司开具的履约担保书　　D．有价证券

E．商业银行开具的担保函

3.【2017】关于履约担保的说法，正确的有（ ）。

A．履约担保是为保证正确、合理使用发包人支付的预付款而提供的担保

B．履约担保有效期始于工程开工之日，终止日期可以约定在工程竣工交付之日

C．银行保函担保金额通常为合同金额的10%左右

D．质量保证金由发包人从工程进度款中扣除，总额一般限制在合同总价款的3%

E．履约担保书由商业银行开具，金额在保证金的担保金额之内

4.【2012】某建设工程项目中，承包人按合同约定，由担保公司向发包人提供了履约

担保。在合同履行过程中，如果承包人违约，开出担保书的担保公司（　　）。

A．必须向发包人支付履约担保书规定的保证金

B．用履约担保书规定的担保金去完成施工任务或向发包人支付履约保证金

C．必须用履约担保书规定的保证金去完成施工任务

D．应完成施工任务，并向发包人支付履约担保书规定的保证金

5．【2010】施工承包合同履约担保的有效期始于（　　）之日。

A．投标截止　　　　　　B．发出中标通知书

C．施工承包合同签订　　D．工程开工

答案：1．B；2．B、C、E；3．B、C；4．B；5．D

笔记区

考点四：其他担保（除履约担保）

历年考情分析

年份	2017	2018	2019	2020	2021	2022
单选			√	√	√	√
多选						

【核心考点】

投标担保	（1）形式：银行保函、担保公司担保书、同业担保书和投标保证金。多数采用银行保函和投标保证金方式。 （2）根据《中华人民共和国招标投标法实施条例》，投标保证金不得超过招标项目估算价的2%。投标保证金有效期应当与投标有效期一致
预付款担保	（1）承包人签订合同后领取预付款之前，为保证合理使用发包人支付的预付款而提供的担保。 （2）主要形式是银行保函，也可为保证担保或抵押等形式。担保金额与预付款等值。 （3）担保金额应逐月减少。（预付款逐月从工程付款中扣除）
支付担保	（1）中标人要求招标人提供的保证履行工程款支付义务的担保。 （2）发包人的支付担保实行分段滚动担保，支付担保额度为合同总额的20%~25%。 （3）形式：银行保函、履约保证金、担保公司担保

【经典例题】

1．【2022】施工项目投标保证金有效期应当与（　　）一致。

A．投标截止日期　　　　　B．投标有效期

C．中标通知书发出日期　　D．评标报告提交日期

2．【2021】某工程的合同总额为1000万元，则发包人合理的支付担保额是（　　）

万元。

   A．100 B．500 C．1000 D．200

3．【2020】根据《中华人民共和国担保法》，建设工程中采用的投标保函、履约保函属于（　　）担保。

   A．保证 B．抵押
   C．留置 D．定金

4．【2019】用于保证承包人能够按合同规定进行施工，合理使用发包人已支付的全部预付金额的工程担保是（　　）。

   A．支付担保 B．预付款担保
   C．投标担保 D．履约担保

5．【2016】下列工程担保中，应由发包人出具的是（　　）。

   A．履约担保 B．支付担保
   C．预付款担保 D．保修担保

6．【2014】我国投标担保可以采用的担保方式是（　　）。

   A．银行保函 B．信用证
   C．担保公司担保书 D．同业担保书
   E．投标保证金

7．下列关于发包人支付担保的阐述中，错误的是（　　）。

   A．可由担保公司提供担保
   B．担保的额度为工程合同价总额的10%
   C．实行分段滚动担保
   D．支付担保的主要作用是确保工程费用及时支付到位

答案：1．B；2．D；3．A；4．B；5．B；6．A、C、D、E；7．B

笔记区

1Z206050 建设工程施工合同实施

考点目录
- 考点一 施工合同分析 305
- 考点二 施工合同跟踪 306
- 考点三 施工合同实施的偏差处理 308
- 考点四 工程变更管理 309
- 考点五 诚信自律 310

考点一：施工合同分析

历年考情分析

年份	2017	2018	2019	2020	2021	2022
单选	√	√		√		
多选					√	

【核心考点】
1. 含义
（1）从合同执行的角度去分析、补充和解释合同的具体内容和要求。
（2）不同于招标投标过程中对招标文件的分析，其目标和侧重点都不同。
（3）由企业的合同管理部门或项目中的合同管理人员负责。
2. 作用
（1）分析合同中的漏洞，解释有争议的内容。
（2）分析合同风险，制定风险对策。
（3）合同任务分解、落实。
3. 分析内容之"承包人的主要任务"
（1）承包人的总任务。
（2）工作范围：
工程师指令的工程变更属于合同规定的工程范围，则承包人必须无条件执行；如果工程变更超过承包人应承担的风险范围，则可向业主提出工程变更的补偿要求。
（3）关于工程变更的规定：
① 工程变更的补偿范围，通常以合同金额的一定百分比表示。百分比越大，承包人的风险越大。
② 工程变更的索赔有效期，一般为28天，也有14天的。时间越短，对承包人管理水平要求越高，对承包人越不利。
4. 工程移交表示
（1）业主认可并接受工程，承包人工程施工任务的完结。
（2）工程所有权的转让。
（3）承包人工程照管责任的结束和业主工程照管责任的开始。
（4）保修责任的开始。
（5）合同规定的工程款支付条款有效。

【经典例题】
1.【2021】关于合同分析及其作用的说法，正确的有（   ）。
A. 合同分析要从合同执行的角度去分析
B. 合同分析往往由项目经理负责
C. 合同分析的目的之一是合同任务分解、落实

D. 分析合同中的漏洞，解释有争议的内容

E. 合同分析同招标文件分析的侧重点相同

2.【2020/2013】关于承包人施工合同分析内容的说法，正确的是（　　）。

A. 应明确承包人的合同标的

B. 分析工程变更补偿范围，通常以合同金额的一定百分比表示，百分比值越大，承包人的风险越小

C. 合同实施中，承包人必须无条件执行工程师指令的变更

D. 分析索赔条款，索赔有效期越短，对承包人越有利

3.【2018】下列合同事件中，表示承包人工程施工任务结束的是（　　）。

A. 竣工结算　　　　　　B. 工程移交

C. 竣工验收　　　　　　D. 工程保修

4.【2017】关于工程变更的说法，正确的是（　　）。

A. 合同实施中，承包人应就合同范围内的业主变更先提出补偿要求

B. 工程变更的索赔有效期一般为7天，不超过14天

C. 工程变更的补偿范围越大，承包人的风险越大

D. 工程变更索赔期越短，对承包人越有利

5. 承包人在履行和实施合同前进行合同分析，其目的和作用有（　　）。

A. 分析合同的漏洞，解释有争议的内容

B. 分析签订合同依据的法律法规，了解法律情况

C. 分析合同文件组成及结构，有利于合同查阅

D. 分析合同风险，制定风险对策

E. 分解和落实合同任务

答案：1. A、C、D；2. A；3. B；4. C；5. A、D、E

笔记区

考点二：施工合同跟踪

历年考情分析

年份	2017	2018	2019	2020	2021	2022
单选						
多选						

【核心考点】
1. 施工合同跟踪含义
包括两层含义：
（1）承包单位的合同管理职能部门对合同执行者的履行情况进行的跟踪、监督和检查。
（2）合同执行者本身对合同计划的执行情况进行的跟踪、检查与对比。
注：合同执行者是指项目经理部或项目参与人。
2. 合同跟踪的对象

合同跟踪的对象	总结	具体内容
承包的任务	自己	工程施工的质量、进度、数量，成本的增加和减少
工程小组或分包人的工程和工作	下家	—
业主和其委托的工程师的工作	上家	（1）业主是否及时、完整地提供了工程施工的实施条件，如场地、图纸、资料等。 （2）业主和工程师（监理人）是否及时给予了指令、答复和确认等。 （3）业主是否及时并足额地支付了应付的工程款项

【经典例题】
1.【2016】下列建设工程施工合同跟踪的对象中，属于对业主跟踪的是（　　）。
A．成本的增减　　　　B．图纸的提供
C．施工的质量　　　　D．分包人失误
2.【2015】关于施工合同跟踪的说法，错误的是（　　）。
A．承包单位的合同管理职能部门对合同执行者的履行情况进行跟踪、监督和检查
B．合同执行者本身对合同计划的执行情况进行跟踪、检查和对比
C．合同跟踪的内容包括业主是否及时给予了指令、答复等
D．可以将工程任务发包给专业分包完成，并由专业分包对合同计划的执行进行跟踪、检查和对比
答案：1. B；2. D

考点三：施工合同实施的偏差处理

历年考情分析

年份	2017	2018	2019	2020	2021	2022
单选	√		√		√	√
多选			√			

【核心考点】

措施	原则	实例
组织措施	组织论、与人有关	增加人员投入，调整人员安排，调整工作流程和工作计划等
技术措施	设计、方案、材料、机械	变更技术方案、采用新的高效率的施工方案等
经济措施	钱	增加投入、采取经济激励措施等
合同措施	合同、索赔	合同变更、附加协议、采取索赔手段等

【经典例题】

1.【2022】采用增加劳务分包队伍处理合同偏差，属于调整措施中的（　　）措施。
  A. 经济　　　　　　　　B. 组织
  C. 合同　　　　　　　　D. 技术

2.【2021】下列合同实施偏差的调整措施中，属于组织措施的是（　　）。
  A. 变更技术方案　　　　B. 调整工作流程
  C. 增加投入　　　　　　D. 签订附加协议

3.【2019】下列合同实施偏差处理措施中，属于合同措施的是（　　）。
  A. 变更施工方案　　　　B. 调整工作计划
  C. 采取索赔手段　　　　D. 增加经济投入

4.【2013】下列合同实施偏差的调整措施中，属于组织措施的是（　　）。
  A. 增加人员投入　　　　B. 增加资金投入
  C. 变更技术方案　　　　D. 变更合同条款

答案：1. B；2. B；3. C；4. A

【笔记区】

考点四：工程变更管理

历年考情分析

年份	2017	2018	2019	2020	2021	2022
单选		√				√
多选				√		√

【核心考点】

1. 提出工程变更与批准

提出	批准
承包商	工程师审查并批准
业主方	涉及设计修改时与设计单位协商
设计方	与业主协商或经业主审查并批准

2. 工程变更指令发出与执行

（1）工程变更一般通过工程师发出，但应征得业主方同意。

（2）一般情况下，先协商变更价格和工期补偿，再执行变更工作；必要时（如为避免耽误工程），可先执行变更工作，后协商变更价格和工程补偿。

（3）工程变更指示，承包人应该无条件执行，即使工程变更价款没有确定。

3. 责任分析与补偿要求

（1）非承包人原因导致设计变更，业主承担责任，向业主索赔；承包人原因导致设计变更，承包人承担责任。

（2）施工方案变更要经过工程师批准。

【经典例题】

1.【2020】下列工程施工变更情形中，由业主承担责任的有（　　）。
A．不可抗力导致的设计修改　　　　B．环境变化导致的设计修改
C．原设计失误导致的设计修改　　　D．政府部门要求导致的设计修改
E．施工方案出现错误导致的设计修改

2.【2018】关于工程变更的说法，正确的是（　　）。
A．承包人可直接变更能缩短工期的施工方案
B．业主要求变更施工方案，承包人可以索赔相应费用
C．工程变更价款未确定之前，承包人可以不执行变更指示
D．因政府部门要求导致的设计修改，由业主和承包人共同承担责任

3.【2011】根据工程实施的实际情况，可以提出工程变更的单位有（　　）。
A．承包方　　　　　　　　　　　B．业主方
C．设计方　　　　　　　　　　　D．供货商
E．质检站

答案：1. A、B、C、D；2. B；3. A、B、C

笔记区

考点五：诚信自律

历年考情分析

年份	2017	2018	2019	2020	2021	2022
单选				√	√	
多选		√				

【核心考点】

（1）诚信行为记录由各省级建设行政主管部门在当地建筑市场诚信信息平台统一发布。

（2）不良行为记录的公布时间为行政处罚决定做出后7日内，公布期限为6个月至3年；良好行为记录公布期限为3年。

（3）不良行为记录除在当地发布外，还将由住房和城乡建设部统一在全国发布，公布期限和地方相同。

（4）整改有实效，由企业提出申请，可缩短公布期限，但最短不得少于3个月。

（5）对拒不整改或整改不力的单位，信息发布部门可延长其不良行为记录信息公布期限。

【经典例题】

1.【2021】根据《建筑市场诚信行为信息管理办法》，不良行为记录信息公布期限最短不得少于（　　）个月。

A. 3　　　　B. 6　　　　C. 12　　　　D. 24

2.【2020/2014】建设行政主管部门市场诚信信息平台上良好行为记录信息的公布期限一般为（　　）个月。

A. 3　　　　B. 6　　　　C. 12　　　　D. 36

3.【2018】关于建筑市场诚信行为记录的说法，正确的有（　　）。

A. 由地方建设行政主管部门统一公布

B. 不良行为记录信息的公布期限一般为1年

C. 良好行为记录信息的公布期限一般为3年

D. 不良行为记录信息公布时间是行政处罚决定做出后7日内

E. 不良行为记录信息公布时间可以根据整改审查结果延长

4.【2015】建设行政主管部门在市场诚信信息平台上不良行为记录的公布时间,除法律、法规另有规定的,应为行政处罚决定做出后（   ）日内。
   A. 14   B. 10   C. 7   D. 5
   答案:1. A;2. D;3. C、D、E;4. C

笔记区

1Z206060　建设工程索赔

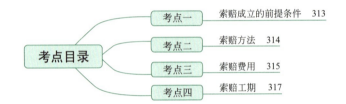

考点一：索赔成立的前提条件

历年考情分析

年份	2017	2018	2019	2020	2021	2022
单选	√				√	√
多选		√		√		

【核心考点】

索赔成立的前提条件

（1）与合同对照，事件已造成承包人工程项目成本的额外支出，或直接工期损失。（我有损失）

（2）造成费用增加或工期损失的原因，按合同约定不属于承包人的行为责任或风险责任。（非我责任）

（3）承包人按合同规定的程序和时间提交索赔意向通知和索赔报告。（按约提交）

【经典例题】

1.【2020】建设工程索赔成立的前提条件有（　　）。

A．造成费用增加或工期损失额度巨大，超出了正常的承受范围

B．索赔费用计算正确，并且容易分析

C．与合同对照，事件已造成了承包人工程项目成本的额外支出或直接工期损失

D．造成费用增加或工期损失的原因，按合同约定不属于承包人的行为责任或风险责任

E．承包人按合同规定的程序和时间提交了索赔意向通知和索赔报告

2.【2020】下列事件中，承包人不能提出工期索赔的是（　　）。

A．开工前业主未能及时交付施工图纸

B．异常恶劣的气候条件

C．业主未能及时支付工程款造成工期延误

D．因工期拖延，工程师指示承包人加快施工进度

3.【2017】施工过程中，工程师下令暂停部分工程，而暂停的起因并非承包商违约或其他意外风险，承包商向业主提出索赔，则（　　）。

A．工期和费用索赔均能成立　　　　B．工期和费用索赔均不能成立

C．工期索赔成立，费用索赔不能成立　　D．工期索赔不能成立，费用索赔能成立

答案：1．C、D、E；2．D；3．A

考点二：索赔方法

历年考情分析

年份	2017	2018	2019	2020	2021	2022
单选						
多选						

【核心考点】

1. 索赔程序

第一步	承包人提交索赔意向通知
发出索赔意向通知28天内	承包人向工程师提交索赔文件。 索赔文件 ┏ 总述部分 　　　　　┣ 论证部分（关键部分） 　　　　　┣ 索赔款项（工期）计算部分 　　　　　┗ 证据部分
干扰事件影响持续时间长	（1）按合理时间间隔（一般28天）递交中间索赔报告。 （2）在干扰事件影响结束后的28天内，承包人应提交最终索赔报告

2. 反索赔

工作内容包括两方面：一是防止对方提出索赔；二是反击或反驳对方的索赔要求。

【经典例题】

1.【2013】工程施工过程中发生索赔事件以后，承包人首先要做的工作是（　　）。

A. 向监理工程师提出索赔证据　　　　B. 提交索赔报告

C. 提出索赔意向通知　　　　　　　　D. 与业主就索赔事项进行谈判

2.【2010】承包人向发包人索赔时，所提交索赔文件的主要内容包括（　　）。

A. 索赔证据　　　　　　　　　　　　B. 索赔事件总述

C. 索赔合理性论证　　　　　　　　　D. 索赔要求计算书

E. 索赔意向通知

3. 根据《建设工程施工合同（示范文本）》GF—2017—0201，如果干扰事件对建设工程的影响持续时间长，承包人应按监理工程师要求的合理间隔提交（　　）。

A. 索赔意向通知　　　　　　　　　　B. 延续索赔通知

C. 中间索赔报告　　　　　　　　　　D. 索赔声明

4. 根据《建设工程施工合同（示范文本）》GF—2017—0201，承包人向发包人索赔的程序，说法正确的有（　　）。

A. 首先应提出索赔通知

B. 承包人必须在发出索赔意向通知后的28天内或经工程师同意的其他合理时间内提交索赔通知

C. 干扰事件对工程影响时间长时，仅需结束后28天提交最终索赔通知

D. 索赔文件应交由工程师审核

答案：1. C；2. A、B、C、D；3. C；4. D

笔记区

考点三：索赔费用

历年考情分析

年份	2017	2018	2019	2020	2021	2022
单选	√		√			
多选			√			

【核心考点】

1. 索赔费用的组成

（1）人工费
① 完成合同之外的额外工作所花费的人工费用。
② 由于非承包人责任的工效降低所增加的人工费用。
③ 超过法定工作时间加班劳动。
④ 法定人工费增长。
⑤ 非承包人责任工程延期导致的人员窝工费和工资上涨费。

　　　}非己方责任
　　　非合同范围

（2）材料费
① 由于索赔事项材料实际用量超过计划用量而增加的材料费。
② 由于客观原因材料价格大幅度上涨。
③ 非承包人责任工程延期导致的材料价格上涨和超期储存费用。

　　　}非己方责任
　　　非合同范围

（3）施工机具使用费
① 完成额外工作增加的机械使用费。
② 非承包人责任工效降低增加的机械使用费。
③ 由于业主或监理工程师原因导致机械停工的窝工费。

　　　}非己方责任
　　　非合同范围

窝工费的计算，如系租赁设备，一般按实际租金和调进调出费的分摊计算；如系承包商自有设备，一般按台班折旧费计算。

2. 索赔费用的计算方法

实际费用法	最常用；需准确积累记录资料
总费用法	索赔金额＝实际总费用－投标报价估算费用；对业主不利
修正的总费用法	（1）索赔金额＝某项工作调整后的实际总费用－该项工作的报价费用。 （2）将计算索赔的时段局限于受外界影响的时段，而不是整个施工期。 （3）只计算受影响时段内的某项工作所受影响的损失

【经典例题】

1.【2019】某建设工程项目在施工中发生下列人工费，完成业主要求的合同外工作，花费3万元，由于业主原因导致施工工效降低，使人工费增加3万元，施工机械故障造成人员误工损失1万元，则施工单位可向业主索赔的合理人工费为（　　）万元。
　　A. 3　　　　　　B. 4　　　　　　C. 6　　　　　　D. 7

2.【2019】最常用的索赔费用计算方法是（　　）。
　　A. 总费用法　　　　　　　　B. 修正总费用法
　　C. 网络分析法　　　　　　　D. 实际费用法

3.【2019】在建设工程项目施工索赔中，可索赔的合理人工费包括（　　）。
　　A. 完成合同之外的额外工作所花费的人工费用
　　B. 超过法定工作时间加班劳动的人工费用
　　C. 法定人工费增长费用
　　D. 不可抗力造成的工期延长导致的工资增加费用
　　E. 非承包商责任工程延期导致的人员窝工费用

4.【2017】在建设工程项目施工过程中，施工机具使用费的索赔款项包括（　　）。
　　A. 因监理工程师指令错误导致机械停工的窝工费
　　B. 因机械故障停工维修而导致的窝工费
　　C. 非承包商责任导致工效降低增加的机械使用费
　　D. 由于完成额外工作增加的机械使用费
　　E. 因机械操作工患病停工而导致的机械窝工费

5.【2016】某工程因发包人原因造成承包人自有施工机械窝工10天，该机械市场租赁费为1200元/天，进出场费2000元，台班费400元/台班，台班折旧费160元/台班；计划每天工作1台班，共使用40天，则承包人索赔成立的费用是（　　）元。
　　A. 1600　　　　B. 4000　　　　C. 12000　　　　D. 12500

6. 关于修正总费用法计算索赔的说法，正确的是（　　）。
　　A. 计算索赔款的时段可以是整个施工期
　　B. 索赔金额为受影响工作调整后的实际总费用减去该项工作的报价费用
　　C. 索赔款应包括受到影响时段内所有工作所受的损失
　　D. 索赔款只包括受到影响时段内关键工作所受的损失

答案：1. C；2. D；3. A、B、C、E；4. A、C、D；5. A；6. B

考点四：索赔工期

历年考情分析

年份	2017	2018	2019	2020	2021	2022
单选	√	√	√	√	√	√
多选				√		

【核心考点】

1. 工期延误分类（按延误事件之间的关联性划分）

（1）单一延误：仅某一延误事件造成，无其他事件影响。

（2）共同延误：

① 两个或两个以上延误事件从发生到终止的时间完全相同。

② 可索赔延误与不可索赔延误同时发生，可索赔延误变成不可索赔延误，这是工程索赔的惯例。

（3）交叉延误：两个或两个以上延误事件从发生到终止只有部分时间重合。

2. 工期索赔计算方法

（1）直接法。

（2）比例分析法：可按工程量或造价的比例进行分析。

（3）网络分析法。

【经典例题】

1.【2022】工程施工合同履行中，可用来计算工期索赔的方法是（　　）。

　　A．动态比率法　　　　　B．工期定额法

　　C．调值公式法　　　　　D．比例分析法

2.【2021】某防水工程施工中出现了设计变更，导致工程量由1600m^{2}增加到了2400m^2，原定施工工期60天，合同约定工程量增减10%为承包商应承担的风险，则承包商可索赔工期（　　）天。

　　A．12　　　B．30　　　C．24　　　D．60

3.【2020】某基础工程合同价为3000万元，合同总工期为30个月，施工过程中因设计变更导致增加额外工程600万元，业主同意工期顺延。根据比例分析法，承包商可索赔工期（　　）个月。

　　A．3　　　B．4　　　C．8　　　D．6

4.【2020】下列影响工程进度的因素中，属于承包人可以要求合理延长工期的有（　　）。

　　A．因进场材料不合格而对工期产生不利影响

　　B．业主在工程实施中增减工程量对工期产生不利影响

　　C．业主在工程实施中改变工程设计对工期产生不利影响

　　D．因施工操作工艺不规范而对工期产生不利影响

E．突发的极端恶劣的气候对工期产生不利影响

5．【2018】某工程施工中出现了意外情况，导致工程量由原来的2500m³增加到3000m³，原定工期为30天，合同规定工程量变动10%为承包商应承担的风险，则可索赔工期为（　　）天。

A．6　　　　B．5　　　　C．3　　　　D．2.5

6．【2016】某工程的时标网络计划如下图所示，下列工期延误事件中，属于共同延误的是（　　）。

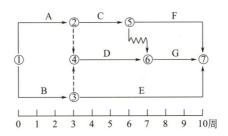

A．工作C因发包人原因和工作G因承包人原因各延误2周
B．工作D因发包人原因和工作F因承包人原因各延误2周
C．工作A因发包人原因和工作B因承包人原因各延误2周
D．工作E因发包人原因和工作F因承包人原因各延误2周

答案：1. D；2. C；3. D；4. B、C、E；5. C；6. C

笔记区

1Z206070 国际建设工程施工承包合同

考点目录
- 考点一　FIDIC系列合同条件　320
- 考点二　美国AIA系列合同条件　321
- 考点三　施工承包合同争议的解决方式　322

考点一：FIDIC系列合同条件

历年考情分析

年份	2017	2018	2019	2020	2021	2022
单选		√			√	
多选						

【核心考点】

名称	适应范围	合同计价方式	备注
《施工合同条件》	发包人或咨询工程师设计的项目	单价合同，某些子项可采用包干价格	业主委派工程师管理合同
《永久设备和设计—建造合同条件》	承包商做绝大部分设计的项目	总价合同	
《EPC交钥匙项目合同条件》	承包商负责所有设计、采购和建造工作	固定总价	无业主委派工程师角色
《简明合同格式》	投资额较低且不需分包的建筑工程和设施	均可	……

【经典例题】

1.【2021】关于FIDIC《施工合同条件》的说法，正确的是（   ）。
   A. 合同计价方式采用单价合同，但也有些子项采用包干价格
   B. 由业主或业主代表管理合同
   C. "新红皮书"的应用范围比原"红皮书"较小
   D. "新红皮书"适用于由承包商做绝大部分设计的工程项目

2.【2018】关于FIDIC《永久设备和设计—建造合同条件》的说法，正确的是（   ）。
   A. 适用于由发包人负责设计的工程项目
   B. 业主委派工程师负责合同管理
   C. 合同计价采用单价合同方式
   D. 承包商只负责提供设备及工程建造

3.【2015】关于FIDIC《EPC交钥匙项目合同条件》特点的说法，正确的是（   ）。
   A. 适用于承包商做大部分的工程项目，承包商要按照业主的要求进行设计、提供设备以及建造其他工程
   B. 合同采用固定总价合同，只有在特定风险出现时才调整价格
   C. 业主委派工程师管理合同，监督工程进度质量
   D. 承包商承担的风险较小

4.【2014】在FIDIC系列合同中，《EPC交钥匙项目合同条件》的合同计价采用（   ）。

A．固定单价　　　　　B．变动单价
C．固定总价　　　　　D．变动总价

答案：1．A；2．B；3．B；4．C

笔记区

考点二：美国AIA系列合同条件

历年考情分析

年份	2017	2018	2019	2020	2021	2022
单选	√					
多选						

【核心考点】

（1）AIA文件可分为A、B、C、D、F、G、INT系列。

A系列	关于业主与承包人之间的合同文件
B系列	关于业主与建筑师之间的合同文件
C系列	关于建筑师与提供专业服务的咨询机构之间的合同文件
INT系列	用于国际工程项目的合同文件（为B系列的一部分）

注：AIA合同条件主要用于私营的房屋建筑工程，在美洲地区具有较高的权威性。

（2）施工合同通用条件：

①即A201文件，是AIA系列合同中的核心文件。

②建筑师类似于FIDIC红皮书中的工程师，是业主与承包商的联系纽带。

【经典例题】

1.【2017】美国建造师学会（AIA）合同文件中，A系列的合同类型主要是用于（　　）。

A．业主与建筑师之间　　　B．建筑师与咨询机构之间
C．业主与承包人之间　　　D．国际工程项目

2.【2016】美国的AIA合同条件在美洲地区具有较高的权威性，其主要用于（　　）工程。

A．市政公用　　　　　B．石油化工
C．房屋建筑　　　　　D．水利水电

答案：1．C；2．C

笔记区

 考点三：施工承包合同争议的解决方式

历年考情分析

年份	2017	2018	2019	2020	2021	2022
单选	√	√	√	√		√
多选						

【核心考点】

争议解决方式 { 协商：最常见、最有效、首选基本方式; 调解; 仲裁或诉讼 }

一、仲裁

1. 仲裁地点

国际工程承包合同争议解决的仲裁地点，通常有以下三种选择：

（1）在工程所在国仲裁，比较常见的选择，对外国承包商很不利。

（2）在被诉方所在国仲裁。

（3）在合同中约定的第三国仲裁。

2. 效力

（1）针对国际工程，效力由合同约定。

（2）在我国，仲裁实行一裁终局制。

3. 特点

效率高、周期短、费用少；保密性；专业化。

二、DAB（争端裁决委员会）方式

1. 概念

合同双方协商，选定一个独立公正的争端裁决委员会（DAB），当发生合同争议时，由该委员会对其争议作出决定。合同双方在收到决定后28天内，均未提出异议，则该决定即是最终的，对双方均具有约束力。

注：裁决不是强制性的，不具有终局性。

2. DAB的任命

（1）由1人、3人或5人组成。

（2）任命方式：

常任争端裁决委员会	施工前任命，施工过程中定期视察
特聘争端裁决委员会	发生争端时任命（1或3人），对争端发出最终决定时期满
工程师兼任	具有必要经验和资源的独立专业咨询工程师

（3）一般为工程技术和管理方面的专家，不应是合同任何一方的代表。

3. DAB的报酬

业主和承包商应该各自支付其中的一半。

【经典例题】

1.【2022】在FIDIC施工合同条件下采用DAB方式解决争议，合同双方在收到争端裁决决定后（　　）天内均未提出异议的，则裁决即为最终决定。

A. 28　　　　B. 14　　　　C. 21　　　　D. 42

2.【2020】国际工程施工承包合同争议解决的方式中，最常用、最有效，也是应该首选的是（　　）。

A. 仲裁　　　B. 调解　　　C. 诉讼　　　D. 协商

3.【2019】关于FIDIC施工合同条件中采用DAB（争端裁决委员会）方式解决争议的说法，正确的是（　　）。

A. 特聘争端裁决委员会的任期与合同一致
B. 业主应按支付条件支付DAB报酬的70%
C. DAB成员一般是工程技术和管理方面的专家
D. DAB提出的裁决具有强制性

4.【2018】关于国际工程施工承包合同争议解决的说法，正确的是（　　）。

A. 国际工程施工承包合同争议解决中，仲裁实行一裁终局制
B. 国际工程施工承包合同争议解决中，诉讼是首选方案
C. 国际工程施工承包合同争议最有效的解决方式是协商
D. FIDIC合同中，DAB作出的裁决是强制性的

5.【2013】在国际工程承包合同中，根据工程项目的规模和复杂程度，DAB争端裁决委员会的任命有多种方式，只在发生争端时任命的是（　　）。

A. 常任争端裁决委员会　　　B. 特聘争端裁决委员会
C. 工程师兼任的委员会　　　D. 业主指定争端裁决委员会

6.【2010】与诉讼方式相比，采用仲裁方式解决国际工程承包合同争议的优点有（　　）。

A. 效率高　　　　　　B. 周期短
C. 约束力强　　　　　D. 费用少
E. 保密性好

答案：1. A；2. D；3. C；4. C；5. B；6. A、B、D、E

笔记区

1Z207000 建设工程项目信息管理

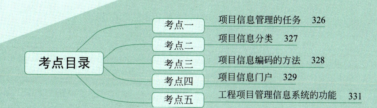

考点目录
- 考点一　项目信息管理的任务　326
- 考点二　项目信息分类　327
- 考点三　项目信息编码的方法　328
- 考点四　项目信息门户　329
- 考点五　工程项目管理信息系统的功能　331

考点一：项目信息管理的任务

历年考情分析

年份	2017	2018	2019	2020	2021	2022
单选	√					
多选						

【核心考点】

（1）信息管理手册：项目参与各方都应编制。

（2）信息管理部门的工作任务：

①负责编制信息管理手册，在项目实施过程中进行必要修改和补充，并检查和督促其执行。

②负责协调和组织项目班子中各工作部门的信息处理工作。

③负责信息处理工作平台的建立和运行维护。

④与其他工作部门协同组织收集信息、处理信息和形成各种报表和报告等。

⑤负责工程档案管理等。

（3）信息管理核心的手段是基于互联网的信息处理平台。

【经典例题】

1.【2017】下列工程项目管理工作中，属于信息管理部门工作任务的是（　　）。

A．工程质量管理　　　　　　B．工程安全管理

C．工程档案管理　　　　　　D．工程进度管理

2.【2015】下列工作任务中，不属于信息管理部门的是（　　）。

A．负责编制行业信息管理规范

B．负责信息处理工作平台的建立和运行维护

C．负责工程档案管理

D．负责协调各部门的信息处理工作

3.【2013】由于建设工程项目大量数据处理的需要，应重视利用新信息技术的手段进行信息管理，其核心手段是（　　）。

A．基于局域网的信息管理平台

B．基于互联网的信息处理平台

C．基于互联网的信息传输平台

D．基于局域网的信息处理平台

4.【2011】关于项目信息管理手册及内容的说法，正确的有（　　）。

A．信息管理部门负责编制信息管理手册

B．信息管理手册应包含工程档案管理制度

C．信息管理的任务分工表是信息管理手册的主要内容

D．信息管理手册应随项目进展而做必要的修改和补充

E. 应编制项目参与各方通用的信息管理手册

答案：1. C；2. A；3. B；4. A、B、C、D

笔记区

考点二：项目信息分类

历年考情分析

年份	2017	2018	2019	2020	2021	2022
单选			√	√	√	
多选						

【核心考点】

1. 按信息的内容属性分类

组织类信息 { 编码信息 / 单位组织信息 / 项目组织信息 / 项目管理组织信息

组织类信息 { 进度控制信息 / 合同管理信息 / 风险管理信息 / 安全管理信息

经济类信息 { 投资控制信息 / 工作量控制信息

技术类信息 { 前期技术信息 / 设计技术信息 / 质量控制信息 / 材料设备技术信息 / 施工技术信息 / 竣工验收技术信息

2. 按多维分类（综合分类）

第一维：按项目的分解结构

第二维：按项目实施的工作过程

第三维：按项目管理工作的任务

【经典例题】

1.【2021】下列建设工程项目信息中，属于技术类信息的是（　　）。

A. 进度控制信息　　　　　　B. 投资控制信息

C. 质量控制信息　　　　　　D. 工作量控制信息

2.【2020/2014】下列建设项目信息中，属于经济类信息的是（　　）。
A. 合同管理信息　　　　　B. 工作量控制信息
C. 质量控制信息　　　　　D. 风险管理信息
3.【2019】根据建设项目信息的内容属性，质量控制信息应归类为（　　）。
A. 组织类信息　　　　　　B. 技术类信息
C. 管理类信息　　　　　　D. 经济类信息
4. 编码信息属于（　　）信息。
A. 管理类　　B. 组织类　　C. 经济类　　D. 技术类
答案：1. C；2. B；3. B；4. B

笔记区

考点三：项目信息编码的方法

历年考情分析

年份	2017	2018	2019	2020	2021	2022
单选		√				√
多选						

【核心考点】
（1）项目的结构编码，依据项目结构图对项目结构每个组成部分编码。
（2）项目管理组织结构编码，依据项目管理的组织结构图，对每个工作部门编码。
（3）项目实施的工作项（工作过程）编码应覆盖项目实施的工作任务目录的全部内容，包括：
①设计准备阶段的工作项。
②设计阶段的工作项。
③招标投标工作项。
④施工和设备安装工作项。
⑤项目动用前的准备工作项等。
（4）项目的投资项编码（业主方）/成本项编码（施工方），它不是概预算定额确定的分部分项工程的编码，它应综合考虑概算、预算、标底、合同价和工程款的支付等因素，建立统一的编码。
（5）项目的进度项编码，应综合考虑不同层次、不同深度和不同用途的进度计划工作项的需要，建立统一的编码。

【经典例题】

1.【2018】关于项目信息编码的说法，正确的是（ ）。
A. 投资项编码应采用预算定额确定的分部分项工程编码
B. 项目实施的工作项编码就是指对施工和设备安装工作项的编码
C. 项目管理组织结构编码要依据组织结构图，对每一个工作部门进行编码
D. 进度编码应根据不同层次的进度计划工作需要分别建立

2.【2016】项目结构信息编码的依据是（ ）。
A. 项目管理结构图　　　　B. 项目组织结构图
C. 项目结构图　　　　　　D. 系统组织结构图

3.【2009】对建设项目投资项（或者成本项）信息进行编码时，适宜的做法是（ ）。
A. 综合考虑投资方、承包商要求进行编码
B. 综合考虑概算、预算、标底、合同价、工程款支付等因素建立编码
C. 根据概算定额确定的分部分项工程进行编码
D. 根据预算定额确定的分部分项工程进行编码

答案：1. C；2. C；3. B

【笔记区】

考点四：项目信息门户

历年考情分析

年份	2017	2018	2019	2020	2021	2022
单选			√		√	
多选	√					

【核心考点】

一、管理信息系统、项目管理信息系统和项目信息门户的区别

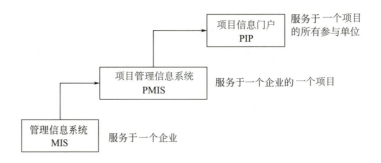

二、项目信息门户

1. 类型和用户

类型 { PSWS模式(专用门户)
ASP模式(公用门户)：国际上项目信息门户应用的主流

用户：项目参与各方

2. 实施的条件

（1）组织件（最重要）。
（2）教育件。
（3）软件。
（4）硬件。

3. 项目信息门户特征

（1）领域属性：电子共同工作领域。
（2）门户属性：垂直门户。
（3）建立和运行的理论基础：远程合作理论。
（4）运行周期：全寿命周期。
（5）核心功能：
① 项目各参与方的信息交流。
② 项目文档管理。
③ 项目各参与方的共同工作。
（6）主持者：
① 业主方。
② 委托代表其利益的工程顾问公司。

【经典例题】

1.【2021】下列项目管理工具中，服务于项目所有参与单位的是（　　）。
A．管理信息系统　　　　B．项目信息门户
C．项目管理信息系统　　D．设施管理信息系统

2.【2019】项目信息门户建立和运行的理论基础是（　　）。
A．绩效优化理论　　　　B．项目集成理论
C．远程合作理论　　　　D．网络互联理论

3.【2017】关于工程质量信息技术的说法，正确的有（　　）。
A．管理信息系统可以实现项目各参与方的信息交流
B．项目信息门户不同于项目管理信息系统
C．项目管理信息系统主要用于企业人财物、产供销的管理
D．项目管理信息系统有利于项目各参与方的信息交流和协同工作
E．项目信息门户是项目各参与方共同使用、共同工作和互动的管理工具

4．对一个建设工程项目而言，项目信息门户的主持者一般是项目的（　　）。
A．施工单位　　　　B．设计单位
C．业主　　　　　　D．主管部门

E. 业主委托的工程顾问公司

答案：1．B；2．C；3．B、E；4．C、E

> **笔记区**

考点五：工程项目管理信息系统的功能

历年考情分析

年份	2017	2018	2019	2020	2021	2022
单选				√		
多选		√				

【核心考点】

工程项目管理信息系统的功能

投资控制（业主方）
成本控制（施工方）
(1) 投标估算的数据计算和分析。
(2) 计划施工成本。
(3) 计算实际成本。
(4) 计划成本与实际成本的比较分析。
(5) 根据工程的进展进行施工成本预测等。

进度控制
(1) 计算工程网络计划的时间参数，并确定关键工作和关键线路。
(2) 绘制网络图和计划横道图。
(3) 编制资源需求量计划。
(4) 进度计划执行情况的比较分析。
(5) 根据工程的进展进行工程进度预测。

合同管理
(1) 合同基本数据查询。
(2) 合同执行情况的查询和统计分析。
(3) 标准合同文本查询和合同辅助起草等。

【经典例题】

1．【2020】工程项目管理信息系统中，属于进度控制功能的是（　　）。

A．合同执行情况的查询和分析

B．编制资源需求量计划

C．根据工程进展进行投资预测

D．根据工程进展进行施工成本预测

2．【2018】工程项目管理信息系统的成本控制功能包括（　　）。

A．计划成本与实际成本的比较分析

B．进行项目的估算、概算的比较分析

C. 根据工程进展进行成本预测

D. 合同执行情况的查询和统计分析

E. 计算实际成本

3.【2016】下列工程项目管理系统的功能中，属于成本控制子系统的有（　　）。

A. 投资估算的数据计算和分析

B. 计划施工成本

C. 计算实际成本

D. 编制资源需求量计划

E. 计划成本与实际成本的比较分析

4.【2015】工程项目管理信息系统中，合同管理子系统的功能有（　　）。

A. 合同基本数据查询

B. 合同执行情况统计分析

C. 合同通用条件的编写

D. 合同结构的选择

E. 合同辅助起草

答案：1. B；2. A、C、E；3. B、C、E；4. A、B、E

笔记区